武汉海关年鉴

2022

《武汉海关年鉴（2022）》编纂委员会——编著

中国海关出版社有限公司
·北京·

图书在版编目（CIP）数据

武汉海关年鉴 . 2022/《武汉海关年鉴（2022）》编纂委员会编著 . —北京：中国海关出版社有限公司，2023. 3

（中国海关史料丛书）

ISBN 978 - 7 - 5175 - 0651 - 5

Ⅰ. ①武…　Ⅱ. ①武…　Ⅲ. ①海关—武汉—2022—年鉴　Ⅳ. ①F752. 55-54

中国国家版本馆 CIP 数据核字（2023）第 039576 号

武汉海关年鉴（2022）

WUHAN HAIGUAN NIANJIAN（2022）

作　　者：《武汉海关年鉴（2022）》编纂委员会
责任编辑：孙　倩
出版发行：中国海关出版社有限公司
社　　址：北京市朝阳区东四环南路甲 1 号　　邮政编码：100023
编 辑 部：01065194242-7534（电话）
发 行 部：01065194221/4238/4246/5127（电话）
社办书店：01065195616（电话）
https：//weidian. com/？userid = 319526934（网址）
印　　刷：北京盛通印刷股份有限公司　　经　　销：新华书店
开　　本：889mm×1194mm　1/16
印　　张：20. 25　　字　　数：390 千字
版　　次：2023 年 3 月第 1 版
印　　次：2023 年 3 月第 1 次印刷
书　　号：ISBN 978 - 7 - 5175 - 0651 - 5
地图审图号：鄂 S（2022）005 号
定　　价：210. 00 元

《武汉海关年鉴（2022）》编纂委员会

《武汉海关年鉴（2022）》 编辑部

编辑说明

一、《武汉海关年鉴（2022）》编纂坚持以习近平新时代中国特色社会主义思想为指导，认真贯彻落实习近平总书记关于党史学习教育和修志用志等系列重要讲话、重要指示批示精神，充分发挥年鉴存史、资政、育人作用，坚持依法依规编纂，全面、客观、准确、真实记录武汉海关2021年度改革发展过程，不断丰富海关历史文化，为建设社会主义现代化海关提供强大的精神动力和史实支撑。

二、《武汉海关年鉴（2022）》是武汉海关主编的第一部融史实、资料为一体的专业性年鉴，也是一本全面实用、图文并茂的武汉海关综合性年鉴。主要记载2021年度武汉海关履行职能的基本情况和重大事件及其背景、社会影响，海关事业改革发展的新业绩、新成就等，以摘要和领导讲话形式收录关领导讲话，并以特载形式收录重要事件专文。

三、年鉴采用分类编辑法，主要以图照、序言、特载、主要工作、大事记等形式，展现武汉海关2021年度工作的主要特点和新成就。全书共10个类目，分为特载、专记、政治建设、业务建设、政务及综合保障、隶属海关单位、事业单位、人物荣誉、大事记、缩略语。年鉴内“总署”特指“海关总署”，“总关”特指“武汉海关”，“分关”特指“各隶属海关”。

四、本年鉴组稿工作自2022年1月启动，2月完成编辑部成员培训和参考编目大纲定稿，3月完成资料搜集整理和编目撰写，7月完成年鉴的审核、统稿，10月终审定稿，编纂委员会组成人员署名从3月起顺延至终审定稿时间为止。

五、本年鉴的组稿编纂工作得到武汉海关党委的大力支持，以及各职能部门、各隶属海关单位的通力协作，全体组稿人员付出了艰辛劳动，在此一并致以诚挚的谢意。编辑出版武汉海关综合性年鉴是一项系统工程，且《武汉海关年鉴（2022）》属首次编纂，涉及方方面面，由于人员紧缺，编辑水平有限，或因稿源或因编校等问题造成疏漏在所难免，恳请读者批评指正。

序 言

《武汉海关年鉴（2022）》在编纂委员会成员的辛勤努力下，终于付梓，这是武汉海关复关以来首次编纂年鉴，意义重大。

“历史是一面镜子，鉴古知今，学史明智。”习近平总书记从历史规律、中华文化等多个层面对“重视历史、研究历史、借鉴历史”作出系列重要论述。编写《武汉海关年鉴（2022）》是认真贯彻落实习近平总书记关于党史学习教育和修志用志等一系列重要讲话、重要指示批示精神的具体实践，是丰富武汉海关历史文化的重要举措，是发挥年鉴存史、资政、育人作用的重要载体。

武汉海关前身为1862年设立的江汉关。中华人民共和国成立后，江汉关先后更名为汉口关、武汉关，1956年5月武汉关奉令撤销。1980年4月，武汉海关复关（正处级），1984年6月9日，经国务院批准升格为厅局级机构。

武汉海关复关以来，坚持以党建为统领，以海关工作方针为指引，积极参与中国特色社会主义建设的伟大历史进程，谱写了从成立到发展、从发展到辉煌的壮丽篇章。在每一个历史阶段，武汉海关人以解放思想、求真务实的理念，依法把关、真情服务，大胆改革、勇于挑战，促使地方经济建设和海关事业驶入同步发展的快车道，各项改革和建设登上阶段性历史高点，在新时期迅速崛起为中部地区强关，武汉海关也成为见证湖北省改革开放历史的重要窗口。

知史明智，行以致远。

目　录

第四篇　业务建设

第五篇 政务及综合保障

第六篇　隶属海关单位

第七篇 事业单位

第八篇　人物荣誉

第九篇　大事记

缩略语

“中国海关史料丛书”编委会

海关专题图片

领导活动

◀ 2021 年 4 月 15 日，武汉海关新一届党委班子全体成员合影（左起政治部主任刘武斌、副关长沈建明、副关长杨良勇、关长高瑞峰、副关长廖华东、党委纪检组组长余德琼、缉私局局长范钦扬、副关长袁涛）

2021 年 7 月 1 日，武汉海关组织收听收看习近平总书记在庆祝中国共产党成立 100 周年大会上重要讲话现场直播 ▶

2021 年 11 月 28 日，武汉海关关长高瑞峰（中）受邀出席 2021 湖北·随州国际香菇产业博览会开幕式 ▶

◀ 2021 年 10 月 27 日，武汉海关副关长廖华东（左二）在汉阳海关调研

◀ 2021 年 11 月 3 日，武汉海关副关长杨良勇（左三）在汉阳海关调研经开综合保税区跨境电商新保税仓库“双十一”运行情况

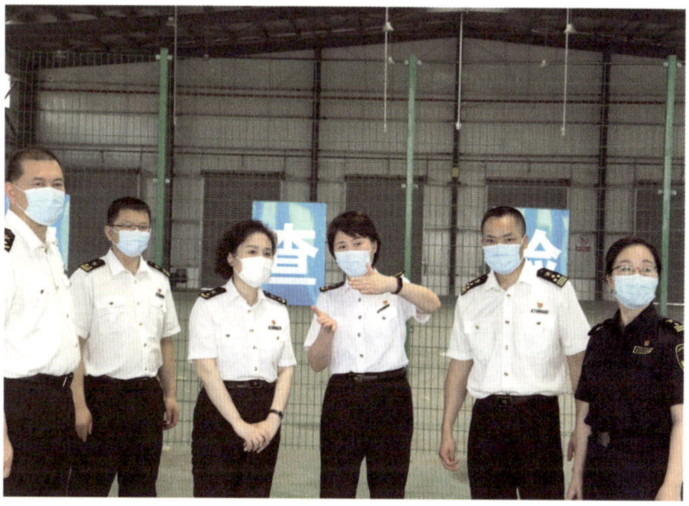

2021 年 6 月 2 日，武汉海关党委纪检组组长余德琼（右三）在汉口海关检查“现场监管与外勤执法权力寻租”专项整治工作 ▶

◀ 2021 年 12 月 24 日，武汉海关副关长沈建明（左三）在荆州调研综合保税区申建工作

2021 年 10 月 27 日，武汉海关缉私局局长范钦扬（右二）在武汉海关植物检疫隔离圃调研 ▶

◀ 2021 年 7 月 13 日，武汉海关政治部主任刘武斌（中）实地观摩第二期支援口岸一线梯队人员个人防护及采样技能培训实操考核

2021 年 12 月 2 日，武汉海关副关长袁涛（右三）在武汉华星光电技术有限公司实地调研 ▶

重要会议

2021 年 2 月 4 日，武汉海关召开 2021 年关区工作会议 ▶

◀2021 年 2 月 4 日，武汉海关召开 2021 年全面从严治党工作会议

2021 年 3 月 19 日，武汉海关召开“现场监管与外勤执法权力寻租”专项整治工作动员部署会议 ▶

◀ 2021 年 7 月 30 日，武汉海关召开 2021 年上半年党风廉政建设和反腐败工作例会

党的建设

2021 年 3 月 10 日，武汉海关办公室党支部开展“同心向党　共绣党旗”活动

2021 年 3 月 23 日，武汉海关举办“奋斗百年路 启航新征程”——喜迎中国共产党成立 100 周年百日倒计时活动

2021 年 4 月 28 日，武汉海关举办“风华正茂恰青春 爱党奋进新征程”党史学习教育主题演讲比赛

◀ 2021 年 6 月 29 日，武汉海关举办“永远跟党走”庆祝中国共产党成立 100 周年主题活动

2021 年 6 月 29 日，武汉海关组织收听收看“七一勋章”颁授仪式 ▶

◀ 2021 年 7 月 1 日，武汉海关党委理论学习中心组（扩大）学习暨党史学习教育读书班赴中国共产党纪律建设历史陈列馆开展党史学习教育

疫情防控

2021年1月7日，武汉新港海关关员对直航入境船舶开展登临检疫 ▶

◀ 2021年2月1日，武汉天河机场海关“零延迟”通宵验放六批海外防疫捐赠物资

2021年2月16日，武汉天河机场海关旅检现场关员登临检疫 ▶

◀ 2021 年 3 月 28 日，武汉天河机场海关关员准备登临入境航班检疫

2021 年 8 月 6 日，武汉海关党员下沉社区协助开展小区核酸检测 ▶

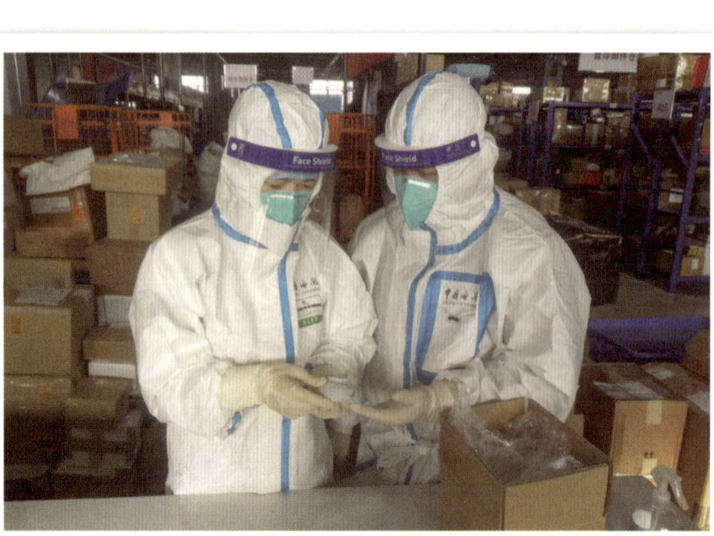

◀ 2021 年 11 月 10 日，武汉邮局海关关员监管进境快件

业务建设

2021年1月13日，仙桃海关关员在进口棉花集装箱中截获鼠类 ▶

◀ 2021年1月22日，襄阳海关关员保障新造集装箱顺利出口

2021年2月7日，汉口海关关员在综合保税区内盘点库存车辆 ▶

◀ 2021 年 4 月 15 日，武汉海关开展“2021 年全民国家安全宣传日”活动

2021 年 5 月 20 日，汉口海关关员对中欧班列（武汉）实施现场监管 ▶

◀ 2021 年 5 月 22 日，武汉海关开展科技周宣传活动

2021 年 6 月 3 日，荆门海关 ▶ 关员在夜间监装供澳活猪

◀ 2021 年 7 月 8 日，武汉海关举办“为进出口企业送‘服务包’活动”启动仪式

2021 年 7 月 8 日，汉阳海关 ▶ 关员在关区高级认证企业调研

◀ 2021 年 7 月 31 日，黄石海关关员对进境货物开展实地查验

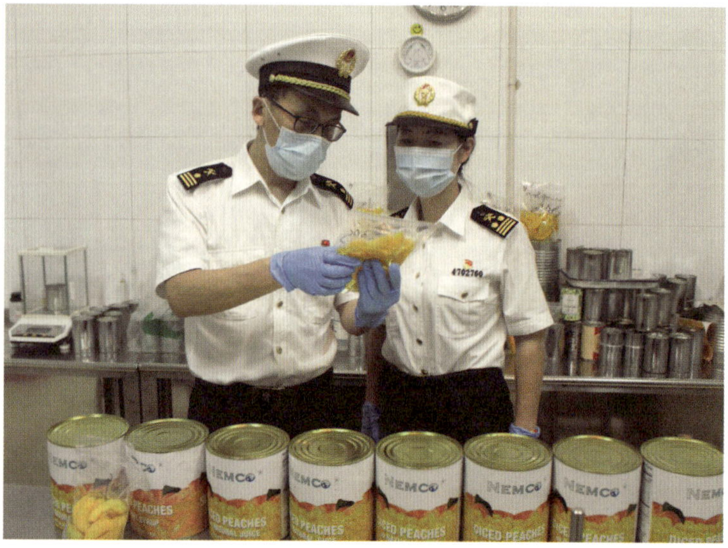

2021 年 8 月 17 日，宜昌海关关员对黄桃罐头生产企业进行实地监管 ▶

◀ 2021 年 9 月 6 日，恩施海关关员到茶叶出口基地开展帮扶调研

2021 年 9 月 27 日，武汉海关组织开展进出口环节化学涉恐突发事件应急处置联合实战演练 ▶

◀ 2021 年 10 月 13 日，汉阳海关关员在跨境电商企业仓库巡仓监管

2021 年 10 月 18 日，武汉海关关员对进口汽车开展检验监管 ▶

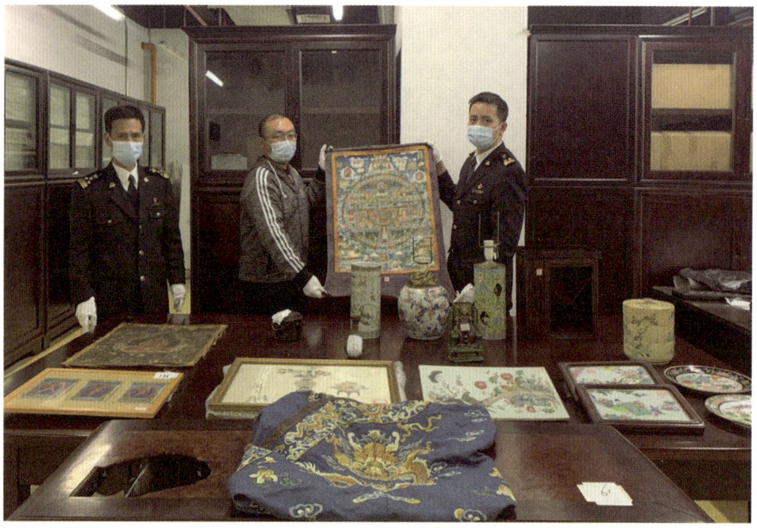

◀ 2021 年 10 月 22 日，武汉海关向湖北省博物馆移交 53 件罚没物品

2021 年 11 月 22 日，汉阳海关关员对保税仓库开展日常巡查 ▶

◀ 2021 年 12 月 10 日，武汉海关举办“湖北省 12345 政务服务便民热线海关分中心”揭牌仪式

队伍建设

◀2021年1月4日，武汉海关举行2021年宪法宣誓仪式

2021年2月8日，武汉海关举办执法一线科长及青年关员在线联学活动 ▶

◀ 2021 年 3 月 16 日，武汉海关直属机关工会搏击协会开班

2021 年 6 月 10 日，武汉海关举办退休干部和青年关员座谈会 ▶

◀ 2021 年 7 月 1 日，武汉海关举行“七一”升国旗仪式

2021 年 7 月 29 日，武汉海关组织离退休干部向郑州灾区海关捐赠救灾物资 ▶

◀ 2021 年 11 月 22 日，武汉海关与湖北烟草专卖局共同举办“青春与信仰同行”党史学习教育主题联合读书会

2021 年 12 月 21 日，武汉海关组织开展 2021 年技能比武暨党史学习教育知识竞赛 ▶

第一篇

特载

武汉海关概况

武汉海关前身为1862年设立的江汉关。中华人民共和国成立后，江汉关先后更名为汉口关、武汉关，1956年5月武汉关奉令撤销。1980年4月，武汉海关复关（正处级），1984年6月9日，经国务院批准升格为厅局级机构。

武汉海关负责指定口岸及相关区域范围内海关工作运行管理、监督监控，领导隶属海关。武汉海关辖区范围为湖北全省，面积18.59万平方千米。主要职责：

（一）负责本关区贯彻落实党中央、国务院关于海关工作的方针政策和决策部署，在履行职责过程中坚持和加强党对海关工作的集中统一领导，履行全面从严治党主体责任。

（二）负责贯彻执行与海关管理相关的法律、法规、规章、规范性文件和相关技术规范，负责本关区征税、监管、缉私、出入境检验检疫、统计等工作。

（三）监控研判本关区各类执法风险、管理风险和廉政风险并组织防范和化解，负责本关区基层党组织建设、队伍建设和日常管理工作。

（四）完成海关总署交办的其他工作。

武汉海关现有隶属海关16个：武汉天河机场海关、武汉新港海关、武汉邮局海关、汉阳海关、武昌海关、汉口海关、襄阳海关、宜昌海关、黄石海关、十堰海关、荆州海关、荆门海关、鄂州海关、随州海关、恩施海关、仙桃海关。事业单位4个：武汉海关后勤管理中心、武汉海关技术中心、湖北国际旅行卫生保健中心（武汉海关口岸门诊部）、中国质量认证中心武汉海关评审中心（改制中），受海关总署委托代管事业单位1个（中国电子口岸数据中心武汉分中心）。

机构改革后武汉海关发展历程

2018年2月26日至28日，中国共产党第十九届中央委员会第三次全体会议在北京召开，全会审议通过了《中共中央关于深化党和国家机构改革的决定》和《深化党和国家机构改革方案》。3月5日至20日，第十三届全国人民代表大会第一次会议在北京召开，审议通过了国务院机构改革方案，明确“将国家质量监督检验检疫总局的出入境检验检疫管理职责和队伍划入海关总署”。机构改革以来，武汉海关认真学习贯彻习近平新时代中国特色社会主义思想和党的十九大、十九届历次全会精神，深入领会“两个确立”的决定性意义，增强“四个意识”、坚定“四个自信”、做到“两个维护”，坚持稳中求进工作总基调，立足新发展阶段，完整、准确、全面贯彻新发展理念，加快构建新发展格局，踔厉奋发、笃行不怠，夯基固本、提质增效，奋力推动各项工作蹄疾步稳、再上台阶，在社会主义现代化海关建设中作出新贡献、展现新作为。

一、齐心协力，推动机构改革平稳实施

2018年，武汉海关紧紧围绕“五关”建设要求，强化监管、优化服务、深化改革，第一时间传达贯彻海关机构改革动员部署会议精神，迅速成立机构改革工作领导小组，建立对口联系和党组联席会议机制，组建“8+1”专项工作组，制订工作方案，明确职责分工，确保改革任务落到实处，有序完成标识标牌更换、制服对接互助、办公用房改造、关检业务双向互训等工作，4月20日起，全面落实“五个统一”要求，湖北出入境检验检疫局统一以海关名义对外开展工作，在职责上做加法、环节上做减法、能力上做乘法、单证上做除法，实现办事窗口“一口对外、一次办理”，口岸通关“一次查验、一次放行”，报关报检“一次申报、一单通关”。8月24日，新一届关党组成立，统一做法、统一标准、统一尺度，广泛调研、科学统筹，深入研究制定“三定”规定及隶属海关整合设置建议方案。12月14日，

总署印发“三定”文件，明确武汉海关内设正处级机构18个（不含缉私局）、派驻纪检组6个、隶属海关单位17个，行政编制869名（不含缉私警察编制）。12月25日，时任关长、党组书记杨杰主持召开处级领导班子和领导干部集体任前谈话，全面系统总结了前一阶段机构改革的工作情况，明确今后一段时期围绕建设新时代中国特色社会主义新海关定位，强化安全保障和优化服务2项职能，突出巡视整改、党的建设和改革创新3项重点，实现党建工作、队伍素质、工作质量、队伍形象4个方面提升的总体工作思路。

二、攻坚克难，圆满通过军运大考

2019年1月2日，武汉海关全体干部职工到新岗位履职，守住了“思想不乱”的底线，落实了“队伍不散”的要求，达到了“干劲不减”的效果，实现了“工作不断”的目标。以主人翁姿态，勇担历史重任，举全关之力通过了军运大考。靠前谋划，成立领导小组及办公室，制订通关保障方案和任务清单，建立四级工作架构、三级指挥体系，确保万无一失；设立军运会专用通道，7×24小时为代表团人员提供通关便利，人员无一滞留；设置军运会物资专用窗口，一站式快速验放枪支、子弹、包机出境托运行李等物资，交上了安全零事故、业务零差错、系统零故障、团队零耽误、旅客零投诉“五个零”完满答卷。海关各项服务保障工作受到执委会、署领导、媒体、社会各界广泛赞誉。从关区长远发展出发，规划建设“一网两中心”和关史荣誉展厅等重点项目，为精准履职、精准监管、精准服务提供更高效平台。3月26日、10月1日仙桃、恩施海关先后对外开办全面业务。5月5日，总署印发文件明确整合调整后，武汉海关所属事业单位4个，事业编制180名。10月25日，根据总署党委相关文件，武汉海关党组改设党委，关检融合稳步推进。

三、同舟共济，交出抗疫优秀答卷

2020年，武汉海关紧密围绕“巩固、深化、拓展、提升”，推进海关制度创新和治理能力建设，以非常之举应对非常之势，面对百年不遇的新冠肺炎疫情，始终坚守在国门疫情防控最前线，谱写武汉海关新篇章。疫情发生之初，在没有防控经验和相关规定不明确的情况下，果断采取7项措施，在1月23日前顶住压力，成功劝阻103名有症状旅客出境，严防疫情传出。特事特办、从快从简、第一时间为防疫物资办理通关，保障快速送达救治前线。在防控形势最严峻关头，上下一心、尽锐出战、党员先行，以实际行动践行习近平总书记“让党旗在防控疫情斗争第一线高高飘扬”要求。统筹疫情防控和复工复产，4月8日开始武汉海关积极推动复工复产和促进外贸稳增长，强化进口冷链食品和高风险非冷链集装箱货物监测检测，健全“人、物”同防联防联控机制，有效扎紧防控闭环，全关无一人因职业暴露感染。武汉海关工作得到各方面、多层级认可，9 个集体和 22 名个人获得国家级、总署级、省市级表彰。

四、勇毅前行，高效统筹口岸疫情防控和促进外贸稳增长

2021 年，武汉海关锚定“强监管、优服务、争第一、创一流”目标，以思想破冰引领发展突围，沉着应对各种风险挑战，实现“十四五”良好开局。弘扬伟大抗疫精神，不折不扣落实总署要求，突出科学精准防控，坚持“人、物”同防、“多病同防”，顶格从严内部防控，科学实施封闭管理，有序推进疫苗接种，多管齐下督查检查，成功经受住多轮“小考”“中考”，牢牢守住“卫生检疫零遗漏、干部职工零感染、通关服务零投诉”目标。坚决落实“六稳”“六保”部署，突出“降、快、先、优”，着力打造一流口岸营商环境，促进湖北疫后重振取得决定性成果。出台支持中小企业发展 10 条措施、促进跨境贸易便利化 25 条措施等硬核举措；为进出口规模排名前 500 强的 760 家企业送“服务包”，“一对一”纾困解难；全速推进高级认证企业培育，企业数量由年初 59 家增至 100 家，数量稳居中部第一；2021 年全年关区进、出口整体通关时间分别为 48.8 小时、1.1 小时，较 2020 年分别压缩 45.78%、48.6%；12 月进、出口整体通关时间分别为 30.73 小时、0.73 小时，较 2017 年分别压缩 83.07%、96.46%。

武汉海关贯彻落实《“十四五”海关发展规划》实施方案

根据《海关总署关于印发〈“十四五”海关发展规划〉的通知》（署统发〔2021〕51号）要求，结合关区实际，制订《武汉海关贯彻落实〈“十四五”海关发展规划〉实施方案》（以下简称《实施方案》）。

一、指导思想

坚持以习近平新时代中国特色社会主义思想为指导，深入贯彻落实中国特色社会主义事业“五位一体”总体布局，立足新发展阶段、贯彻新发展理念、构建新发展格局，充分发挥海关职能优势，聚焦服务高质量发展、推动高水平开放、保障高标准安全、提升高效能治理，在“十四五”时期展现武汉海关新的使命担当，为支持湖北“建成支点、走在前列、谱写新篇”作出海关新的、更大的贡献。

二、总体目标

深入贯彻习近平总书记对海关工作的重要讲话、重要指示批示精神，与建成社会主义现代化海关的2035年远景目标相统一，与湖北“十四五”时期发展规划相对接，围绕“强监管、优服务、争第一、创一流”关区工作目标，持续深化“五关”建设，强化监管优化服务，从旗帜鲜明讲政治、千方百计保安全、一心一意促发展、积极稳妥推改革、聚精会神抓建设五个方面推动“十四五”时期武汉海关发展，全面提升武汉海关制度创新和治理能力现代化，努力实现五个“大幅提升”。

三、实施原则

坚持党的全面领导、坚持以人民为中心、坚持新发展理念、坚持深化改革开放、坚持系统观念。重点把握好以下原则：

——分步实施，统筹推进。准确把握“十四五”时期海关事业发展的特点和重点，把工作重心由顶层设计转向顶层设计与具体落实并重，明确阶段性任务，凝心聚力，多点发力，分步实施，统筹推进，务求取得实效。

——清单管理，明晰责任。将《“十四五”海关发展规划》各项目标任务分解为任务、工程“两张清单”，明确责任单位、落实措施、评估指标和完成时限，实行项目化管理，形成清晰有序的推进方式。

——突出重点，彰显特色。立足服务国家发展大局和湖北省高水平开放，集中力量在全局性、关键性领域开展攻坚，力争突破，在因地制宜打造具有武汉海关鲜明特色的监管模式基础上，形成可复制可推广的显著性成果，为武汉海关乃至全系统发展提供示范。

四、组织领导

为确保《“十四五”海关发展规划》目标任务在关区的落实，成立《“十四五”海关发展规划》贯彻落实工作领导小组，领导小组下设办公室，组建专项工作组。

（一）《“十四五”海关发展规划》贯彻落实工作领导小组。

组　长：关长、党委书记

副组长：关党委委员

成　员：各单位（部门）主要负责人

主要职责：研究部署《“十四五”海关发展规划》在武汉海关的推进落实，协调解决推进落实过程中出现的重大问题，对规划的贯彻落实情况进行检查、指导和监督。各成员单位要加强本单位（部门）相关工作的督促和推进。

（二）《“十四五”海关发展规划》贯彻落实工作领导小组办公室。

主　任：分管统计分析处关党委委员

副主任：统计分析处主要负责人

成　员：办公室、综合业务处、人事教育处、机关党委（思想政治工作办公室）、督察内审处、财务处主要负责人

主要职责：按《“十四五”海关发展规划》要求，负责规划任务分解、贯彻实施、协调推进、跟踪评估及方案调整等工作，并承办领导小组交办的其他工作。

（三）专项工作组。

1. 综合协调组。

牵头单位：统计分析处

协助单位：办公室、综合业务处、机关党委（思想政治工作办公室）

参与单位：各单位（部门）

主要职责：统计分析处负责《“十四五”海关发展规划》及方案实施落实过程中各相关单位（部门）的工作协调；办公室负责涉及政务方面的工作协调；综合业务处负责涉及业务方面的工作协调；机关党委（思想政治工作办公室）负责涉及党建方面的工作协调。

2. 监测评估组。

牵头单位：统计分析处

协助单位：各项任务、工程牵头单位（部门）

参与单位：各单位（部门）

主要职责：统计分析处负责对全关范围内相关工作的监测评估，各牵头单位

（部门）负责主管领域的组织推动和自查评估。

3. 督办考核组。

牵头单位：办公室

协助单位：人事教育处、督察内审处

参与单位：各单位（部门）

主要职责：办公室、人事教育处负责将各单位（部门）贯彻落实工作情况纳入重点工作督办和年度量化考核，督察内审处负责相关工作的督察。

五、工作机制

（一）清单管理机制。

《实施方案》包含“两张清单”，其中任务分工清单（见附件1）分为5大工作重点，包括40项具体任务，174项措施；工程清单（见附件2）分为3大工程类别，包括20个具体项目、71项措施。各单位（部门）要将“两张清单”中的任务和工程列入年度重点工作计划，严格对照清单推动工作开展。

（二）联系协调机制。

建立单位（部门）联系协调制度，由领导小组办公室统领，各单位（部门）确定工作负责人和联络员，负责与领导小组办公室加强工作联系沟通。涉及各业务条线的协调配合问题，可提交领导小组办公室协调解决。特殊情况第一时间上报领导小组，并根据总署部署或领导小组决定执行。

（三）集中工作机制。

在工作推进、监测评估、督办考核等过程中要加强统筹，落实全关“一盘棋”。各单位（部门）视工作进展和工作需要，可组织集中工作，研究解决出现的问题，集中力量完成专项工作。

（四）定期评估机制。

对《实施方案》指标任务的完成情况要进行定期评估。各牵头单位（部门）每半年对照清单组织开展自我评估，将自评结果报送领导小组办公室。领导小组办公室结合自评结果组织专班开展评估审核，并将评估意见上报领导小组。

（五）动态调整机制。

在《实施方案》执行过程中，如遇总署对《“十四五”海关发展规划》部分内容或工作要求发生调整，或在工作推进、监测评估时发现有需要调整的地方，经领导小组办公室会同相关单位（部门）审核论证，报经领导小组确认后，对《实施方案》相关指标、任务进行动态调整维护。

六、工作要求

（一）提高认识，加强领导。

《实施方案》是“十四五”时期贯彻落实总署规划任务的基本遵循和行动指南。执行好《实施方案》，对促进关区各项事业发展，实现“强监管、优服务、争第一、创一流”目标具有十分重要的意义。各级党组织要切实提高政治站位，强化担当作为，压实主体责任，加强组织领导，确保《实施方案》各项工作落到实处。

（二）深入学习，加强宣贯。

各单位（部门）要重视对规划的学习宣贯工作，要将《“十四五”海关发展规划》纳入各级党委领导班子中心组学习计划。要按照《〈“十四五”海关发展规划〉宣传贯彻工作方案》（署统发〔2021〕58号）文件精神，多形式、全方位宣传规划实施的重要进展和取得的成效，为规划的贯彻实施营造良好的氛围。

（三）统筹安排，加强协调。

要结合《实施方案》确定的目标任务和责任分工，建立完善统一指挥、步调一致、齐抓共管、高度协同的工作机制，努力形成统筹安排和指导推进有关工作的合力。要建立健全职能部门与业务现场的动态联系，畅通沟通渠道，将《实施方案》确定的工作措施真正落实落细。

（四）考核督导，加强监督。

要把规划贯彻落实情况纳入重点工作督办和年度量化考核内容，加强跟踪问效，推动工作落实。《实施方案》所涉重点工程和重要工作任务，要按照工作进度适时列入巡察、督查工作范围，以强有力的政治监督保障《实施方案》顺利实施。

附件：1. 任务分工清单

2. 工程清单

附件 1

任务分工清单

工作重点	具体任务	牵头单位（部门）	协办单位（部门）	落实措施
旗帜鲜明讲政治	1. 加强党的建设	机关党委（政工办）	办公室	1. 全面落实“第一议题”制度，不断健全完善交办、检查、反馈及督办机制，形成学习传达督促落实的闭环链条，确保贯彻落实习近平总书记重要指示批示精神和党中央重大决策部署坚决迅速、落地落实。 2. 以党委理论学习中心组为龙头，抓好习近平新时代中国特色社会主义思想教育培训，用好全国职工书屋品牌、青年读书会以及“学习强国”“海关培训”等各类线上线下平台，推动学习贯彻习近平新时代中国特色社会主义思想不断往深里走、往心里走、往实里走。 3. 树立“大抓基层、狠抓基础”导向，大力实施基层党组织建设“强基提质工程”，推动支部建在科上向强在科上转变，实现基层党建全面进步、全面过硬。深化“四强”支部建设，优化三级争创机制，以更高标准抓建、更严要求培树，巩固推广示范品牌、做优做强培育品牌、指导扶持特色品牌。深入做好支部工作法总结、提炼和申报工作，持续宣传推广省直机关“红旗党支部”、党建示范品牌的经验做法和工作案例。 4. 深入挖掘江汉关博物馆、武汉海关关史荣誉展厅、抗击新冠肺炎疫情主题展等关区红色资源、抗疫资源，生动鲜活讲好海关红色档案故事、先进典型事迹，教育引导全体党员干部牢记初心使命，传承国门卫士红色基因。 5. 突出党建引领，健全工会、共青团、妇委会组织团体，培养优秀骨干力量，推动各项工作高质量发展。

续表1

工作重点	具体任务	牵头单位（部门）	协办单位（部门）	落实措施
旗帜鲜明讲政治	2. 加强党风廉政建设	机关党委（政工办）		1. 认真抓好全国海关全面从严治党工作会议重点任务的推动落实，组织召开关区全面从严治党工作会议并制定重点任务清单，加强日常催办、季度跟踪和集中督导，推动关区管党治党责任落实到基层、延伸到支部。 2. 认真落实总署全面从严治党主体责任检查考核实施办法，以全面从严治党主体责任清单为抓手，健全完善关区全面从严治党主体责任考核机制并强化结果运用。 3. 抓好日常纪律作风建设，认真执行海关内务规范，严格落实内务规范强化月制度，完善落实“三检查一通报一评比”机制，加强监督检查，定期通报日常纪律作风检查情况，强化队伍纪律观念，培养雷厉风行、令行禁止优良作风。加强政风行风建设，用好海关政务服务“好差评”系统，全面提升窗口形象和服务质量。 4. 扎实开展警示教育月和党风廉政宣教月活动，坚持以案为鉴深化警示教育，发挥执纪震慑效应，引导党员干部知敬畏、存戒惧、守底线。 5. 严格落实领导干部配偶、子女及其配偶从业行为规范以及外出执法廉政监督等廉政制度，发挥海关特约监督员作用，严防廉政风险；落实经常性谈心谈话制度，常态化开展提示谈话，坚持抓早抓小、防微杜渐。 6. 严格落实中央八项规定及其实施细则精神，严纠“四风”，大力整治群众身边的腐败和作风问题，建立健全基层减负长效机制，持续开展指尖上的形式主义专项整治，守住精文减会的硬杠杠，进一步统筹优化督办检查考核调研，从严从实做到为基层减负。
			监察室	7. 履行好监督专责，推动建立全面从严治党主体责任检查考核制度，突出政治监督、做深日常监督，强化派驻监督，切实协助党委落实好全面从严治党主体责任。 8. 坚持严的主基调，紧盯形式主义、官僚主义，持续纠治不担当、不作为、慢作为等问题，坚决整治群众身边的腐败和作风问题，有效强化惩治震慑、深入推动靶向治理，一体推进不敢腐、不能腐、不想腐。 9. 深化运用“四种形态”，善用常用“第一种形态”，坚持抓早抓小、防微杜渐，对党员干部及时教育批评提醒，帮助同志改正错误、不犯错误，体现组织关爱。
			督审处	10. 全面推行督察项目清单管理，强化督察数据分析，加强联合督察。一是以重点项目清单、重点内容清单、督察问题清单、整改落实清单等“四个清单”为核心，提升督察工作质效。将工作重点落脚在探索优化重点内容清单，项目实施前精准细化检查要点。二是以提高发现问题针对性和精准度为目标，加强项目检查前信息收集和数据分析。三是加强监督检查统筹，在执法领域试点开展监督检查结果互认，强化信息共享和衔接协作。 11. 落实审计全覆盖要求，有序推进领导干部经济责任审计，有重点地开展专项审计，推广联网审计，提升审计监督质效。一是持续推进领导干部经济责任审计。落实审计全覆盖要求，坚持任中审计与离任审计相结合，坚持以加强对领导干部行使权力的制约和监督为主线，坚持揭示典型性普遍性突出性问题或风险，促进海关制度创新和治理能力现代化。二是持续开展专项审计。结合党中央重大决策部署，署关两级重点工作，分析本关执法、非执法领域高风险，确定专项审计和专项审计调研重点，丰富专项审计检查方式，检查发现突出问题，研判分析风险隐患，研究提出意见建议，推动整改落实，达到完善制度、规范管理、防控风险的目标。三是持续提升审计质效。

续表2

工作重点	具体任务	牵头单位（部门）	协办单位（部门）	落实措施
旗帜鲜明讲政治	2. 加强党风廉政建设	机关党委（政工办）	督审处	推广“集中分析、分散核实”联网审计，数据分析和现场核查有机结合，丰富审计手段方式；规范审计流程，落实组长负责制，推进审计质量量化考核，加强审计过程管控；推进审计成果转化，坚持跟踪督导、定期通报、绩效考核等工作机制，积极推进审计整改，重点关注屡审屡犯和整改不到位问题，重点分析问题背后的制度机制漏洞，着力推动武汉海关执法能力和执法水平提升。 12. 深化内控机制建设，完善以岗位为单元的内控节点清单管理制度。深化内控机制建设，围绕总署内控节点指标体系的模式，全面梳理关区内部控制节点体系，补充制定适合关区管理实际需要的控制要求，不断完善内控节点岗位清单管理；积极探索内控信息化管理实现方式，加大海关内部控制与监督系统在业务运行和管理活动中的应用力度，提高内控科技效能。 13. 完善武汉海关执法评估体系，客观、量化评估海关政策措施落实成效。一是优化执法评估“数据+指标+分析+调研”工作模式，注重发挥调研实效，高质量完成评估项目；二是强化队伍能力培养，建立骨干团队，通过培训授课、集中工作、跟班学习等多种形式，提高队伍综合能力素质。
			巡察办	14. 贯彻落实巡视巡察上下联动工作部署，实现巡察工作全覆盖。按照中央关于巡视巡察工作新部署，总署党委关于巡察工作的新要求，进一步深化政治巡察，分阶段、分轮次开展关区巡察工作。2022 年，实现巡察工作全覆盖。
千方百计保安全	3. 加强进出境环节实货监管	监管处	卫生处、食品处、商检处、动植处、科技处、风控分局	1. 完善口岸联防联控机制。优化口岸监管检查作业配合机制和流程，加强口岸监管能力建设，提高进出境货物查检作业的规范性和科学性。2022 年，关区进出境货物口岸监管检查规范性差错率明显降低。 2. 强化口岸监管和物流监控。构建完善口岸核生化爆监测和枪支弹药的查发反恐体系。加强口岸监管环节的反恐、防扩散和出口管制等工作，强化监管反恐体系及能力建设，完善应急处置流程，组织开展口岸反恐实战演练，提升口岸一线反恐能力水平。至 2023 年，口岸反恐应急体系及反恐演练对关区所有涉及口岸监管业务海关覆盖 100%。 3. 提升智能化监管水平。应用智能审图等新技术强化实货监管快速监测探测，提升监管的精准性。强化智能审图等新技术在实货监管环节应用，提升监管精准性和威慑力。至 2025 年，智能审图图像量较 2020 年增加 1 倍。
	4. 确保税收安全	关税处	办公室、法规处、综合处、关税处、监管处、统计处、企管处、缉私局、财务处、科技处、督审处、人教处、机关党委（政工办）	1. 完善综合治税机制。研究进一步明确关区综合治税领导小组各成员单位职责及工作内容等，形成制度，提升税收征管量、质、效。截至 2022 年，税收征管规范率达 99%；“十四五”期间，海关税收预算目标完成率≥100%。 2. 深入落实各项进出口税收优惠政策。加强原产地管理，引导企业用好用足保税、减免税等政策，支持补齐产业链供应链短板，深入开展税政调研，协同地方政府保障和促进产业安全。2023 年，进出口优惠政策享惠率达 100%。 3. 提升税收风险防控水平。强化涉税要素监控，开展归类、价格、原产地等涉税要素的专项监控核查，防范价格低报瞒报等风险；强化减免税、非贸税收监控，做好税收安全风险处置成果转化及督促整改。至 2025 年，通关环节不产生欠税。

续表3

工作重点	具体任务	牵头单位（部门）	协办单位（部门）	落实措施
千方百计保安全	5. 维护口岸公共卫生安全	卫生处	监管处、综合处、动植处	1. 推进境外传染病疫情早期风险预警。2025 年，建立传染病风险评估模型，实现境外重大传染病疫情风险早期预警。 2. 完善应急处置体制机制。2025 年，完善重大烈性传染病防控、不明原因传染病应急预案和防控技术方案，建立跨部门、跨专业的公共卫生应急联动机制。 3. 实施智慧国际旅行健康服务。2025 年，构建“旅行前健康指导、旅行中健康协助、旅行后健康管理”国际旅行健康服务体系。 4. 严格检疫审批，优化审批流程，实现智能审批。2025 年，逐步扩大智能审批覆盖范围。 5. 加强口岸公共卫生核心能力建设，提升口岸防控应急能力水平。2025 年，关区口岸公共核心能力 100%达标。
	6. 严格进出境动植物检疫监管和外来入侵物种口岸防控	动植处	监管处、卫生处、食品处、科技处	1. 健全关区动植检法律法规技术标准管理制度。收集整理动植检法律法规、公告、规范性文件等，修订关区动植检作业文件，及时对有关制度进行更新并维护。2023 年，关区动植检法律法规技术标准管理制度基本建立。 2. 完善动植物疫情和外来入侵物种监测网。加强境内外动植物疫情信息搜集与整理，完善国门生物安全监测和风险预警处置机制，推动开展动植物疫情和外来入侵物种联合监测。2022 年，初步建立覆盖全关区的国门生物安全监测网。 3. 创新动植物检疫监管制度。优化动植物检疫监管模式，运用 5G 等高科技技术手段实施动植物检疫监管，有效提升监管效能。2023 年，关区智能监管企业数量比 2021 年增加 1 倍。 4. 提升动植物检疫监管水平。推进动植物口岸初筛鉴定室建设，完善进境活动物、粮食、检疫处理等高风险业务监管制度。2023 年，关区口岸海关动植物检疫标准化建设覆盖率 100%。
	7. 强化进出口食品安全监管	食品处	监管处、动植处、企管处、综合处、风控分局	1. 落实食品安全“四个最严”要求，持续推进进口食品“国门守护”行动。严防非洲猪瘟、高致病性禽流感等重大动物疫情疫病输入风险，严格落实境外输华食品准入、注册要求，优化检疫审批流程，毫不放松抓好进口冷链食品常态化疫情防控工作，从源头上保障进口食品安全。每年参加总署风险评估、境外预检及其他专项工作不少于 1 人次。至 2025 年，进口食品检测合格率达 99%以上。 2. 强化监管，加强进出口食品安全风险监测与预警。高质量完成全年进出口食品化妆品安全监督抽检和风险监测计划，每年抽检不少于 100 批次。开展境外通报不合格问题核查，根据境外通报原因及核查情况，通报相关企业、地方政府。至 2025 年，进出口食品化妆品安全监督抽检和风险监测计划完成率达 95%以上，进口食品化妆品监督抽检合格率达 99%以上，境外通报不合格问题核查完成率达到 95%以上。 3. 优化服务，支持湖北特色优势食品农产品出口。加强对主要贸易国家法律法规及技术标准的研究，加强对企业的技术指导，提高出口企业质量安全管理水平，推动魔芋、食用菌等产品产业链优化升级，促进蜂产品、茶叶、食用菌等特色农产品扩大出口。至 2025 年，出口食品批次合格率达 99%以上。 4. 有效防范化解重大食品安全风险，不出现系统性、行业性、区域性的食品安全事件。梳理各项制度文件和作业规范，查漏补缺，制定覆盖进出口食品监管执法各环节的作业规范。每年开展食品安全宣传周活动，促进食品安全社会共治。至 2025 年，武汉关区不发生系统性、行业性、区域性的食品安全事件。

续表4

工作重点	具体任务	牵头单位（部门）	协办单位（部门）	落实措施
千方百计保安全	8. 保障进出口商品质量安全	商检处		1. 进一步完善湖北省进出口商品质量安全风险预警和快速反应监管体系完善切实保护消费者权益的实施方案。充分发挥进出口商品质量安全风险监测点作用，完善风险监测工作机制，提升风险监测精准度和有效性。全面加强质量安全风险监测，着力完善质量安全风险预警，快速实施质量安全风险处置，注重质量安全风险管理结果运用。 2. 切实压紧压实责任，做好进出口危化品和出口危险货物包装检验工作。落实进出口危险品检验责任和对生产企业安全主体责任承诺100%覆盖，出口危险品属地查检100%覆盖，检验上岗人员具备岗位资质100%覆盖。优化出口危化品合格评定方式，实现抽样送检集约化。全面梳理关区出口危化品企业和产品情况，深入开展危化品检验领域风险隐患排查，有效防范化解重大安全风险。 3. 加强进出口重点敏感商品检验。加强进口汽车、医疗器械、棉花、婴童用品等敏感商品的质量安全检验，收集国际市场上进出口商品质量安全信息，实现出口商品退运质量追溯调查100%全覆盖。 4. 严格实施进口矿产品、再生原料、旧机电等检验，防止“洋垃圾”入境。严格落实国家全面禁止进口固体废物管理政策，加强对大宗矿产品的矿渣固体废物排查，指导业务现场做好固体废物属性鉴别。落实再生资源原料（再生铜、再生钢铁等）检验监管要求，加强风险研判，严防“洋垃圾”通过再生资源原料名义非法入境，实现固废零进口目标。 5. 加强技术支撑能力建设。强化进出口商品检验实验室检测技术能力建设，关区风险监测点不少于5个，建设进出口商品质量安全信息系统，提升信息化管理水平。
	9. 强化风险整体管控	风控分局		1. 强化一体化风险防控。整合公共卫生、生物安全、进出口食品安全、进出口商品质量安全等领域的风险防控，建立统一的风险防控规则，促进全领域风险防控深度融合；推进货物、寄递、旅检、特殊监管区域等风险防控全覆盖；加强进口目的地检验、出口前监管等风险防控，促进风险防控在海关监管事前、事中、事后全链条有效贯通。 2. 促进联防联控协同共治。对内深化关区业务风险协同防控机制，对外巩固湖北省口岸安全风险联合防控机制。至2025年，关区业务风险防控协同性、整体性明显提升，建立较为顺畅的口岸安全风险联合防控成员单位信息共享、联合研判与协同处置渠道。 3. 完善风险防控机制建设。强化风险信息情报驱动，强化外部风险信息情报收集机制建设，将风险信息情报收集向互联网拓展，修订完善风险分析研判机制和风险处置机制。
	10. 严厉打击走私违法行为	缉私局		1. 深入开展“国门利剑”联合专项行动。严厉打击“洋垃圾”、象牙等濒危物种及其制品、疫苗等防疫物资、冻品、“水客”、重点涉税商品以及涉枪涉毒走私违法活动，集中警力和资源，多办大案、多办精品案、多办在全国有影响力的案件，确保每年至少侦办1起总署缉私局挂牌管理案件，充分发挥打私震慑作用。 2. 持续强化“全员打私”整体作战。以落实总署党委“1+6”文件精神为抓手，深化缉私部门与海关业务部门的协作配合，加强对隶属海关打私工作的指导支持，不断提升业务一线查缉办案能力，确保缉私部门办理刑事案件数量来源于业务现场移交不低于刑案总数的50%。从严密监管、强化监督、完善政策等方面对重大走私案件开展剖析，及时向海关相关部门通报反馈走私手法规律、监管薄弱环节，严密监管查缉链条，提升关区监管打私整体效能。

续表5

工作重点	具体任务	牵头单位（部门）	协办单位（部门）	落实措施
千方百计保安全	10. 严厉打击走私违法行为	缉私局		3. 不断推进反走私综合治理工作。依托警务协作平台，加强与地方、行业等公安机关合作，实现资源共享、优势互补，合成作战，重拳出击。依托综合治理平台，争取地方党委、政府对打私工作的指导支持，进一步深化与打私办重点成员单位的协作配合，加强联查联控、联防联动、联合打击。至2025年，实现对全省流通领域私货交易等突出问题的有效管控。
	11. 强化国门安全科技保障	科技处	监管处	1. 优化海关查验作业，升级单兵查验系统和设备。探索引入智能化、轻量化科技装备，优化查验作业，提升国门安全的科技保障效率，实现海关监管智能、精准和高效。2022年，应用AR智能眼镜等装备在关区推广非接触式查验。至2025年，实现移动查验系统对检验检疫业务现场查验作业的全覆盖。
一心一意促发展	12. 推动共建“一带一路”高质量发展	办公室	缉私局、法规处、综合处、卫生处、动植处、食品处、商检处、监管处、统计处、企管处、科技处、风控分局	1. 落实共建“一带一路”倡议，在总署指导下探索开展促进政策、规则、标准联通等工作，提升沿线贸易安全与便利化水平。 2. 积极争取参与研究编制“一带一路”货物贸易指数、强化共建“一带一路”沿线国家和地区技术性贸易措施影响研究与应用、推进技术法规标准和合格评定互认、定期开展我国与共建“一带一路”沿线国家和地区货物贸易评估等相关工作。
			监管处	3. 根据地方政府及相关企业的实际发展需求，积极争取总署支持，增开武汉过境业务线路，推动武汉港“海铁联运”与中欧（武汉）班列过境运输业务多式联运发展。 4. 根据湖北省“一带一路”发展需求，积极升级优化“武汉海关水运物流辅助管理系统”和“武汉海关铁路辅助管理系统”，实现过境运输多式联运业务智能化监管，促进过境运输业务量增长，提升智能化管理水平。
			企管处	5. 加快推广AEO国际互认合作。加强与“一带一路”沿线国家和地区AEO互认措施的宣传，指导企业充分享受政策红利。加大对与“一带一路”沿线国家和地区有贸易往来企业的信用培育力度。在现有基础上，增加与“一带一路”沿线国家和地区有贸易往来高级认证企业数量。至2025年，与“一带一路”沿线国家和地区有贸易往来高级认证企业数量力争增加到200家。
	13. 推动产业链供应链优化升级	综合处		1. 加强知识产权海关保护。深入实施“龙腾行动”，加大知识产权海关保护力度。围绕重点领域、重点地区和重点商品开展专项行动，争取实现量的提升和质的突破。每年开展1次专项行动，组织1次集中工作，开展1次业务培训。
			企管处	2. 支持企业集团加工贸易监管模式改革，争取到2025年落地5~6家企业。
			动植处	3. 支持动植物优质种质资源引进，服务国家种业发展。支持湖北优势农产品扩大出口。大力支持优质种猪、种鸡以及优质种苗引进，指导隔离检疫场/隔离苗圃建设，从速办理检疫审批手续。加强对主要贸易国家法律法规及技术标准的研究，支持湖北特色农产品如水生动物、活猪、水果等的出口。优化审批流程，武汉海关终审的指定隔离场办理时限由20个工作日缩短为15个工作日，检疫审批3个工作日内完成初审提交总署审批。

续表6

工作重点	具体任务	牵头单位（部门）	协办单位（部门）	落实措施
一心一意促发展	14. 推动外贸创新发展	企管处	监管处	1. 创新适应跨境电子商务、市场采购贸易方式、外贸综合服务企业、海外仓等新业态发展的通关便利化措施。 2. 支持湖北跨境电商综试区、跨境电商试点城市发展，推动跨境电商 B2B 试点拓展业务规模。完善跨境电商出口海外仓备案业务办理流程。研究制定跨境电商退货业务规程。优化升级跨境电商辅助系统功能，提升对跨境电商业务的智能化管理水平。指导中欧班列运输“邮快跨”货物。 3. 支持市场采购业务发展，建立口岸协作机制。
				4. 支持荆州国家加工贸易产业园发展，探索适合产业园内企业发展的加工贸易监管模式。
	15. 促进内外贸一体化	综合处		1. 完善、落实关区技贸措施工作机制。广泛收集 WTO/TBT、SPS 特别贸易关注议题。开展技贸措施影响度调查工作。做好 RCEP 等各项自由贸易协定实施工作准备，组织开展关区宣传培训。充分发挥中国 WTO/TBT 襄阳汽车研究评议基地作用，加强技术性贸易措施研究评议基地建设，争创一流，为湖北汽车出口做大做强发挥应有作用。 2. 每年开展 1 次以上技贸措施研究评议活动。每年向国际司报送 1 个以上 WTO/TBT、SPS 特别贸易关注议题。每年参与 1 个以上海关技术规范制（修）订科研课题。每月发布技术性贸易措施风险信息提示，持续扩大技术性贸易措施风险信息提示的影响力。
			食品处	3. 坚持构建“双循环”新发展格局，坚持进出口并重，助力打通我省魔芋等相关产业的进出口渠道。
			关税处	4. 组织关区关税条线人员开展培训学习。结合属地纳税人管理工作，对辖区内进出口企业开展自由贸易协定政策宣传，帮助企业提升认知度和技术能力，熟悉掌握原产地证书申领程序、证明材料等要求，为企业应享尽享协定优惠奠定坚实基础。
	16. 支持区域协调发展	综合处		1. 发挥综合保税区开放型经济平台作用，支持确有发展需要且符合条件的地区设立综合保税区。主动开展综保区政策宣讲等工作，加强对地方综保区的建设指导，提前介入规划设计及可行性研究，积极主动争取国家部委支持。至 2025 年，实现省内综保区政策宣讲工作全覆盖。
			企管处	2. 加强对外推荐注册工作。加强出口食品生产企业对外推荐工作，采取多种形式向企业宣讲相关国家地区推荐卫生注册标准，加快出口食品企业备案和推荐评审速度，积极支持湖北特色、优势农产品出口，带动区域发展。出口食品生产企业完成整改后，对外推荐注册现场评审作业压缩至 20 天。
	17. 推动自由贸易试验区和特殊监管区域发展	综合处		1. 力争新增备案创新举措。通过对自贸试验区实地调研，征求各单位部门以及企业的意见，梳理各项文件任务，找出企业需求，有针对性地开展制度创新工作。 2. 贯彻国务院工作部署，落实海关总署、湖北省政府要求，做好自由贸易试验区改革试点经验复制推广工作。 3. 结合湖北省实际，2021 年，研究出台支持湖北省综合保税区发展措施，并推动落实。
			企管处	4. 推动两区统筹发展。探索在综保区跨境电商网购保税业务开展“出区混配”业务。

续表7

工作重点	具体任务	牵头单位（部门）	协办单位（部门）	落实措施
一心一意促发展	18. 全面提升服务决策能力	统计处		1. 强化政策研究。推动形成上下联动、内外协调、整体运行的关区政策研究合力。建立完善调查研究常态化机制，以“贯彻落实中央和总署党委决策部署、推动海关全面深化业务改革、服务湖北高水平开放高质量发展”为导向，每年组织开展由关党委成员牵头的专题调研，为各级领导提供高质量决策建议。提升关区课题研究质量，以课题为抓手提升关区整体研究水平，每年组织完成8个以上署、关级课题，并形成多层面、多形式的成果转化，扩大武汉海关对外影响力。 2. 提升分析水平。深入挖掘数据价值，开展贸易数据、业务数据和其他数据的综合分析，捕捉热点，认真做好选题下发，组织关区预警分析人员积极参与，每月向总署统计司报送不少于12篇的预警分析文章。开展业务数据和贸易数据综合比对，跟踪监测重点业务指标动向，加强信息收集和一线调查研究，加强重点业务领域专项分析研究。 3. 维护统计数据质量。加强业务指标体系建设研究，积极承接总署业务统计指标新体系构建工作，综合运用各类检控参数和手段，加强数据审核和筛查，确保关区业务统计数据质量。加强统计数据质量管理，全年数据无迟报并及时反馈审核数据。多途径保障中国外贸出口先导指数调查填报率达95%、跨境电商试点统计调查等其他统计调查填报率达90%以上。 4. 保障数据安全。开展海关业务数据安全分类分级实践，落实总署各项业务数据安全管理要求。按照“非必要不提供”原则进行数据共享交换，规范数据对外交换。每年在关区开展一次加强业务数据安全的宣传活动。
	19. 营造良好法治环境	法规处		1. 研究制定《武汉海关隶属海关主要负责人履行推进法治建设第一责任人职责任务清单》，将党委理论学习中心组学法、领导干部任前考法、宪法宣誓等制度作为清单重点考核内容，每年12月31日前报送落实情况。 2. 坚持问题导向，以提高海关普法工作的针对性和有效性为目标，谋划制定“八五”普法规划，2021年12月31日前制定下发规划，2025年12月31日前组织推进全部落实。 3. 制定武汉海关普法责任清单，创新执法普法“一信一单”举措，每年5月31日前研究制定武汉海关普法计划和普法责任清单，12月31日前对各单位部门普法责任制和执法普法“一信一单”措施落实情况进行监督检查。 4. 有序开展“民法典宣传月”“宪法宣传周”“海关法治宣传周”等重要节点普法工作。 5. 充分运用湖北省国家工作人员学法用法及考试平台，积极组织在线学法用法及考试工作，每年12月31日前组织完成当年学法用法考试工作。 6. 组织指导各隶属海关开展法治文化阵地创建，把法治文化阵地建设情况纳入年度量化考核内容，2021年12月31日前完成第一批法治文化阵地及省级法治文化建设示范点申报工作，2025年12月31日前在关区打造一系列法治文化阵地。
	20. 深化与港澳台地区海关检验检疫交流合作	食品处		1. 加强与香港食物环境卫生署、澳门民政总署等的沟通交流。收集港澳台地区最新的技贸措施，及时向企业宣传贯彻相关信息，保障供港澳食品农产品安全顺畅。至2025年，武汉关区供港澳台食品检测合格率达99%以上。 2. 开展供港澳蛋品、供港蔬菜风险监测。风险监测计划完成率达100%。
		动植处		3. 完善与香港食物环境卫生署、澳门民政总署等的沟通交流机制，指导关区养殖场通过港方探访，大力提升保障供港澳活畜安全的能力。 4. 加强对香港、澳门进境动植物及产品法律法规、技术标准的收集，及时向企业宣传贯彻，进一步提升关区供港澳台农产品质量。 5. 积极参加香港食物环境卫生署组织的技术交流与研讨，适时派出关区优秀专业人员赴港交流学习，进一步提升关员专业能力。

续表8

工作重点	具体任务	牵头单位（部门）	协办单位（部门）	落实措施
一心一意促发展	21. 深化对外合作伙伴关系	办公室	缉私局、综合处、动植处、食品处、监管处、统计处、企管处、科技处、风控分局	1. 积极参与海关检验检疫国际合作。加强对美国、欧盟、俄罗斯等重点国家和地区经贸合作研究，在总署指导下探索推进与周边国家和地区的务实合作，深化与共建“一带一路”沿线国家和地区的机制化合作。 2. 积极参与推动与更多国家开展供应链互联互通合作。在总署指导下探索开展中欧陆海快线、国际陆海贸易新通道沿线以及中欧班列沿线海关合作，积极向总署争取参与“经认证的经营者”（AEO）、“安智贸”、海关信息交换平台、“关铁通”、国际贸易“单一窗口”、风险管理等合作项目。 3. 促进贸易安全与便利。持续探索开展打击走私等国际执法合作，加强政策沟通和技术交流。大力开展企业信用培育，扩大高级认证企业规模。
	22. 推进“智慧海关、智能边境、智享联通”合作	办公室	综合处、卫生处、动植处、食品处、监管处、企管处、科技处、风控分局、数据分中心	1．提升科技创新应用水平。推进基础设施、海关管理、海关监管的智能化，以数字化处理、网络化传输、智能化判别为主要手段，深化“智慧海关”建设。 2. 丰富国际贸易“单一窗口”功能。提高口岸监管、协同监管等智能化水平，实现信息互通共享、风险联防联控。 3. 积极参与与中东欧国家海关开展“三智”合作试点。为中国—中东欧国家海关信息中心建设提供支持协助，参与中欧陆海快线沿线国家通关协调咨询点建设。
积极稳妥推改革	23. 深化通关一体化改革	综合处		1. 在物流监管、保税监管、执法服务、风险防控、打击走私等业务领域推进更大范围、更深层次、更高水平的一体化改革。 2. 全面推广“两步申报+提前申报”“两步申报+汇总征税”“两步申报+商品拆分”功能应用，优化海关特殊监管区域“两步申报+先理货后报关”申报模式，通过功能叠加重点服务“光芯屏端网”产业集群发展。
			风控分局	3. 积极推动融入长三角布控查验协同机制，对重点高新技术企业进口的不宜在口岸海关监管区实施进境查验的真空包装、防光包装、恒温存储等货物实施“口岸外观查验+目的地综合处置”的两段式布控处置流程，最大程度减少口岸查验对商品性能品质影响。
	24. 促进跨境贸易便利化	综合处		1. 结合关区实际，出台有效措施优化口岸营商环境，促进跨境贸易便利化；全面优化通关业务流程，加强监控分析。探索特色监管模式，压缩整体通关时间。 2. 建立两级通关业务问题处置、反馈机制。依托“企呼关应”群、关区通关业务工作群、改革问题反馈平台、业务协调事项管理平台，广泛收集对内、对外的通关业务问题。在关区组建通关业务专家组，及时解决、反馈有关问题，形成问题清单，并实时更新。
			监管处	3. 优化口岸监管检查作业流程，提升检查执法作业规范性，完善与卫动食商及综合、风控等部门的配合机制，提升口岸检查作业效率，优化口岸营商环境。 4. 针对优化口岸营商环境出台相关措施，持续保持关区整体通关时间在合理区间，实现口岸监管检查时效提升。至2025年，进出口货物口岸检查效率较2020年提升30%。

续表9

工作重点	具体任务	牵头单位（部门）	协办单位（部门）	落实措施
积极稳妥推改革	25. 加快口岸现代化建设	监管处		1. 结合关区业务发展需要，推进武汉海关相关物流辅助管理系统功能优化升级，进一步实现对各通关模式下物流全程智能化监管，整合打通“铁、水、空、邮、特”等各物流辅助管理系统，实现关区物流信息的总体整合、互联互通及货物自由流转。 2. 对水运进出境直航、多式联运集中查验区、铁水多式联运、翻坝等新兴业务建立系统化、信息化管理流程，进一步实现对物流全程智能化监管。
			综合处	3. 支持口岸建设，助推符合条件的口岸纳入国家口岸发展“十四五”规划。指导推进已获批口岸扩大开放，支持武汉港扩大开放。
			科技处	4. 结合口岸现代化建设业务需求，积极推介智能审图、智能卡口、智慧旅检等海关应用的技术标准和接口规范，持续推动国际贸易“单一窗口”功能与物流辅助系统等关级信息化应用系统各功能模块数据对接。
			数据中心	5. 夯实湖北“单一窗口”信息化基础。加强数据交换平台节点基础设施建设，完善运维服务体系，提高平台稳定性。推进数据协调、简化和标准化工作，充分运用新技术，实现湖北“单一窗口”性能优越、信息安全可信、流程公开透明。 6. 拓展湖北“单一窗口”覆盖面。依托湖北“单一窗口”和数据交换平台节点基础架构，将湖北“单一窗口”功能逐步覆盖关区物流监管全链条，打造“一站式”物流服务平台。
			风控分局	7. 推进平安口岸建设，推动口岸安全联合防控工作机制完善。持续开展风险分析，加强对关区重大风险整体测量、精准评估和统筹处置，提升口岸风险预警、防控和应急处置能力。
	26. 深化“放管服”改革	企管处		1. 积极推进海关行政相对人统一管理平台建设。规范食品特定资质企业管理工作，完善行政相对人统一管理系统企业备案信息。
			法规处	2. 全面落实权责清单制度。严格按照权责法定要求系统梳理权责事项。认真做好权责清理、确定、规范、公开等工作，统筹推进直属海关和隶属海关权责清单的编制与公开。建立健全海关权责清单动态调整机制。 3. 做好行政审批事项取消、下放后的承接工作。按照直接取消审批、审批改为备案、实行告知承诺、优化审批服务等方式，落实“证照分离”改革要求。
			综合处	4. 深化“双随机、一公开”改革。落实总署制定的《海关行政执法检查事项“双随机、一公开”监管实施细则（试行）》，强化组织实施。
	27. 创新事中事后监管	企管处		1. 支持外贸综合服务企业做大做强。通过引导外综服企业诚信经营、规范管理，帮助外综服企业不断提高市场竞争力，对申请高级认证的外综服企业开展“一对一”重点培育，优先开展认证。至2025年，对关区外综服企业培育实施全覆盖。 2. 创新稽核查工作模式。加强“互联网+稽核查”系统应用，扩大企业资源计划（ERP）系统或仓储管理系统（WMS）联网应用企业数量，健全智能监控分析模型，强化对企业后续监控分析，积极开展网上稽查。将第三方协助稽查拓展至检验检疫领域，提升稽查整体效能。 3. 推行主动披露制度。优化主动披露制度规范，引导企业主动如实向海关报告发现问题，探索将主动披露适用范围扩大到检验检疫领域，促进企业规范经营、守法自律。

续表10

工作重点	具体任务	牵头单位（部门）	协办单位（部门）	落实措施
积极稳妥推改革	27. 创新事中事后监管	企管处		4. 建立完善“智慧核查”工作机制。修订完善操作指南，指导各隶属海关正确运用“智慧核查”系统开展工作，增加对企业正常经营活动的支持，进一步优化营商环境。优化系统功能，提升智能化监管水平。 5. 优化海关核查管理制度。落实第三方协助核查工作机制，推动第三方结果采信制度、守法优质企业自查结果认可制度落地。
			监管处	6. 完善跨境电商监管模式，建立健全部门间协作机制，强化职能部门、业务现场正面监管，增强信息化辅助系统监控分析能力，实现监管水平全面提升。 7. 优化市场采购监管模式，构建市场采购贸易关于企管、监管、价格管控、风险防控、稽查等全链条监管体系，压紧压实地方属地管理责任，加强综合管理平台和辅助系统应用，提升智能监管水平。
	28. 深化海关大数据应用	风控分局		1. 拓展大数据应用场景。稳步推动大数据应用工具在关区各业务职能管理条线的应用，紧密结合核心基础工作，通过应用云擎等大数据技术实现工作效能的明显提升，协同推进“智慧海关”建设。2021 年，云擎授权覆盖关区各业务职能部门。2022 年，实现关区各业务条线主要监控云擎建模全覆盖。 2. 夯实关区数据资源基础。以云擎大数据应用工具为媒介，在数据资源、用户授权等方面积极争取总署支持，强化数据安全管理，提升应用日志监控效能。 3. 加强大数据人才培养。持续开展关区大数据应用培训与指导，不断加强关区建模人员与业务专家、总署大数据专家的交流合作，逐步培养建立关区大数据应用的人才梯队，形成关区大数据应用合力与动力。2021 年，总署平台级云擎模型关区研发工作实现突破。2025 年，在关区建立较为成熟完善的模型共享库，实现多部门建模成果的融合提升。
	29. 促进深化财务管理改革	财务处		1. 全面提升预算执行效能，继续落实实时监控、定期通报、目标考核、预警约谈、督促检查等管控措施，不断健全预算执行管理长效机制。至 2025 年，预算执行率较 2020 年稳步提高。 2. 在预算安排上继续向艰苦地区海关倾斜，积极争取恩施海关边关生活设施保障能力提升工程项目立项，全面提升艰苦地区边关生活设施保障能力。2024 年，恩施海关边关生活设施保障能力提升工程项目建设完成。 3. 围绕满足新海关各项业务发展及民生保障需要，积极推进闲置房地产整合利用工作，进一步盘活房产资源，提高配置效益。闲置房产整合利用率 2021 年达到 70%以上、2025 年达到 90%以上。 4. 参加总署智慧财务预算执行模块第二批试点，积极推动财务管理智能化和财务报销便利化。2021—2022 年，选取部分部门试用“公务之家”差旅报销系统和总署预算执行管理系统。2023 年，在总关全面推行财务报销网上审批。
	30. 强化口岸监管装备研发与应用	科技处	监管处	1. 强化设备应用，对 H986 要求日均 20 个自然箱/台，并纳入绩效考核。对 CT 设备要求使用现场按月度反馈使用情况，督促现场加大设备利用。2023 年，实现 H986、CT、辐射门、X 光机、音视频执法记录仪、移动查验单兵等监管设备全面联网。 2. 依托关区远程作业支撑平台和监控指挥中心，以机场、码头、集中查验场等密集查验场地为突破口，拓展和推广非接触式查验，构建远程智慧监管新模式，提高查验效能。以小型化、便携化、智能化为标准，吸收引进便捷实用管用的智能移动终端，与远程智慧监管相融合，提升远程智慧监管能力。2022 年，推广应用“远程监管”及“专家远程指导”功能。2025 年，全面提升关区远程智慧监管能力。

续表11

工作重点	具体任务	牵头单位（部门）	协办单位（部门）	落实措施
积极稳妥推改革	30. 强化口岸监管装备研发与应用	科技处		3. 推动监管设备联网，实现应联尽联。2021年，实现移动单兵设备100%注册和音视频执法记录仪100%联网。2024年，进一步拓展人工智能、5G等新技术在“智慧海关”建设中的应用。 4. 在年度监管技术装备及能力提升专项的预算申报中，重点关注固体废物快速鉴别、危化品现场快速筛查、走私物品快速查验、智能查验机器人、新一代口岸集装箱核生化爆监测、检疫生物雷达、车辆底盘查验等技术装备。2025年，推广上述总署研发的具有自主知识产权的现场监管装备应用。
聚精会神抓建设	31. 加强领导班子建设	人教处	机关党委（政工办）	1. 加强思想政治建设。一是深入开展习近平新时代中国特色社会主义思想教育培训，把学习习近平总书记对海关的重要指示批示精神融入培训课程设计之中，促进干部强化理论武装，坚定理想信念，提升政治能力。二是落实好领导班子主要负责人党建工作述职评议考核制度，推行三级联述联考联评，把党建工作考严、考准、考实。 2. 选优配强领导班子。一是注重近距离识别了解。开展常态化干部调研，定期了解处科级领导班子运行情况，发现和储备一批优秀年轻干部；强化日常了解，在各项急难险重任务中考察识别干部；加强综合分析研判，综合运用考核考察、巡视巡察、督察审计和专项整治等监督管理结果，多角度了解识别干部，定期对各级领导班子进行分析研判，为关党委选人用人决策提供参考依据。二是将政治标准放在首位。树立实绩导向、基层导向。重点选好党政“一把手”。优化专业结构，注重优势互补，根据机关、基层，业务、综合以及不同业务条线的差异化需求，适时开展干部交流调配，促进领导班子合力发挥。完善来源结构，畅通公务员和事业单位交流渠道。三是统筹用好各年龄段干部，坚持择优选拔，同时充分发挥各年龄段干部的不同优势，坚持老中青梯次配备，充分用好职级职数。 3. 加大优秀年轻干部培养选拔力度。一是探索建立优秀年轻干部发现储备机制。通过日常观察、近距离接触、专项调研等方式，尤其注重在重点工作、急难险重任务中，挖掘和储备一批综合素质好、有发展潜力的优秀年轻干部，有计划、有步骤地强化培育和使用。二是持续跟踪管理，对发现的优秀年轻干部开展常态化分析评估、动态更新，及时将讲政治、业务强、能攻坚、善作为、敢负责的优秀年轻干部纳入组织视野，对不符合条件的及时进行调整。三是加快培养使用，突出政治训练、政治历练，强化习近平新时代中国特色社会主义思想教育培训，加强对年轻干部培养使用的长远规划，将具有发展潜质的优秀年轻干部放到业务量大、改革任务重、条件艰苦、环境复杂的基层和岗位历练，在实践中经风雨、见世面、长才干。
	32. 加强人才队伍建设	人教处	法规处	1. 按照总署部署，逐步推行海关专家制度，着力培养一批熟悉关区业务特点的复合型专家人才。一是结合关区实际，认真落实总署推行专家制度工作部署，培养一定数量在海关系统具有影响力、知名度的业务专家；优化完善专家选任、使用和考核评估机制，鼓励专家在总署、关区重点工作和重大改革项目中发挥积极作用。二是以“业务人员共享库”为基础，着力培养一批“本职领域精通、相关领域熟悉、全领域了解”的复合型专家人才，推动专家在辅助决策、基础研究、技术创新等方面发挥作用。 2. 引进急需紧缺人才，建立国际合作人才队伍储备，科学布局法治人才梯队。一是通过公务员考录、军转干部安置、事业单位公开招聘以及干部选调等渠道及时补充急需紧缺人才，不断优化综合管理、行政执法、专业技术“三类人才”队伍结构。二是配合做好外交部、商务部驻外人员选拔工作，积极推荐驻外工作人员，增加国际合作人才队伍储备。三是加大公职律师培养力度，形成人才梯队。

续表12

工作重点	具体任务	牵头单位（部门）	协办单位（部门）	落实措施
聚精会神抓建设	32. 加强人才队伍建设	人教处	法规处	3. 统筹培养重点领域人才，大力推进综合管理人才、行政执法人才和专业技术人才队伍建设，健全完善人才培养、使用、评价、流动、激励机制。一是着力推进综合管理人才队伍建设，通过“请进来，走出去”等形式组织不同类型的专题培训，突出锻炼执政本领和履职能力。二是着力推进行政执法人才队伍建设，以提升海关执法队伍依法行政能力、执法办案能力和应急处置能力为重点，有针对性地组织实战实训。三是着力推进专业技术人才队伍建设，推进事业单位高水平高素质专业人才引进工作，组织专业技术类公务员和事业单位专业技术岗位人员开展专业化能力培训，提升专业技能。四是选派业务骨干赴业务量大、业务特色突出及艰苦边远地区海关交流、跟班学习，拓宽思路，扩展视野。五是结合“业务人员共享库”的使用，健全完善人才培养、使用、评价、流动、激励机制。
	33. 加强干部教育培训	人教处	政工办	1. 把学习贯彻习近平新时代中国特色社会主义思想作为首课、主课贯穿始终、覆盖全面。一是把习近平新时代中国特色社会主义思想学习作为干部教育培训的首要任务，读原著、学原文、悟原理，教育引导海关干部用党的创新理论武装头脑、指导实践、推动工作。组织领导干部赴地方党校、国内知名高校、关院、管干院等相关培训机构接受系统理论教育，组织开展领导干部学习习近平新时代中国特色社会主义思想专题培训班。二是跟进学习领会习近平总书记关于海关工作的重要讲话、重要指示批示精神，把习近平总书记对海关的重要指示批示精神融入培训课程设计之中，紧密联系筑牢国门安全防线、促进国内国际双循环等党中央、国务院重大决策部署开展培训。 2. 完善全面系统的培训内容体系。一是大力开展政治训练。持续加强党的基本理论教育和党性教育，在处科级领导干部培训班、各级晋衔培训班中加大政治学习课程比例，充分利用集中调训、“海关 e 课堂”“网上培训班”等方式开展理论学习。二是大力开展业务训练。根据全面深化海关业务改革需要，统筹组织各业务职能部门开展务实管用的业务类综合培训，推动各业务职能部门提升业务类培训实操比例。三是大力开展执法训练。结合依法把关、依法履职需要，组织干部深入学习法律法规和规章制度，通过普法讲师“送法上门”、以案释法、模拟法庭专题展演等形式，开展法治观念教育、法律实务教育、专业执法教育和岗位资质培训。四是丰富课程形式内容，持续开展“武关博苑”每周一课及工作小技巧系列讲堂，展示、分享学习成果，打造特色学习品牌。 3. 建立分级分类的培训对象体系。根据职务层次、岗位需要，结合干部成长规律，针对性确定培训对象、培训内容，根据各级领导干部、专业技术人才、优秀年轻干部、执法一线科长、基层一线关员的培训需求特点，组织开展不同专题不同重点的培训。探索建立“领导干部铸魂、一线科长助航、年轻干部筑基”培训体系，推动处级领导干部锤炼政治品质，执法一线科长历练管理技能，优秀年轻干部锻炼岗位履职本领。 4. 构建务实高效的培训方式方法体系。一是优化“封闭式、半开放式、开放式”三类模式，统筹运用集中调训、网络培训、实操培训、跟班学习等多种方式，有针对性开展培训工作。二是充分利用信息化手段，用好“武关博苑”智慧教室，创新培训方法，丰富拓展其他培训形式。 5. 健全科学规范的培训制度体系。一是深入开展调研，通过问卷调查、实地考察、召开座谈会等形式广泛征集培训需求，充分听取意见建议，科学制定年度培训计划，提升教育培训针对性、有效性。二是修订关区教育培训管理办法，健全完善培训计划、执行、评估、改进等全流程闭环管理制度。2022年底，完成关区教育培训管理办法修订，每年评估制度执行成效。

续表13

工作重点	具体任务	牵头单位（部门）	协办单位（部门）	落实措施
聚精会神抓建设	33. 加强干部教育培训	人教处	政工办	6. 建设坚强有力的培训保障体系。一是加强教育培训经费管理，厉行节约，勤俭办学，按要求开支。二是建立完善兼职教师管理制度，充分发挥兼职教师队伍作用。三是进一步开发、完善“武关博苑”智慧教室的使用模式，根据最新技术发展，及时升级“武关博苑”智慧教室、教培媒体+和电教室的软硬件设施，以适应教学需要和培训形势发展。四是探索推进关区业务实训基地建设。
	34. 加强海关文化建设	机关党委（政工办）	办公室、人教处、离退办	1. 凝聚思想共识，加强精神文化建设。大力培育和践行社会主义核心价值观，持续抓好精神文明建设，高标准推动文明单位创建工作。充分利用微信、视频等新媒体、融媒体平台等，打造精神文化阵地。 2. 立足人文关怀，加强管理文化建设。大力开展岗位练兵、技能比武，通过集中培训、轮岗锻炼等措施，打造形成素质培养、知事识人、选拔任用、从严管理、正向激励等符合新时代要求、具有海关特点的管理体系。 3. 坚持正面引导，加强廉政文化建设。深入推进清廉海关建设，组织“清风颂”廉政文化作品创作，大力宣传廉政勤政先进典型，持续推动清廉家庭建设，营造崇德向善、崇俭尚廉的良好风尚。 4. 常态化抓好海关准军事化集训，强化队伍纪律观念，培养雷厉风行、令行禁止优良作风。认真执行海关内务规范，严格落实内务规范强化月制度，坚持“三检查一通报一评比”机制，加强监督检查，定期通报日常纪律作风检查情况。深化内涵学军，使“马上就办、真抓实干”成为海关内在文化，努力打造“政治坚定、业务精通、令行禁止、担当奉献”的准军事化纪律部队。 5. 倡导和谐理念，加强群团文化建设。充分发挥群团组织作用，依托各类文体协会，积极开展各类贴近中心工作、贴近思想实际、喜闻乐见、人人参与的经常性活动，举办关区职工运动会、球类棋牌等文体活动，在重要时间节点适时组织文化汇展，做到“平时有活动、节日有响应”。 6. 倡导志愿精神，加强服务文化建设。组织开展新时代文明实践志愿服务，积极为群众排忧解难，办实事、办好事，持续提高服务文化建设影响力。巩固拓展脱贫攻坚成果，深入推进乡村振兴工作，选派优秀干部开展驻村帮扶，与驻村点结对共建新时代文明实践中心。 7. 完善软硬条件，加强环境文化建设。发挥党史学习教育阵地、关史荣誉展厅（办公室）、职工书屋、党员活动室、道德讲堂等作用，创造形式多样、生动活泼的文化空间，坚持开展节能减排、绿色低碳、助力环保、“无烟机关”创建等活动，营造朴实庄重、文明有序、整洁优美的办公环境，使单位成为舒心工作、健康向上、服务群众、建功立业的温馨家园。
	35. 推动完善海关技术规范和业务规范体系	综合处		1. 完成总署年度海关技术规范制（修）订计划任务，完成率达到100%。 2. 按照总署安排，收集有关特定技术规范的解读、分析、实施案例。 3. 参与总署组织的技术规范专业委有关工作，每年参加集中工作不少于1次。 4. 广泛收集通关系统运行问题，向总署层面提交通关环节业务改革建议。

续表14

工作重点	具体任务	牵头单位（部门）	协办单位（部门）	落实措施
聚精会神抓建设	36. 推动完善海关法律制度体系	法规处		1. 积极参与立法。积极参与《中华人民共和国海关法》《中华人民共和国国境卫生检疫法》《中华人民共和国进出境动植物检疫法》《中华人民共和国关税法》等法律以及配套行政法规、规章制（修）订工作，广泛征求反馈意见建议，贡献武汉海关力量和智慧。对总署开展的书面立法调研和征求意见，按要求反馈率达到100%。 2. 提升业务制度性文件制定水平。加强规范性文件合法性审查和报备，通过开展立法技术培训、业务制度性文件制定情况检查和通报等方式，不断提升关区业务制度性文件制定水平。规范性文件按要求报备率达到100%，经总署审查不予备案率为0。 3. 做好制度“立改废”。通过业务制度性文件实施效果评估、制度集中清理等，统筹推进关区业务制度性文件“立改废”工作。至2025年，对实施3年以上的业务制度性文件开展实施效果评估覆盖率达到100%。 4. 提高制度性文件管理科技水平。2022年以前，开发使用“武汉海关制度性文件导航系统（暂定名）”，实现文件管理系统化、智能化、规范化。
	37. 严格规范公正文明执法	法规处		1. 严格落实推行行政执法“三项制度”的有关要求。组织推进行政执法“三项制度”，督促各业务职能部门加强对本条线行政执法“三项制度”执行的指导、监督。每年1月31日前公布上一年度关区行政执法公示年报。2021年底前，完成对《武汉海关行政执法全过程记录实施细则》《武汉海关重大执法决定法制审核实施细则》的修订与发布。 2. 发挥行政复议解决行政争议的主渠道作用。畅通行政复议申请渠道。在行政复议中做好政策法规宣讲工作，抓早抓小抓苗头，努力将矛盾争议化解在萌芽状态，确保案件办理的政治效果、法律效果与社会效果有机统一。加强行政复议规范化、专业化建设，依法履行复议机关职责，加大内部监督力度，及时纠正违法和不当行为，促进规范执法。 3. 加强行政应诉工作。严格按照“谁涉诉、谁应诉、谁负责”的原则，进一步强化各涉诉主体在行政应诉中的职能和权责。全面落实涉诉海关行政机关负责人出庭应诉制度。行政机关负责人出庭应诉率达100%。
	38. 强化法治保障作用	法规处		1. 强化法治队伍建设。充分发挥法律顾问、公职律师、法律专业人才的作用，加强人员梯队建设。开展“以案释法”培训、“模拟法庭”展播、旁听庭审等活动，不断提升关员法律素养和运用法治思维解决问题能力。增强公职律师工作计划性，创新方式为公职律师提供更多学习机会和锻炼平台。严格执行公职律师考核制度，对考核不合格的实行退出机制。每年1月31日前完成关区公职律师上年度考核。每年2月底前，制定本年度公职律师工作计划。每年开展1次“以案释法”培训和至少组织1次旁听庭审。 2. 积极配合开展创新举措的法制审核。按照《海关总署办公厅关于印发〈自贸试验区海关监管创新举措备案工作规程〉的通知》（署办贸函〔2020〕21号）要求，对关区创新举措备案提供法制审核。
	39. 增强海关信息化支撑能力	科技处	办公室、人教处、财务处、后勤管理中心	1. 升级海关网络安全防护体系，建设网络安全态势感知平台。加强对用户、设备、应用、数据的访问控制；加强对海关网络安全形势进行预警、预测，集成威胁情报分析，对接各类网络安全产品，支撑形成条块结合、纵横联通、协同联动的网络安全工作局面。2022年，完成态势感知设备升级，实现对全关区网络安全资产、漏洞、威胁等要素的采集、分析和预警；2023年，初步建成有效的关区安全防护体系，进一步优化机制，定期对关区安全运维态势预警和分析，提升我关网络安全总体防护能力。 2. 加快国产软硬件推广应用，构建国产应用支撑生态，提升自主可控能力，推进基础设施云化。根据总署信创工作安排，加强对国产自主可控软硬件的测试与应用，实现芯片、客户端、服务器、操作系统、桌面云、应用系统等

续表15

工作重点	具体任务	牵头单位（部门）	协办单位（部门）	落实措施
聚精会神抓建设	39. 增强海关信息化支撑能力	科技处	办公室、人教处、财务处、后勤管理中心	全生态链应用。加速信息化基础设施升级扩容，运用超融合、虚拟化等技术，对桌面云、基础设施云等进行扩容、提速、增效。2022年，完成国产化终端测试和应用。2024年，完成国产化桌面云大规模部署应用。 3. 优化整合信息系统。持续推进政务网建设，加强政务内网建设和运维保障。升级完善政务办公、人事管理、财务管理和后勤管理等信息系统，实现各系统之间数据的互联互通和信息共享。2022年，完成财务管理、后勤管理信息系统升级完善。2025年，完成数据互联互通和共享。 4. 提升移动应用水平。丰富移动应用场景。依托总署平台，全面丰富移动执法、移动办公、移动服务等应用，拓展、丰富移动单兵等便携式查验设备应用范围，为现场关员提供更灵活高效的技术手段。2022年，初步实现智慧后勤的移动应用。2025年，实现移动应用覆盖率达到90%以上。 5. 提升科技设备管理的信息化水平。建立和完善适合关区实际的科技设备管理模式，定期开展设备的报废与更新，提高信息化前台设备配备的标准化、精细化、科学化水平。引入信息化手段，实现关区科技设备的底账管理和全生命周期管理，提升科技设备管理的信息化水平。2022年，建立较完善的科技设备管理模式。2023年，实现科技设备的信息化管理。 6. 加强信息系统平台化支撑能力。加大科技创新力度，提高科技供给能力，构建开发运维一体化机制，充分发挥信息系统总集成单位作用，深化“大平台+微服务”架构，持续提升信息化项目快速交付和运维快速响应能力，建立覆盖海关内外部的一体化开发测试运维环境。至2025年，实现关区内海关业务信息化应用覆盖率达到100%。
	40. 加强海关实验室整体规划和协同建设	科技处	技术中心、保健中心	1. 科学规划实验室布局，加强实验室体系建设。根据武汉海关事业单位“三定”实施方案，按照总署对海关实验室分级管理要求，结合海关监管业务、地方经济发展布局和产业发展实际需要，进一步优化整合实验室布局。建设和完善以国家检测重点实验室为核心、区域性中心实验室为骨干、常规实验室为基础的检验检测保障和服务体系。2023年，实验室布局和体系进一步优化，服务湖北外向型经济发展能力进一步提升。 2. 在国家检测重点实验室基础上，紧紧围绕湖北乃至中部地区主要产业、支柱产业、特色产业需要，本着“突出特色，服务发展”的原则，发挥自身技术优势，综合考虑区位优势、产业布局、商品种类、进出口业务量、专业技术能力及已有的资源与工作基础，积极向总署争取建立专项实验室。 3. 推进专项实验室建设，强化实验室保障能力。提升实验室综合实力，解决本关区技术难题，满足关区日常法检技术需要，提升对海关监管业务的技术支撑能力。集中资源整合，争取地方政府支持，建设中部地区新兴产业商品监管技术能力。至2025年，在新兴电子产业产品领域具备检测能力，并承接相关检测业务。 4. 积极拓展食品、中药材、环境检测市场，建设湖北进口工业产品法检所需检测支撑能力，构建起以重点实验室为依托，区域实验室高效发展的新格局。 5. 认真落实《中华人民共和国生物安全法》等国家法律法规关于实验室建设和管理有关要求，加强实验室建设与管理。落实安全生产责任制，健全完善实验室安全管理机制。建立健全实验室安全管理体系，制定实验室生物安全和危化品检测安全检查计划，定期进行督导检查，无实验室安全事故发生。 6. 严格执行实验室技术规范和操作规程，切实落实相关安全防护要求。持续排查、及早发现问题短板和薄弱环节，及时整改消除安全风险隐患，进一步完善实验室设施用品安全监控平台，建立配套工作机制，确保实验室高效平稳运行。认真做好常态化疫情防控工作，加强安全防护督导检查，确保消除隐患，不发生生物安全事故。

附件 2

工程清单

工程类别	具体项目	牵头单位（部门）	协办单位（部门）	落实措施
领导班子和队伍建设工程	一、海关人才发展工程	人教处		1. 培养引进高素质专业人才。至 2025 年，关区“业务人员共享库”共计培养 5 名以上海关二级专家或相当层次人员，各领域培养 4 名以上海关三级专家或相当层次人员。通过事业单位招聘等形式，吸收引进一批事业单位健康长远发展急需的高水平高素质专业技术人才。
			法规处	2. 大力开发急需紧缺人才。至 2025 年，在公务员考录、军转干部安置和事业单位招聘中，急需紧缺人才的招录比例原则上不低于 50%，引进具有专业背景、专业技能的急需紧缺人才不少于 15 人。至 2025 年，共计推荐 5 人次以上人员参加外交部、商务部驻外人员选拔。至 2025 年，形成 15 人以上、老中青结合的公职律师队伍。
				3. 着力培养党政管理人才。每年开展 1 次关区处级领导班子综合分析研判。不断优化领导班子结构，至 2025 年，关区有一批 40 岁以下处级领导干部和 35 岁以下正科级领导干部。进一步完善优秀年轻干部选用机制，至 2021 年底，初步建立关区优秀年轻干部储备库，分级分类储备一批优秀年轻干部；至 2025 年，逐步建立常态化优秀年轻干部发现、储备、培育和使用机制，选人用人视野有效拓宽，选人用人精准度进一步提升。
	二、教育培养体系建设工程	人教处		1. 全面深入开展习近平新时代中国特色社会主义思想教育培训。至 2025 年，每年至少组织 1 批处级领导干部和 1 批科级领导干部赴地方党校、国内知名高校、关院、管干院等相关机构开展政治理论和管理能力培训。
			政工办	2. 完善分级分类培训体系。每年组织不少于 2 期政治理论和党性修养专题培训，不少于 6 期业务领域实操培训，不少于 4 期专业技术人员技能提升专题培训，不少于 2 期执法一线科长能力素质提升专题培训，运用“武关博苑”智慧教室举办不少于 3 期业务技能培训。
				3. 健全完善培训保障体系。每年开展 1 次培训需求调研，举办 1 期教培工作座谈会。2022 年底，完成关区教育培训管理办法修订，每年评估制度执行成效。每年年中、年末各组织 1 次对培训经费使用情况的审核，确保培训经费按要求开支。至 2025 年，力争建成 1~2 个体现武汉海关业务特点，能发挥培训实效的实训基地。
业务建设工程	三、税收风险防控能力提升工程	关税处	统计处、企管处、科技处、风控分局	1. 完善税收风险协同防控体系。与风控分局合作搭建优惠原产地进口申报规范性、进口货物运保费申报规范性、贸易救济商品特别关税征收情况等大数据监控分析模型；与企管处合作建立特许权后续申报监控核查机制；与科技处、统计处合作，开展归类、价格、原产地等涉税要素的专项监控核查，防范税收风险。 2. 深化属地纳税人管理。充分发挥属地优势，以属地纳税人管理为切入点，推动各项税收优惠政策和企业认证、主动披露等管理措施落细落实，积极为企业排忧解难。以进出口企业送“服务包”活动为切入点，引导和稳定税源，确保完成全年预算目标。 3. 发挥科技引领支撑作用。强化科技创新应用，充分运用海廉、云擎系统研判税收风险。着重强化涉税要素监控，开展归类、价格、原产地等涉税要素的专项监控核查，防范价格低报瞒报等风险；强化减免税、非贸税收监控、属地规范申报数据核查管理，做好风险处置成果转化及督促整改，提升税收风险智能化防控水平。

续表1

工程类别	具体项目	牵头单位（部门）	协办单位（部门）	落实措施
业务建设工程	四、公共口岸卫生防控体系建设工程	卫生处	监管处、综合处、动植处、企管处	1. 围绕口岸公共卫生核心能力建设要求，有效利用重大疫情专项资金，强化口岸硬件设施设备升级和信息化系统建设。指导宜昌三峡机场改造和鄂州花湖机场建设，提升口岸检疫工作建设水平。 2. 强化口岸卫生检疫工作技术能力支撑，指导保健中心建成口岸病媒生物实验室，使实验室具备常见鼠类、蚊类、蝇类病媒生物鉴定能力，以及病媒生物携带常见病原体检测能力。 3. 优化出入境特殊物品监管模式。全面梳理特殊物品全链条监管重点环节、监管要求，清理相关文件依据，明确从客户申请审批到最终用户使用全流程海关监管要求；扩大低风险特殊物品职能审批覆盖范围，对试点企业进口同一种科研用样本实施“一次评估、分批进口”；组建风险评估专家库，优化出入境特殊物品风险评估流程。
	五、动植物检疫和外来入侵物种口岸防控能力提升工程	动植处		1. 加强动植物疫情和外来物种监测，每年关区实蝇、红火蚁、草地贪夜蛾、杂草等外来有害生物监测点布局数量不少于550个，动物疫病监测样品量不少于3,000个。 2. 做好非贸渠道外来有害生物防控及“国门绿盾”工作，外来物种口岸防控工作业务考核排名争取进入全国海关前15名。 3. 优化动植物检疫监管模式，运用5G+AR等高科技技术手段实施动植物检疫监管，每年关区通过远程作业支撑平台实施监管企业数量不少于10家。 4. 推进动植物口岸初筛鉴定室建设，完善进境活动物、粮食、检疫处理等高风险业务监管制度。至2023年，关区口岸海关动植物检疫标准化建设覆盖率达100%。
	六、进出口食品安全监管能力提升工程	食品处	企管处、监管处、综合处、风控分局	1. 梳理各项制度文件和作业规范。全面梳理规章制度、操作指引、管理办法、指导意见、应急预案、工作规则等各类文件规定，查漏补缺，持续健全进出口食品化妆品监管制度。至2025年，至少制（修）订5份操作指引或工作制度。 2. 加强进出口食品化妆品的检验监管能力培训。每年至少开展1次关区进出口食品化妆品安全监管培训，食品化妆品安全监管人员培训不少于40学时。强化动、植物源性食品及加工食品岗位资质管理。至2025年，关区获得动、植物源性食品及加工食品岗位资质人员不少于60人。 3. 开展进出口食品化妆品安全监管督查。每年开展进出口食品化妆品安全监督抽检、进口食品化妆品安全风险监测、出口动物源性食品安全风险监测、供港蔬菜专项检查、督查和境外通报不合格问题核查。不定期对隶属海关进出口食品化妆品安全监管工作开展督查、飞行检查，对发现的问题进行通报，并将有关情况纳入绩效考核。至2025年，进出口食品化妆品安全监督抽检和风险监测计划完成率达到95%以上，境外通报不合格问题核查完成率达到95%以上。
	七、进出口商品质量安全检验监管能力提升工程	商检处		1. 进一步完善湖北省进出口商品质量安全风险预警和快速反应监管体系切实保护消费者权益的实施方案。充分发挥进出口商品质量安全风险监测点作用，重点针对进口日用消费品、医疗器械、危险化学品、大宗资源类等商品的质量安全实施重点监测。每年开展进出口商品风险监测工作不少于100批次。积极申报风险评估中心建设项目。 2. 优化进口商品检验监管模式。深化进口大宗商品、危险化学品、机电产品检验监管模式改革，强化进口再生资源等重点敏感商品检验监管。组织落实总署对已取得质量安全准入资质的进口医疗器械、特种设备、强制性认证产品（CCC）等实施“大验证”监管的要求。 3. 提升进出口商品检验监管基础能力。强化危险货物及其包装检验监管岗位资质管理，提升危险货物及其包装检验监管能力。开展精准培训，着力强化危险货物及其包装检验岗位资质培训考核和实践锻炼，不断提高现场关员执法能力水平和安全作业规范水平。开展规范性文件评估，进一步修订完善操作指引。加强典型案例收集，通过案例汇编提高业务指导的有效性。

续表2

工程类别	具体项目	牵头单位（部门）	协办单位（部门）	落实措施
业务建设工程	八、风险管控能力提升工程	风控分局		1. 强化一体化风险防控。整合公共卫生、生物安全、进出口食品安全、进出口商品质量安全等领域的风险防控，形成统一的风险防控规则，促进全领域风险防控深度融合。推进货物、寄递、旅检、特殊监管区域风险防控全覆盖。2025年，货物人工分析查获率达到16%。加强进口目的地检验、出口前监管等风险防控，促进风险防控在海关监管事前、事中、事后全链条有效贯通。 2. 扩宽信息情报收集渠道。将风险信息情报收集向互联网拓展，提升收集人员整体逻辑分析水平，提高辨别真假信息情报能力，使之有效服务于分析研判工作。 3. 深化业务风险联防联控机制。推进关区业务风险协同防控，加强风控与缉私、稽查等部门的联系配合，围绕防控重点开展集中分析研判与联动处置，持续提升整体风险防控能力。 4. 推动武汉关区融入长三角一体化真空包装等高新技术货物布控查验协同试点机制，对不宜在口岸海关监管区实施进境查验的真空包装、防光包装、恒温存储货物实施“口岸外观查验+目的地综合处置”的两段式布控处置，优化口岸属地协同，减少口岸查验对高新技术货物性能品质影响，降低企业成本，提升通关效率。 5. 加强风险管理人才与理论储备建设。加强风险防控人才培养，开展风险管理理论和专业技能培训，着重提升风险防控队伍的实战能力和水平。加强风险防控理论研究，至2025年，实现署级、关级课题、学会论文参与全覆盖。
	九、缉私专业能力建设工程	缉私局		1. 完善警务协作机制。以缉私二战区为平台，加强与兄弟海关缉私局的联动配合，推动联合打击跨关区重大走私案件、长江大保护等工作深入开展。以贯彻落实公安机关打私工作现场会精神和湖北省公安厅《关于支持武汉海关缉私局相关工作的通知》（鄂公通〔2020〕12号）为抓手，深化与地方公安及长航、铁路、民航、森林等行业公安在执法办案、队伍建设、科技应用、综合保障等方面的协作机制，提升多警种联合打私的合成作战水平。 2. 加大改革创新力度。成立改革创新领导小组，下设三个工作组，从业务管理、行政管理、队伍管理三个领域统筹组织开展改革创新工作。采取“科技+制度”的方法进一步融合海关网、公安网、互联网资源，通过开发系统、完善制度、优化流程、更新装备等方式，打造智能、先进、便捷、高效的智慧缉私管理模式。 3. 推进执法规范化建设。全面落实“统一审核、统一出口”工作机制、重大案件集体审议机制，深化与检、法机关的协作配合，加强对执法疑难问题的研究，确保移诉案件起诉率达98%。加强对行政案件的指导、检查，增强关区行政执法统一性和规范性，确保行政案件复议无变更、诉讼无败诉。
	十、知识产权海关保护能力提升工程	综合处	监管处、风控分局	1. 深入实施“龙腾行动”，加大知识产权海关保护力度，围绕重点领域、重点地区和重点商品开展专项行动，争取实现量的提升和质的突破。 2. 强化关际执法合作与联防联控，加强与省、市知识产权保护主管部门协同配合，完善与行业协会、进出口商会、权利人维权联盟等组织的协作机制。 3. 实现“一企一政策”，做到“一案一宣传”。 4. 扩充关区知识产权海关保护人才库，培养更多专业水平高、实战经验丰富的行家里手。
	十一、技术贸易措施研究与能力提升工程	综合处	动植处、商检处、统计处、企管处、技术中心	1. 完善、落实关区技贸措施工作机制，每年开展1次以上技贸措施研究评议活动。 2. 广泛收集WTO/TBT、SPS特别贸易关注议题，每年报送1个以上WTO/TBT、SPS特别贸易关注议题。 3. 开展海关技术规范制（修）订工作，每年参与1个以上海关技术规范制（修）订科研课题。 4. 继续扩大技术性贸易措施风险信息提示的影响力，每月发布技术性贸易措施风险信息提示。

续表3

工程类别	具体项目	牵头单位（部门）	协办单位（部门）	落实措施
业务建设工程	十二、海关稽查核查能力提升工程	企管处		1. 实施关区稽查集约化改革。解决稽查职责分工同质化，人力人才碎片化，以及忙闲不均、力量分散、资源不足与浪费现象并存等问题。通过集中稽查优势力量开展大型企业、行业性专项稽查行动，推动执法更统一、稽查人员实践更丰富、稽查人员业务素质的持续发展，提升稽查专业化水平和外勤稽查效能。 2. 探索涉检领域、新兴贸易业态的稽查创新。依照总署制定的相关操作规程，结合关区稽查工作实际，制定关区的涉检领域、新兴贸易业态稽查操作指引。 3. 推行主动披露制度。优化主动披露制度规范，引导企业主动如实向海关报告发现问题，探索将主动披露适用范围扩大到检验检疫领域，促进企业规范经营、守法自律。 4. 建立完善“智慧核查”工作机制。修订完善操作指南，优化系统功能，提升智能化监管水平。指导各隶属海关正确运用“智慧核查”系统开展工作，增加对企业正常经营活动的支持，进一步优化营商环境。 5. 优化海关核查管理制度。落实第三方协助核查工作机制，推动第三方结果采信制度、守法优质企业自查结果认可制度落地。
	十三、推动自由贸易试验区和海关特殊监管区域发展工程	综合处	企管处	1. 落实“四自一简”、增值税一般纳税人、内销便利化等监管改革举措，促进企业用好保税监管政策红利。 2. 通过对自贸试验区实地调研，征求各单位部门以及企业的意见，梳理各项文件任务，找出企业需求，有针对性地开展制度创新工作。力争推出更多备案创新举措。 3. 按照中央工作部署、海关总署及湖北省政府工作要求，做好自由贸易试验区改革试点经验复制推广工作。 4. 结合湖北省实际，研究出台支持湖北省综合保税区发展措施，并推动落实。
	十四、海关特色高端智库建设工程	统计处	科技处、人教处	1. 统筹推进关区智库建设。对标总署智库建设标准，统筹推进武汉海关特色智库建设，至2025年，力争建成在海关系统有知名度的智库实体。 2. 建立完善关区智库运行机制。加强对课题项目运行管理，建立完善符合智库运行特点的人才管理使用、经费保障制度，创新研究成果评估及转化机制和研究工作激励机制，建设关区人才储备库、研究资料共享库等信息系统平台，推动关区智库健康、有效运行。 3. 提升智库研究合力。对内统筹关区研究力量，加强研究队伍培养和建设，建设关区内部智库；对外与地方政府部门、大专院校、科研院所建立长期合作机制，运用内外合力开展高水平课题研究，形成高质量研究成果。
	十五、单兵查验优化升级工程	监管处		1. 更新换代单兵查验设备。升级关区单兵查验设备，统筹检验检疫业务对现场查验设备需求，拓展单兵查验设备的应用领域。2022年，第一批单兵设备更新换代不少于10台。
			科技处	2. 推广应用智能设备。根据总署计划推广应用AR智能眼镜等装备，推广非接触式查验。丰富设备功能，加快实现专家远程指导，不断提高查验效能。
			卫生处、动植处、商检处、食品处、科技处	3. 推动新智能化手段在单兵作业中的应用。根据总署工作安排，将重点检疫人员信息、有害生物和外来入侵物种图谱等实时植入单兵作业应用，实现移动查验作业系统对检验检疫业务现场查验作业的全覆盖。深化“互联网+单兵作业”在查验流程中的应用，服务现场查验去繁就简。

续表4

工程类别	具体项目	牵头单位（部门）	协办单位（部门）	落实措施
业务建设工程	十六、大数据海关应用提升工程	风控分局		1. 拓展大数据应用场景。稳步推动大数据应用工具在关区各业务职能管理条线的应用，紧密结合核心基础工作，通过应用云擎等大数据技术实现工作效能的明显提升，协同推进智慧海关建设。2021年，云擎授权覆盖关区各业务职能部门。2022年，关区各业务条线主要监控云擎建模全覆盖。 2. 夯实关区数据资源基础。以云擎大数据应用工具为媒介，在数据资源、用户授权等方面积极争取总署支持，强化数据安全管理，提升应用日志监控效能。 3. 加强大数据人才培养。持续开展关区大数据应用培训与指导，不断加强关区建模人员与业务专家、总署大数据专家的交流合作，逐步培养建立关区大数据应用的人才梯队，形成关区大数据应用合力与动力。2021年，总署平台级云擎模型关区研发工作实现突破。2025年，在关区建立较为成熟完善的模型共享库，实现多部门建模成果的融合提升。
			科技处	4. 拓展我关大数据资源池数据获取渠道，在尽可能多地将自有业务数据入池的同时，推动跨部门（单位）共享数据入池。在自有数据“应进池必进池”的基础上，将与海关业务系统对接的地方信息系统数据纳入我关大数据池。 5. 通过服务器安全、漏洞扫描、系统安全加固及数据安全工具等方法加强大数据平台安全管理，提高数据安全管理能力。
	十七、海关实验室技术支撑工程	科技处	技术中心、保健中心	1. 加强国门生物安全实验室建设。以光谷新实验大楼启用为契机，加强生物安全实验室能力建设，进一步完善实验室设施环境，打造加强型生物安全二级实验室，提升常态化疫情防护技术支撑保障能力。加大对传染病防控、动植物检疫、外来入侵物种鉴定、食品安全等专业领域的实验室仪器设备投入力度，提升检测能力。 2. 完善实验室规划布局。根据武汉海关事业单位“三定”实施方案，按照总署对海关实验室分级管理要求，结合海关监管业务、地方经济发展布局和产业发展实际需要，进一步优化整合实验室布局。建设和完善以国家检测重点实验室为核心、区域性中心实验室为骨干、常规实验室为基础的检验检测保障和服务体系。持续推进食品农产品安全、化学品分类鉴别与评估、口岸传染病检测等重点实验室建设。2023年，实验室布局和体系进一步优化，服务湖北外向型经济发展能力进一步提升。至2025年，实验室法检项目自检率≥98%。 3. 加强实验室管理制度建设。落实《海关实验室管理办法》及绩效考核规定，进一步规范实验室管理，加强质量控制。积极参加实验室能力验证、室间质评及系统内相关检测联盟工作。建立实验室仪器设备绩效考评机制，提升设备使用效能。充分运用绩效考核结果作为实验室仪器设备投入等资源配置的参考依据，提升仪器设备绩效水平。 4. 积极组织开展检测技术攻关。在国家检测重点实验室基础上，结合地方产业特点，发挥自身技术优势，集中资源整合，持续提升邮检通道毒品、新精活违禁物检测能力。进一步加强对食品安全关键技术、高通量快速检测技术以及可用于现场快检装备的研发。
	十八、强化前沿技术和关键技术研究研发应用工程	科技处		1. 进一步拓展5G、AR、AI、人工智能等新技术在海关业务场景中的应用，加快监管信息化建设步伐。 2. 2022年，完成智能审图信息化管理平台的部署和推广应用工作，持续深化智能审图和先期机检创新应用。

续表5

工程类别	具体项目	牵头单位（部门）	协办单位（部门）	落实措施
业务建设工程	十九、全面推进“三智”建设和合作工程	办公室	综合处、卫生处、动植处、食品处、商检处、监管处、统计处、企管处、科技处、人教处、风控分局、数据分中心	1. 加强对“三智”理念的深入研究和实践。从系统观念出发，深入研究、深刻理解习近平总书记提出的“三智”及“海关贸易安全”理念的丰富内涵，坚决贯彻习近平总书记重要指示精神，深化其对海关工作重大指导意义的认识，探索开展海关贸易安全和通关便利化合作，积极争取同中东欧国家海关开展“三智”合作试点。 2. 加强“智慧海关”建设。依托与170个国家和地区海关检验检疫合作关系，积极向总署争取，探索将智能卡口、智慧旅检、智能审图、人脸识别、智能单兵等先进经验融入合作项目，推进“智慧海关”经验交流与合作。 3. 积极参与推动建立国际供应链预警体系。深化与重点国家海关在保障供应链安全与便利领域的合作，依托国际贸易“单一窗口”和海关“一带一路”信息交换共享平台建设，推进中国海关多双边信息交换。 4. 推动“三智”上升为国际海关最佳实践。围绕货物快速通关、边境监管结果互认、贸易统计数据比对分析等共同需求探索推进边境“智能化”合作。参与推进“三智”与世界海关组织（WCO）战略对接，争取设立示范落地项目。
惠民利民工程	二十、后勤保障建设工程	后勤管理中心		1. 创新后勤服务举措。围绕关区中长期规划及现阶段“三大工程、十件实事”，打造惠民利民服务项目，建设内部超市、咖啡屋便民服务点，为到总关办事的隶属海关人员和来访人员提供休息场所，建设电动汽车、电动自行车充电桩，开展食堂外卖和团购活动。每年至少新增1个惠民便民服务项目。 2. 提升后勤服务保障工作质量和管理水平。加快研发智慧后勤管理平台，建立电脑与移动终端相结合的综合性应用平台，覆盖就餐消费、门禁管理、车辆保障、送水服务、办公用品管理、物业维修、仓库管理、员工管理等领域，形成高效稳定、功能全面、扩展灵活、管理方便的新一代智慧后勤保障服务平台，为关区干部职工提供更加优质、更加周到的后勤服务保障。2021年底实施智慧后勤管理。2022年，智慧管理服务覆盖全关区干部职工。 3. 强化安全生产工作。加强对总关院区和大楼的安全管理，为关警员和职工创造安全美好工作环境。2021年至2025年，不发生一起安全生产责任事故。

锲而不舍　一以贯之　继往开来　谱写新篇　开启社会主义现代化海关建设新征程

——在 2021 年武汉海关工作会议上的讲话

武汉海关关长、党委书记　杨　杰

（2021 年 2 月 4 日）

这次会议的主要任务：以习近平新时代中国特色社会主义思想为指导，深入贯彻党的十九大和十九届二中、三中、四中、五中全会精神，认真落实全国海关工作会议精神，紧紧围绕“五关”建设要求，总结工作、分析形势、明确任务，安排 2021 年关区工作。

一、2020 年关区工作

2020 年是武汉海关历史上极不平凡、极不容易、极为艰难，但又刻骨铭心、永世难忘的一年。面对严峻复杂的外部形势、艰巨繁重的发展任务，特别是新冠肺炎疫情的直接冲击，我们认真落实党中央、国务院决策部署，以及总署党委、省委省政府工作安排，统筹推进口岸疫情防控和促进外贸稳增长，以非常之举应对非常之势，攻坚克难、砥砺前行、决战决胜，绘就出武汉海关“五个一流”的壮丽篇章，关区事业发展取得新突破，为开启建设社会主义现代化海关的新征程奠定了坚实基础。

（一）打赢抗疫大战，交出优秀答卷。

面对百年不遇的新冠肺炎疫情，始终坚守在国门疫情防控最前线，做到了多个“第一”：第一时间学习贯彻落实习近平总书记关于疫情防控工作的重要讲话、重要指示批示精神；第一时间针对疫情防控工作作出部署；第一时间成立疫情应急领导小组，进入应急状态，采取多项口岸防控措施；第一时间向总署报告疫情防控工作情况；第一时间对干部职工开展测温和提出“零报告”要求；第一时间组建突击队支援一线；第一时间发布进口捐赠物资办理通关手续公告；第一时间开展全员核酸检测；第一时间出台战疫情助复工稳外贸措施等，为夺取疫情防控和经济社会发展“双胜利”作出海关贡献。疫情发生之初，在没有防控经验和相关规定不明确的情况下，果断采取措施，成功劝阻103名有症状旅客出境，严防疫情传出。特事特办、从快从简、第一时间为防疫物资办理通关，保障快速送达救治前线。在防控形势最严峻关头，上下一心、尽锐出战、党员先行，以实际行动践行习近平总书记“让党旗在防控疫情斗争第一线高高飘扬”要求。全关动员组建志愿突击队逆行出征，武汉天河机场海关就地打响疫情防控阻击战，全体干部身在各方、心系大局，没有任何一单、一事因海关而耽误进出口。进入常态化防控阶段后，积极推动复工复产和促进外贸稳增长，强化进口冷链货物和高风险非冷链集装箱货物监管，建立疫情防控和各项监管工作的中长期协调机制，健全“人、物”同防的联防联控机制，有效扎紧防控闭环。累计监管进出境飞机3,563架次，防疫成果持续巩固，全关无一人因职业暴露感染。《新闻联播》2次播出防控情况，9个集体和22名个人获得国家、总署、省市表彰。

（二）严密安全监管，铸就坚实防线。

将把好国门作为最基本最重要职责，深入贯彻落实总体国家安全观，努力防范化解各类风险挑战，铸就了坚实牢靠的国门防线，守卫一方平安。监管效能全面提升。深入推进口岸智能监管体系建设，确保货物通关监管到位、安全整治到位，全年监管进出口货物总值2,563亿元；综合施策提高税收征管质量，税收入库166.8亿元；加强稽核查后续监管，风险防控全面嵌入。检验检疫更加牢固。加强口岸卫生检疫，严防埃博拉、中东呼吸综合征等传染病与新冠肺炎疫情叠加传入；强化进出境动植物检疫，截获检疫性有害生物11种15次，做好非洲猪瘟防控，保障89批次1万余头活猪安全稳定供港供澳；落实食品安全“四个最严”，检出不合格进口食品14批次；严把商品质量关，检出不合格货物322批次，包括不合格口罩、防护服等36批次3,300余万件，维护防疫物资出口良好秩序。打击走私战果丰硕。全年刑事立案28起、行政立案178起，查证走私农产品近50吨，查获走私大麻、麻果等毒品3千克。集中力量办理跨境电商渠道走私案，涉及货值约15亿元，入选总署2020年海关打击走私十大典型案例，“小局办大案”在全国海关系统声名远播。

（三）全心服务助推，加速疫后重振。

创新实施系列有效、管用、解渴举措，千方百计促进外贸稳增长，助力广大外贸企业危中寻机、拓展市场，推动湖北开放型经济疫后重振。2020年湖北省进出口总值4,294.1亿元，同比增长8.8%。国际通道竞相迸发。大力畅通“水铁空邮”

国际物流通道，开辟“日本—武汉—欧洲”集装箱水铁联运国际中转新通道，推动武汉新港江海直航疫后重开；支持中欧班列打造转关运输邮快件和跨境电商货物新模式；助力武汉天河机场新增国际货运航线，武汉、鄂州空港客货运输“双枢纽”建设全面发力。开放平台联动升级。融入湖北“一主引领、两翼驱动、全域协同”区域发展布局，支持宜昌获批综保区、跨境电商综试区和市场采购贸易方式试点，襄阳获批综保区，荆门海关全面完成基建工作，顺利开办业务。机构平台政策叠加、功能互补、效益提升的格局已初步显现。改革创新动力澎湃。坚持改革驱动，创新赋能，3 项自贸区创新举措获总署同意备案，货物贸易“一保多用”管理模式在全国复制推广。深化通关领域改革，有序推进“两步申报”“两段准入”，先后实施进口“船边直提”、出口“抵港直装”，口岸通关便捷高效，压缩整体通关时间成果持续巩固。“一优两稳”全面落地。疫情期间，压茬出台一系列支持发展措施，推行税款延期缴纳、一体化担保、减免税汇总办理等政策，累计减免税款 20.7 亿元，帮助企业渡过难关。弘扬“店小二”精神，努力打造一流口岸营商环境，制定实施的 50 条具体措施已落地 49 条，并在全省推广。服务品牌声名显赫。大力实施“保姆式、贴身式、交互式”服务，点对点助力优势产业拓展国际市场。湖北农产品出口逆势增长，口罩、检测试剂出口大幅攀升；新业态快速发展，市场采购出口增长 2.7 倍，跨境电商进出口增长 67.1%。帮助“光芯屏端网”等重点战略企业解决物料进口难题，尽享税收优惠红利。与孝感、黄冈等 4 个市、区政府签署合作备忘录，在助推地方开放经济提升中赢得广泛赞誉。

（四）强化政治引领，走好第一方阵。

牢牢把握政治机关定位，增强走好“两个维护”第一方阵的自觉性和坚定性，以政治建设的高质量统领带动其他各项工作发展。“两个维护”践行有力。把学习贯彻习近平总书记重要讲话、重要指示批示精神作为形势分析及工作督查例会“第一议题”，以“第一力度”抓好落实。奋力打好脱贫攻坚战，仙女村、牌楼村扶贫成果进一步巩固；严打“洋垃圾”、象牙等濒危物种及其制品走私，查获固体废物 1.3 吨、象牙等濒危物种及其制品 11.9 千克；力戒形式主义、官僚主义，涉及基层的发文和会议数量压缩，切实为基层减负、为实干撑腰。党的建设全面加强。巩固深化“不忘初心、牢记使命”主题教育成果，掀起学习十九届五中全会精神热潮。持续推进“强基提质工程”，强化“四强”支部创建成果转化，加大“四微”“四办”等党建品牌推广力度，党员党的意识和党员意识显著增强。机关党委获评“全省党建工作示范单位”，总关机关、武汉天河机场海关、黄石海关获评确认全国文明单位，当前共有全国文明单位 3 个、省级文明单位13个，质量数量均创新高。倪署长在全国海关工作会议上要求各直属海关都争创全国文明单位，这项工作意义很大、难度很大，但我们经过两年半时间最终获得了成功。这是自身达到全国文明单位评选条件和要求的结果，是积极向省直机关工委汇报工作的结果，是省直机关工委领导专家给予指导的结果。队伍建设大幅提升。大批培养、大范围选拔、大胆使用优秀干部、特别是优秀年轻干部，开辟了关区事业兴旺发达、后继有人的新局面。严格干部监督管理，在优化干部结构方面向前迈进了一大步。这些成绩与处以上领导干部对党忠诚的提升、政治站位的提高、党员党的意识的增强都有关系，是处以上领导觉悟提升的结果。大力开展全员培训、岗位练兵、技能比武，队伍政治能力、业务能力和执法能力明显提高。开展爱党爱国爱关教育，宣讲优秀党员、抗疫模范、青年典范有关事迹，队伍整体凝聚力、荣誉感不断增强。

全面从严治党纵深推进。推动“四责协同”机制落实，强化纪检监督、派驻监督和巡察监督，有序开展2轮实地巡察，对9个隶属海关党委和2个职能处室领导班子进行常规及专项巡察，确保利剑长悬、震慑常在。认真开展“灯下黑”问题专项整治，旗帜鲜明反对匿名诬告，政治生态风清气正，纪律作风更加严明，干事创业士气高涨。一体推进不敢腐、不能腐、不想腐，刀刃向内清理存量问题，办理违纪案件2起，给予党政纪处分3人，清廉海关建设走向深入。

（五）深耕综合保障，夯实发展根基。

建立覆盖各条块、全领域的综合保障体系，建成一批打基础、强功能、经得起历史检验的精品工程项目，为关区长远发展蓄势夯基。政务运转周密高效。参谋辅政、督查督办、档案管理、机要保密、信访应急等工作稳中有进，办文办会质效显著提升，业务数据安全漏洞严密封堵；科技支撑作用更加凸显，信息安全保障能力进一步增强；新闻宣传亮点纷呈，关区工作被《人民日报》、新华社等主流媒体多次报道，央视各频道播出26条，“中国海关”“学习强国”号刊用76篇；政务信息大幅跨越，总署采用快报信息119条、综合信息30篇。两年多来特别是去年，关区信息宣传工作迈上新台阶。我们抓住疫情防控、疫后重振的宝贵机遇，大力宣传武汉海关工作，被《新闻联播》报道2次，成绩相当不容易。这是从事信息宣传工作同志付出巨大努力的结果，是所有单位部门共同支持的结果，也充分体现了武汉海关不甘落后永争第一的勇气和决心。项目建设成果斐然。更新疫情防控设备，建设高水平保健中心实验室以及移动P2+实验室、天河机场出境负压隔离室等设施，多次向总署及地方政府大力争取，排除万难促成植物隔离检疫圃获批和手续规范化，让尘封已久的青春生态园再次“焕发青春”。持续推进总关和隶属海关办公区、宿舍区、准军事化训练场地等改造工程，实施总关院区地下管网和地下室防水维修改造项目，竭力为广大干部职工创建更为安心、更为舒心的工作生活环境。

此外，关区法治建设更加完善，“立改废释”明显加快；督察审计作用彰显，内控机制不断健全；后勤服务保障有力，综合治理扎实推进；事业单位工作展现新作为，离退休干部工作取得新进展，团、工、妇、学会等群团组织工作迈上新台阶。

这些成绩的取得，根本在于习近平新时代中国特色社会主义思想的科学指引，在于总署党委正确领导和省委省政府大力支持，在于关党委靠前站位、精心谋划、果敢担当，更在于全体干部职工同心同德、攻坚克难、奋力拼搏。

在收获成绩的同时，我们也积累了很多难以忘怀的经验和体会：两年多来的实践让我们更加深刻地体会到，习近平总书记的掌舵领航和党中央的坚强领导才是战胜一切艰难险阻的根本所在。我们牢记政治机关定位，不断增强“四个意识”、坚定“四个自信”、做到“两个维护”，认真贯彻落实习近平总书记重要讲话、重要指示批示精神，特别是习近平总书记对疫情防控工作和对海关工作的重要讲话、重要指示批示精神，以及习近平总书记考察湖北时的重要讲话精神，确保关区工作始终沿着正确的方向砥砺前行。我们更加深刻地体会到，马上就办、真抓实干的作风才是干事创业的最大底气。幸福是奋斗出来的，成就是拼搏出来的，天上不会掉馅饼，努力奋斗才能梦想成真。我们心无旁骛地扑下身子、甩开膀子，一件接着一件干，一仗连着一仗打，全面推动关区各项工作大提升、上台阶。我们更加深刻地体会到，解放思想、深化改革才是解决新问题新挑战的制胜法宝。我们与时俱进更新观念，充分调动干部职工积极性，解开束缚发展的旧体制机制、旧模式办法，以思想的大解放引领改革的大推进、工作的大提升，在很多方面实现了追赶跨越、后发赶超。我们更加深刻地体会到，在伟大斗争中孕育出来的精神财富才是不断夺取新的伟大胜利的力量源泉。我们付出巨大努力、倾注巨大心血、作出巨大牺牲，全关上下前所未有地团结一致、万众一心、融为一体，从而才谱写出了辉煌壮丽的新篇章，今后无论碰到任何困难都将一如既往，勇敢地驾驭，都会取得最终的胜利。

三、2021 年主要工作任务

2021 年是中国共产党成立 100 周年，是“十四五”开局之年，也是全面建设社会主义现代化国家新征程开启之年。武汉海关正处在国内国际双循环的“交汇点”和湖北对外开放的“第一线”，承担的责任更重大、任务更艰巨、使命更光荣。面对新形势新机遇新挑战，关区 2021 年工作总体要求是：以习近平新时代中国特色社会主义思想为指导，深入贯彻党的十九大和十九届二中、三中、四中、五中全会精神，增强“四个意识”、坚定“四个自信”、做到“两个维护”，坚持稳中求进工作总基调，立足新发展阶段、贯彻新发展理念、构建新发展格局，以推动高水平开放高质量发展为主题，认真落实全国海关工作会议部署，深入推进政治建关、改革强关、依法把关、科技兴关、从严治关，更好统筹发展和安全，全面解放思想、深化改革，强化监管、优化服务，巩固拓展疫情防控和促进外贸稳增长成效，提升制度创新和治理能力建设水平，锲而不舍、一以贯之，继往开来、谱写新篇，开启社会主义现代化海关建设新征程，为实现“五个一流”目标不懈奋斗，以优异成绩庆祝建党100周年。

（一）学理论，强党建。

强化政治理论武装。深入学习领会习近平新时代中国特色社会主义思想，推动理论学习走深走实。开展党的十九届五中全会精神轮训，抓好各级领导干部专题培训。广泛开展读书交流会、演讲比赛等学习活动，督促用好“学习强国”等线上学习平台，不断提高理论素养、政治能力，有效抵御风险挑战。

加强政治机关建设。不折不扣贯彻落实习近平总书记重要讲话、重要指示批示精神，坚持“第一议题”制度，完善抓落实工作机制，走好“两个维护”第一方阵。加强政治机关意识教育，落实维护意识形态安全政治责任，扎实推动模范机关创建。开展“爱党爱国爱关”教育，举办建党100周年系列庆祝纪念活动，突出红色、展示绿色、体现特色，组织开展共唱红色歌曲、观看红色电影、参观红色基地等活动。总结扶贫工作经验，持续推进脱贫攻坚同乡村振兴有效衔接。

提升党建工作质量。巩固深化“强基提质工程”，开展基层党建品牌争创活动，组织开展基层党建实训，建立健全党建制度机制。梳理党建引领业务的典型经验，着力破解“两张皮”问题，深化“灯下黑”问题整治。常态化开展内务督察和视频检查，抓好准军集训和队列会操，灵活组织专项业务练兵比武，打造名副其实、神形兼备的准军事化纪律部队。

推进机关文化建设。大力弘扬伟大抗疫精神，激发广大干部职工干事创业热情。推动理想信念教育常态化制度化，开展“四史”学习教育活动。深化无烟机关创建，管好用好图书阅览室、文化活动室等设施。依托群团组织开展内涵丰富、特色鲜明、易于参与的文化活动，持续推进队伍融合。高标准推动文明单位、青年文明号创建工作。

（二）防输入，抑反弹。

强化口岸卫生检疫。健全口岸公共卫生体系，巩固提高口岸公共卫生核心能力。完善常态化口岸疫情防控机制，及时调整完善防控方案和应急预案。加强风险监测和重点布控，严格入境人员、进境交通工具检疫。完善与地方相关单位信息通报、移交转运等联防联控机制，扎紧疫情防控闭环。提升国际旅行健康服务水平和传染病检测能力。优化特殊物品监管机制，做好新冠病毒疫苗出口监管等工作。

做好进口货物风险监测和预防性消毒。落实进口冷链食品源头管控，及时采取防范措施，推动完善相关防控机制。做好高风险货物风险监测工作，加强口岸风险分析布控和抽样力度，科学规范实施采样检测。监督落实口岸环节进口冷链食品和高风险非冷链集装箱货物预防性消毒措施，夯实各方责任。

严防疫情叠加。密切关注全球传染病疫情，加大排查力度，严防埃博拉、拉沙热、鼠疫等重大传染病传入。建立健全动植物疫情监测预警和风险评估体系，完善“申报前监管、口岸抽查验证、后续核查”出境检疫监管制度，严防动植物疫情疫病传入传出和外来物种入侵。加强供港澳动物及农产品检验检疫。做好植物隔离检疫圃等项目建设，推进口岸动植物检疫查验、检疫处理等设施建设，提高动植物疫情检出率。

做实内部防护。落实“时时注意、刻刻提防、秒秒警惕”要求，坚持干部职工健康监测“日报告”“零报告”制度，加强人员出行管理，按防控要求做好外出审批、备案。强化疫情防控人力资源、防护物资及医疗保障。落实“应检尽检”要求，确保“打胜仗、零感染”。关心爱护干部职工，加强心理疏导和人文关怀，帮助解决实际困难。

（三）推改革，促创新。

深化改革攻坚。推进“两步申报”“两段准入”等改革，推广应用 H2018 新一代通关管理系统，试行跨境电商出口“保税备货+邮快件”模式。推动个人物品网上通关，完善旅检“无感通关”模式。推进“关银一 KEY 通”改革。加强后续监管，推广企业集团加工贸易监管模式，深化加工贸易集约化改革。

优化营商环境。大力弘扬“店小二”精神，努力建设中部领先、国内一流的口岸营商环境。深化“放管服”改革，落实“多证合一”“注销便利化”等改革，推广“双随机、一公开”监管。加强 AEO 信用培育和认证工作，推动 AEO 便利措施落地见效。落实新一轮跨境贸易便利化专项行动，推动各项便利措施向口岸延伸。加强与兄弟海关沟通协作，提高跨关区通关便利化水平，巩固压缩整体通关时间成效。拓展国际贸易“单一窗口”服务功能，精简进出口环节监管证件和随附单证，规范和降低进出口环节合规成本。

增强口岸功能。支持多式联运集疏运体系建设，助力打造引领中部、辐射全国、通达世界的开放大通道。指导花山、汉南、黄州等水运口岸以及鄂州、恩施、襄阳、十堰等机场口岸扩大开放。助推江海直航、翻坝运输、集装箱货物过境运输等业务加快发展。支持统筹湖北港口资源，推动实现内、外贸港口分类管理，整合业务量相对集中的外贸港口。助力拓展中欧班列（武汉）业务范围，支持通过中欧班列转关运输“邮快跨”货物。支持天河机场开展空空中转业务，促进免税店业务发展；支持湖北国际物流核心枢纽建设，助力打造空港客货运输“双枢纽”。加强自贸试验区海关监管制度集成创新和复制推广，支持武汉片区扩容，助推荆州自贸协同区建设发展。指导黄石、荆州、鄂州综保区及天河机场保税物流中心（B型）申建，支持襄阳综保区和恩施铁路监管场所建设。

增强贸易功能。促进加工贸易发展，支持承接沿海地区产业转移。助力“光芯屏端网”重点战略产业发展，支持集成电路、新型显示器件企业扩大产能。加快特殊物品和生物材料快速通关平台建设，助力生物医药产业发展，巩固疫苗、防疫物资等出口增长势头。指导延伸香菇、茶叶、中药材等特色农产品产业链，保障国内市场需要的战略性农产品进口，支持引进种子、种禽、种苗等优质种质资源。深化市场采购贸易方式试点，促进汉口北、宜昌市场采购业务发展。支持跨境电商综试区、试点城市发展，助推跨境电商B2B出口等业务做大做强。创新保税监管，推动保税维修、保税展示等业务发展，指导宜昌开展飞机保税维修业务。

增强服务功能。围绕重点领域、重点行业、重点产品精准定向开展出口品牌培育，强化知识产权海关保护，提升湖北品牌国际影响力，助力打造品牌强省。借助海关“数据+研究”优势，加强进出口监测预警和分析研究，为促进湖北外贸创新发展建言献策。做好应对经贸摩擦工作，发挥技术性贸易措施作用，助力企业妥善应对贸易壁垒。支持引进和培育外贸头部企业，推动中部外贸大市场建设。推广关税保证保险、集团财务公司担保、货物贸易“一保多用”管理等便利措施。持续开展“大调研、优服务”活动，完善“企呼关应”机制，及时解决各方反映的痛点难点问题。

（四）精管理，创一流。

夯实监管基础。持续推进安全生产专项整治三年行动，建立健全安全隐患排查和安全预防控制体系。严格进出口贸易禁限管控，强化反恐怖应急处置演练，做好口岸监管环节安全维稳。深化口岸安全风险联合研判和协同处置，落实重大安全准入查发快速响应机制，发挥风险预警作用，强化风险分析后续处置，推进非贸领域风险防控一体化。完善业务运行监控体系，加快三级监控指挥中心建设，升级上线视频监控平台2.0版。深化信用管理体系建设，应用推广全国信用信息共享平台二期。落实属地查检业务改革，加强查验作业规范管理。

提升监管效能。保障生态文明安全。加大固体废物布控查验力度，对涉进口固体废物企业开展全覆盖专项稽查，严禁“洋垃圾”入境。保障进出口食品安全。

落实“四个最严”要求，健全进出口食品安全制度体系，开展进口食品化妆品风险监测。深化进口食品“国门守护”行动，加强进口肉类、肠衣及其制品等高风险产品监管。保障国门生物安全。加强国门生物安全监测和进出口食用农产品及饲料安全风险监控。保障进出口商品质量安全。完善进出口商品质量安全风险预警和快速反应监管体系，加强风险评估，及时采取措施。强化进出口危化品等重点敏感商品的检验监管。深化商品检验模式改革，加快推进第三方采信。强化综合治税，深入推进税政研究，确保完成税收预算目标。推进多元化担保体系建设，创新修理物品一体化担保。优化非贸领域税收征管机制。加强原产地管理，做好2022版《协调制度》转版实施工作。推广“互联网+稽核查”监管，开展涉税、涉检等重点领域专项稽核查。保持打击走私高压态势。坚决贯彻党中央关于海关缉私管理体制调整重大决策，按照总署党委部署推进缉私部门改革，落实加强打击走私有关制度。加强各级党委对打私工作的组织领导，推进全员打私，构建防控、监管、打击一体化的海关打私体系。开展“国门利剑2021”专项行动，严厉打击象牙等濒危物种及其制品、防疫物资和疫苗、涉枪涉毒、重点涉税商品、农产品、“水客”等走私。做好缉私保障各项工作，推进“智慧缉私”建设。深化反走私综合治理，推动全链条打击走私贩私违法活动。加强反走私法制宣传，营造良好社会舆论氛围。

提升信息化水平。加快“智慧海关”建设，推进业务科技融合发展，拓展5G、AR、物联网等技术在海关监管中的应用范围。深化应用云擎等大数据分析工具，提升智能布控水平。推进智能审图创新应用，提升集中审像识别率。上线运行新水运辅助系统，整合优化“邮快跨”辅助系统功能。优化实验室布局，推进食品农产品安全、口岸传染病检测等重点实验室建设，提升检验检测能力。深化监管科技装备的配备、运用和联网集成，优化科技装备管理机制，推进信息化基础设施扩容更新。加强网络安全建设，强化数据安全管理。

提升工作质量。加强政务保障，改进文风会风，提高督查检查实效，强化值班应急管理，加强机要保密和档案管理，提升信访工作满意度。积极参与《中华人民共和国海关法》《中华人民共和国进出境动植物检疫法》等法律法规修订工作。完善关区行政执法公示、执法全过程记录、重大执法决定法制审核制度，探索建立执法疑难问题发现解决反馈机制。做好行政复议应诉工作，提升普法工作质量。强化财务保障，探索建立地方财政保障长效机制，健全预算绩效管理体系，规范政府采购、涉案财物管理，推进闲置资产整合利用，做好后勤服务保障工作。

提升对外形象。加大信息报送力度，提高每日报署信息、综合要情等信息采用率。策划组织系列新闻发布会，加强对政策措施、外贸发展形势的及时解读和正面宣传。组织干部职工参观关史荣誉展厅，充分发挥展厅教育、展示和激励作用。健全政务公开管理制度和运行机制，完善门户网站政务公开功能。推动业务热线优化整合，提升12360热线服务水平。

（五）建清廉，保平安。

推进全面从严治党。认真学习贯彻十九届中央纪委五次全会精神，突出政治监督、做实日常监督，落实“四责协同”机制，夯实全面从严治党主体责任、监督责任。持之以恒落实中央八项规定及其实施细则精神，深入整治形式主义、官僚主义，健全基层减负机制。统筹推进巡察等各种监督协调贯通，发挥海关特约监督员作用，推广应用海关政务服务“好差评”系统，形成常态长效监督合力。

强化执纪问责。推进“制度+科技”反腐，深化运用监督执纪“四种形态”。紧盯“关键少数”、重点领域和关键岗位，坚决查处各类腐败案件和行为，深化打私反腐“一案双查”，一体推进不敢腐、不能腐、不想腐，打造清廉海关。以案为鉴深入开展警示教育，引导党员干部知敬畏、存戒惧、守底线。

规范权力运行。落实外出执法廉政监督、个人有关事项报告等制度。加强对财务管理、信息化建设、基建工程等重点环节的管控。深化内控机制建设，充分发挥“新海廉”平台监督功能，筑牢基层自控、职能监控、专门监督“三道防线”。推进督察项目清单式管理，有针对性开展非执法领域专项审计，加大督察审计整改力度，倒逼完善制度、加强管理、规范执法。

加强队伍建设。深化干部工作“五大体系”建设。强化班子建设，健全领导班子和领导干部动态分析研判机制，加大选配和调整力度。落实总署执法一线科长队伍建设22条措施，建立优秀年轻干部培养选拔机制。开展机构改革“回头看”，梳理优化完善机构职责，厘清部门职责边界。进一步发挥业务人员共享库作用，探索建立人力资源动态调配机制。开展专业能力培训教学，提升关区整体业务能力和执法水平。落实推进公务员分类管理，优化专业技术岗位设置。落实事业单位聘用制度和薪酬制度改革，做好科研人才培养引进。探索常态化晋升职级，强化奖励正向激励作用。

同志们，奋斗创造历史，实干成就未来。我们一路披荆斩棘，走过了千山万水，接下来还要乘风破浪，再创佳绩。让我们紧密团结在以习近平同志为核心的党中央周围，在总署党委的坚强领导下，承前启后、继往开来，永葆初心、接续奋斗，谱写武汉海关事业发展新篇章，开启社会主义现代化海关建设新征程，以优异成绩庆祝党的百年华诞！

乘势而上　一以贯之　坚定不移推动全面从严治党向纵深发展

——在2021年武汉海关全面从严治党工作会议上的讲话

武汉海关党委书记、关长　杨　杰

（2021年2月4日）

今天，我们召开关区全面从严治党工作会议，同时套开2020年下半年党风廉政建设和反腐败工作例会，主要任务是：坚持以习近平新时代中国特色社会主义思想为指导，深入学习贯彻习近平总书记在十九届中央纪委五次全会上的重要讲话精神，认真落实全国海关全面从严治党工作会议部署，总结2020年关区全面从严治党、党风廉政建设和反腐败工作，对2021年工作进行安排。

一、2020年工作回顾

一年来，我们认真落实新时代党的建设总要求，坚持把政治建设摆在首位，认真履行全面从严治党主体责任，高标准落实2020年全国海关全面从严治党工作会议部署，深入推进清廉海关建设，全面从严治党、党风廉政建设和反腐败工作取得新成效。

（一）践行“两个维护”更加坚定自觉。

坚持把学习贯彻习近平总书记重要讲话、重要指示批示精神作为形势分析及工作督查例会“第一议题”，以最坚决的态度、最迅速的行动、最有力的措施，把“两个维护”落实到海关职责岗位上。勇于作为、奋发有为、担当善为，在统筹推进口岸疫情防控和促进外贸稳增长方面经受住了大考，交出了一份优秀的答卷。严厉打击“洋垃圾”等走私、持续压缩整体通关时间、不断优化营商环境，全力做好脱贫攻坚决战决胜，有力保证习近平总书记重要讲话、重要指示批示精神和党中央重大决策部署落地见效。把学习贯彻习近平新时代中国特色社会主义思想作为首要政治任务和中心组学习的主题主线，开展党委理论学习中心组集中学习17次，召开《习近平谈治国理政》第三卷专题学习会、党的十九届五中全会精神党委理论学习中心组（扩大）专题学习会暨读书班等，采取自学和集中研学相结合方式，推动理论学习往深里走、往实里走、往心里走。深入开展坚持政治建关、强化政治机关意识教育，巩固深化“不忘初心、牢记使命”主题教育成果制定26项细化措施，强化督促指导，推动形成坚定理想信念、坚守初心使命、敢于担当作为的浓厚氛围。

（二）党建引领成果丰硕。

压实党建责任，对5个方面60项管党治党责任实施清单化管理，开展“灯下黑”问题专项整治，党建工作标准化、规范化建设得到持续巩固。进一步优化班子结构、充实人员力量、提升整体功能，顺利完成机关党委、机关工会和团委换届选举。坚持和完善支部“达标验收、逐级争创、动态管理”创先争优机制，目前关区共有红旗党支部4个、全国海关党建品牌6个、关区党建品牌27个，获评省直机关“党建工作先进单位”，机关党委获评“全省党建工作示范单位”，形成了以点带面、点面结合的品牌创建局面。全力做好文明创建工作，武汉天河机场海关新获评全国文明单位，武汉海关（机关）、黄石海关通过全国文明单位复查，新港海关新获评湖北省文明单位，关区全国文明单位达到3个，省文明单位达到13个，质量、数量均为历史最高，展现出文明创建人人参与的整体活力。

（三）纪律建设坚实有力。

制定深化准军事化海关纪律部队建设实施办法，扎实开展内务规范强化月活动，坚持日常纪律作风建设“三检查一通报一评比”机制，发现并及时督导整改违反内务规范情事，干部职工精神面貌进一步提升。加强宣讲辅导、严格数据审核，有力提升领导干部个人有关事项报告工作质量。制定规范领导干部配偶、子女及其配偶从业行为实施细则，组织对关区处级干部配偶、子女及其配偶从业情况进行自查和抽查，跟踪督促抓好问题整改，严防利益冲突行为。开展全面清理规范海关工作人员在企业兼职（任职）、社会团体兼职工作，组织因私出国（境）管理工作专项清查，“点对点”通报考勤异常情况，不断强化干部纪律规矩意识。坚持“零容忍”要求，组织全体干部职工签写杜绝酒驾醉驾承诺书，巩固深化酒驾醉驾治理成效，全年做到“零发生”。

（四）纠治“四风”驰而不息。

严格落实中央八项规定及其实施细则精神，紧盯重大节假日等时间节点，通过编发廉政提醒短信，制作并滚动播放节日警示教育视频等方式，不断强化日常警示提醒。持续整治形式主义、官僚主义，严格控制发文数量。坚决做好厉行节约、制止餐饮浪费工作，持续开展主题宣传教育，积极引导建立文明节约餐饮模式，采取明察暗访、日常巡查、联合督查等强化监督检查，“光盘行动”在关区成为行动自觉。全面推行窗口服务标准，围绕总署政务服务事项清单，抓好海关政务服务“好差评”系统应用推广。

（五）源头防控稳步推进。

加强权力运行监督制约，扎紧制度的笼子，建立健全内部管理制度，从源头上筑牢关口防线。强化内控机制建设，成立关区内控工作领导小组，优化完善关区执行控制节点岗位清单、职能监控节点岗位清单，织密风险防控网。加强非执法领域风险防范，增设事业财务科，健全关区事业单位纪检机构，为 3 个事业单位分别增配专职纪委书记，进一步加强对事业单位及所属经济实体财务管理的监督指导。强化联系配合，与湖北省纪委监委机关签订监督执纪监察工作协作配合办法，受到驻署纪检监察组肯定。

（六）“两个责任”压紧压实。

细化分解关区全面从严治党重点工作任务，加强日常催办、集中督导，推动管党治党责任落实到基层、延伸到支部。认真学习贯彻《党委（党组）落实全面从严治党主体责任规定》，制定两级党委主体责任清单，组织对30个单位、部门开展全面从严治党主体责任落实情况监督调研，深入推进“四责协同”机制建设，进一步推动各级党委（领导班子）及班子成员明责、守责、负责、尽责。持续“找差距、补短板、弥不足”，结合案例扎实开展警示教育，强化以案示警、以案促查和以案促改。加强廉洁文化建设，5 部廉政微视频被总署交流展播。强化“四种形态”运用，监督执纪问责的倒金字塔形查处结构进一步巩固、定型，减存遏增效果明显。

（七）巡视巡察纵深推进。

认真开展中央巡视整改“回头看”，全面总结评估整改成效，及时查漏补缺，深入落实“四个融入”整改要求，4 个方面 26 个主要问题 112 项细化整改措施见底归零。将巡察工作作为全面从严治党的重要抓手，严格履行党委巡察工作主体责任和党委书记第一责任人责任，认真学习领会巡察工作有关文件要求，明确提出巡察工作“要管用、有触动、能推动”导向并持续抓好落实。建立巡察工作制度，充实完善巡察队伍库，推动巡察问题整改，有效发挥巡察政治监督作用，确保党中央重大决策部署得到全面贯彻落实。

同志们，“事辍者无功，耕怠者无获”。2020 年是极不平凡的一年、是坚守的一年、奉献的一年，更是刻骨铭心的一年。我们坚持把政治建设摆在首位，紧紧抓住主体责任这个“牛鼻子”，保持永远在路上的清醒和韧劲，在“战疫”“战洪”和“战贫”大考中始终坚持全面从严治党，推动全面从严治党不断向纵深发展，为统筹推进疫情防控和经济社会发展提供了坚强的政治保证。经过坚持不懈地努力，关区各级党组织履行管党治党政治责任的意识不断增强，基层党组织的战斗堡垒作用和党员干部的先锋模范作用充分发挥，准军事化海关纪律部队的优良作风和顽强战斗力进一步彰显。党风廉政建设和反腐败工作深入推进并取得良好成效。回顾关区全面从严治党工作实践，成绩的取得根本在于习近平新时代中国特色社会主义思想的科学指引，在于总署党委的坚强领导，在于各级领导干部自觉以上率下、敢于较真碰硬，在于全关党员干部对党绝对忠诚、常怀律己之心。在此，我代表关党委向大家表示衷心的感谢，并致以崇高的敬意！

全面从严治党只有进行时，没有完成时，党风廉政建设和反腐败斗争永远在路上，必须始终保持“赶考”的清醒，拿出坚如磐石的决心，知难而进、坚定不移地把关区全面从严治党引向深入。

二、2021年主要工作任务

2021年关区全面从严治党工作的总体要求是：以习近平新时代中国特色社会主义思想为指导，深入贯彻党的十九大和十九届二中、三中、四中、五中全会精神，认真落实十九届中央纪委五次全会部署，增强“四个意识”、坚定“四个自信”、做到“两个维护”，按照全国海关全面从严治党工作会议要求，以党的政治建设为统领，以推动高质量发展为主题，坚持严的主基调，不断提高政治判断力、政治领悟力、政治执行力，营造风清气正的良好政治生态，系统施治、标本兼治，一刻不停推进党风廉政建设和反腐败斗争，坚定不移推动关区全面从严治党向纵深发展、向基层延伸，一体推进不敢腐、不能腐、不想腐，努力打造新时代清廉海关，以优异成绩庆祝中国共产党成立100周年。

（一）以政治建设为统领，坚决做到“两个维护”。

要树牢政治机关意识。把准“海关首先是政治机关”的定位，加强两级党委班子政治建设，不断提高政治判断力、政治领悟力、政治执行力，以“第一力度”抓好“第一议题”制度落实，完善效果评估、督查问责机制，毫不放松抓好常态化疫情防控、保持打击象牙等濒危动植物及其制品、“洋垃圾”走私力度、推动外贸高质量发展等各项重点工作，确保习近平总书记重要讲话、重要指示批示精神、党中央重大决策部署在关区落地见效。要强化政治理论武装。认真落实意识形态责任制，深入学习贯彻习近平新时代中国特色社会主义思想，学习贯彻党的十九届五中全会精神，持续抓好系统理论培训，用好“学习强国”学习平台、湖北机关党建网等学习媒介，着力抓深化、抓消化、抓转化，提高党员干部立足新发展阶段、贯彻新发展理念、构建新发展格局的政治能力、战略眼光、专业水平。要持续巩固深化“不忘初心、牢记使命”主题教育成果。认真抓好细化措施落实，按照中央部署开展“党旗在基层一线高高飘扬”活动，增强“两个维护”的自觉性、坚定性，增强履职尽责的责任感使命感，引导党员干部争当对党绝对忠诚的国门卫士。要严明政治纪律和政治规矩。严肃党内政治生活，用好批评和自我批评武器，认真开好民主生活会和组织生活会，对党忠诚老实，如实填报领导干部个人有关事项。弘扬斗争精神，深入整治匿名诬告等歪风邪气，旗帜鲜明地批评纠正违纪言行、抵制各种错误思潮，敢抓敢管、敢于斗争、敢于亮剑，在全关上下持续营造风清气正的良好政治生态。

（二）加强基层组织建设，持续推动党建工作高质量发展。

要大力开展爱党爱国爱关教育。贯通学习党史、新中国史、改革开放史、社会主义发展史，组织开展庆祝建党100周年系列党建活动，持续强化党员党的意识、党员意识教育，引导广大党员时刻牢记“党员第一身份”，立足岗位担当作为。持续推进凝聚人心、陶冶情操、聚集力量的机关文化建设，助力中心工作大提升。要推动党建责任落实落地。坚持推行党建责任、任务、整改清单管理，抓好省直机关工委下发的年度任务清单和每季度问题清单的整改落实，抓实基层党建工作述职评议考核工作，以述促建，以考促建，巩固自上而下、各司其职、一级抓一级、层层抓落实的党建工作格局。要深入开展“四强”支部创建。树立大抓基层的鲜明导向，落实好海关党建工作高质量发展的意见，持续抓实“强基提质工程”，推进合格支部达标验收和动态管理常态化，在“政治功能强、支部班子强、党员队伍强、发挥作用强”上持续用力，更好地把政治功能发挥出来，把组织力体现出来，不断提升“四强”支部创建质量。要着力深挖基层党建热源。坚持“一支部一品牌”，深入做好支部工作法总结、提炼，复制推广“红旗党支部”经验做法和政治学习“双随机”、党建“结对”等特色做法，发挥好先进典型的示范效应，推动基层党组织全面进步、全面过硬。

（三）坚持严的主基调，切实扛起管党治党政治责任。

要压实主体责任。以落实全面从严治党主体责任清单为抓手，进一步健全“四责协同”机制，党委班子坚决扛起主体责任，加强对本单位全面从严治党各项工作的领导；党委书记要履行好第一责任人职责，定期研究部署、协调解决突出问题；党委班子其他成员要落实“一岗双责”，认真抓好分管部门、分管领域的全面从严治党工作。职能部门要坚持抓业务与防风险同步推进，在职责范围内抓好全面从严治党相关工作。要落实监督责任。纪检机构要认真履行监督专责，协助党委推进全面从严治党工作，在提高能力、发挥作用上下功夫，充分发挥“派”的权威和“驻”的优势，尤其要用好近距离、全天候、常态化的独特优势，提高发现问题和解决问题能力，把全面从严治党的要求贯彻落实到“最后一公里”。隶属海关党委要配合、支持派驻纪检组开展执纪监督问责工作，主动接受派驻纪检组对领导班子及成员的监督。要坚持上下联动。基层党组织要担负起教育管理监督党员的直接责任，要以提升组织力为重点，突出政治功能，发挥支部纪检委员作用，全面提升基层党支部发现问题、解决问题的能力。深化落实总署执法一线科长队伍建设22条措施，结合关区实际制定细化措施，进一步加大对执法一线科长的教育培养和选拔使用力度，充分发挥他们带队伍、抓管理、防风险、作示范的作用。要精准考核问效。加强对落实全面从严治党主体责任情况的日常监督检查，着力发现和解决责任不明确、不全面、不落实等问题，及时进行约谈提醒，通报因责任落实不力被问责的典型问题。建立健全落实全面从严治党主体责任考核机制，在年度考核和相关考核工作中突出了解全面从严治党主体责任落实情况，考核结果作为对领导班子总体评价和领导干部选拔任用、实绩评价、激励约束的重要依据。

（四）毫不松懈纠治“四风”，不断深化纪律作风建设。

要锲而不舍落实中央八项规定精神。坚持全面检视、靶向纠治，对群众反映强烈的不用心不务实、工作拖沓推诿、不担当慢作为等形式主义、官僚主义问题，以及餐饮浪费等歪风陋习露头就打、反复敲打，持续为基层松绑减负，开展“指尖上的形式主义”排查，以严的标准、严的举措，切实管出习惯、化风成俗，防止“四风”问题反弹回潮。坚持窗口服务标准，开展“我为群众办实事”主题实践活动，深化海关政务服务“好差评”系统的推广应用。要高标准推动准军建设。按照“推动纪律严起来实起来”的要求，强化号令意识，狠抓日常养成，常态化开展内务督察和视频检查，注重仪式教育，统筹抓好关区队列训练，做到机关、基层和事业单位全覆盖。聚焦实战实训，强化基层业务一线岗位练兵和技能比武，不断提高干部职工业务素养和实操能力。要抓好干部监督管理。认真开展领导干部配偶、子女及其配偶从业情况自查核查，进一步抓好考勤管理、因私出国（境）、外出报告等工作制度的落实，常态化纠治酒驾醉驾问题，在强化制度的刚性约束上持续发力，做到监督管理常态化、制度化、长效化。要不断深化政治巡察。准确把握政治巡视巡察要求，深化“要管用、有触动、能推动”导向和“触动本部门、震动他部门”理念，加快推进巡察全覆盖。推动巡察与各类监督贯通融合，按照“四个融入”要求，强化巡察整改落实和成果运用，加强巡视巡察上下联动，不断提升巡察工作规范化水平，推动关区巡察工作高质量发展。

（五）持之以恒正风肃纪，一刻不停推进党风廉政建设和反腐败斗争。

要强化风险防控。坚持系统施治、标

本兼治，加强“制度+科技”成果运用，坚持“双随机、一公开”，强化对重点领域、重点岗位及新兴业态监管领域的风险防控。深化内控机制建设，充分发挥“新海廉”平台监督功能，深入查找管理的漏洞、执法的难点和风险的隐患，防止执法风险、管理风险向廉政风险转移。做实以案促改，举一反三，加大对财务管理部门、资产管理部门、事业单位监管力度，健全国有资产管理、财会等制度，防控好非执法领域风险。要抓实警示教育。扎实开展警示教育月和党风廉政宣教月活动，坚持以案为鉴，发挥查处一案、警示一片、治理一域的综合效应。深入推进廉洁文化建设，严格家风家教，筑牢党员干部思想防线，做到时刻自重自省自警自励，慎独慎微慎始慎终，使铁的纪律转化为党员干部的日常习惯和自觉行为，做政治信念坚定、遵规守纪的明白人。要精准运用“四种形态”。综合发挥惩治震慑、惩戒挽救、教育警醒的功效，在用好“第一种形态”上下功夫，小过即问、小错即纠，尤其是加强对党员干部“八小时之外”的监督管理，将工作圈管理和社交圈监督衔接起来，强化对群众反映相对集中问题的摸底排查，完善重点人员“廉政档案”，将“触角”延伸到前沿阵地，真正把问题发现在初始、解决在萌芽。要严格监督执纪。坚持挺纪在前从严执纪问责，既紧盯“关键少数”、重点领域和关键岗位，也聚焦“小微权力”，加强对学习贯彻习近平新时代中国特色社会主义思想以及中央重大决策部署落实情况的监督检查，加大对贴着海关发财、违规收受“红包”、接受宴请、企业社团兼职等群众身边腐败问题的查处力度。拓展打私反腐“一案双查”，从严查处以权谋私、受贿放私等执法腐败问题线索。高悬问责利剑，加大问责追责力度，做到“失责必问、问责必严”，既追主体责任，也追监督责任。

2021 年是中国共产党百年华诞，也是“十四五”开局之年。在这关键之年，让我们以习近平新时代中国特色社会主义思想为指导，永葆初心、牢记使命，锐意进取、真抓实干，坚持管党治党不放松、正风肃纪不停步，以永远在路上的韧劲继续推进关区全面从严治党向纵深发展，以优异成绩庆祝建党 100 周年，为建设中国特色社会主义新海关作出新的更大贡献。

第二篇

专　记

庆祝中国共产党建党100周年

2021年，在中国共产党百年华诞之际，武汉海关紧紧围绕爱党爱国爱关主题，组织开展形式多样、内涵丰富的宣传教育和特色庆祝活动，大力营造“党的庆典、人民的节日”浓厚氛围，以优异成绩庆祝建党100周年。

一、成立机构，全面加强活动组织领导

2021年6月2日，武汉海关党委制定印发《武汉海关庆祝中国共产党成立100周年活动安排及组织机构的通知》，成立武汉海关庆祝中国共产党成立100周年活动领导小组，党委书记、关长高瑞峰任组长，关领导廖华东、杨良勇、余德琼、沈建明、范钦扬、刘武斌、袁涛任副组长，成员单位包括办公室、科技处、人教处、机关党委（政工办）、离退办、后勤管理中心；领导小组下设办公室，党委委员、政治部主任刘武斌兼任办公室主任。领导小组下设综合组、表彰组、党史学习教育组、宣传组。各单位、部门根据总关安排，成立相应的领导机构，加强组织保障。

二、围绕主题，持续掀起学习教育热潮

武汉海关举办党史学习教育读书班，组织全员收听收看习近平总书记“七一”重要讲话，在“悦读武关”微信公众号开设“学讲话 守初心 践行动”专栏，集中刊发各单位、部门学习贯彻情况29期，不断深化党史学习和“七一”重要讲话精神学习贯彻。以“学史铸魂 永远跟党走”为主题，机关党委（政工办）组织拍摄《忠诚守国门 冲锋战疫线》《甘于平凡 守在初心——记武汉海关老党员、老关员甘胜禄》2个宣讲视频，深入挖掘红色党史故事、党员的“初心”故事。组织参加总署“青年心向党——我在抗疫第一线”100个抗疫故事接力活动，充分挖掘疫情防控面前勇挑重担的平凡故事。举办“弘扬伟大抗疫精神——武汉海关抗击新冠肺炎疫情图片展”“决胜2020——不要忘记、不能忘记、不该忘记”主题展，制作抗疫“光荣榜”，讲好抗疫海关故事，相关内容

在总署海关网上博物馆展出。武汉海关大力开展“党旗在基层一线高高飘扬”活动，持续深化“四强”支部建设和党建品牌创建，认定24个关区“四强”支部，复核认定6个全国海关党建品牌，复核确认3个往届省直机关“红旗党支部”，新获评“红旗党支部”2个。做好全省和湖北省直机关“两优一先”推荐申报工作，组织开展关区“两优一先”评选表彰，通过宣讲会、思政课、主题活动、社会服务等不同形式，营造比学赶超浓郁氛围。

三、形式多样，广泛开展特色庆祝活动

武汉海关策划开展“倒计时百天百个支部唱百首红歌”“‘风华正茂恰青春 爱党奋进新征程’五四主题演讲比赛”“永远跟党走”庆祝中国共产党成立100周年主题活动等15项特色活动贯穿全年，以齐唱红歌、共绣党旗、集中宣誓，以及举办文艺汇演、主题征文和演讲比赛等群众喜闻乐见形式，大力营造庆祝中国共产党成立100周年浓厚氛围。离退办充分发挥老同志智慧力量，以同绣一面旗、同唱一首歌、同过一个政治生日、同作一幅百寿图、同做一次党史知识竞赛的“五个一”活动为载体，广泛发动离退休党员积极投入百年大庆活动之中，赓续红色基因。机关团委紧贴青年需求开展有特色的庆祝活动，举办“风华正茂恰青春 爱党奋进新征程”五四主题演讲比赛，组织开展“知鉴百年路”党史主题读书交流会、退休干部和青年关员座谈会等活动，鼓励青年干部职工从党史学习中激发信仰、汲取力量。关区各级党组织搭建富有红色气息、突出自身特色的载体，开展了“百年风华、百年辉煌，表情达意、我有话讲”主题访谈、“老带新，薪火传”座谈会、“国门卫士心向党 喜迎建党百年行”健步走、“学史忆峥嵘 薪火永相传”重走长征路等特色活动，形成各级党组织聚焦聚力、广大党员积极行动、干部职工踊跃参与的良好局面。

（撰稿人：张光发　熊皖扬）

开展党史学习教育

2021年，武汉海关围绕“学党史、悟思想、办实事、开新局”主题，贯彻“学史明理、学史增信、学史崇德、学史力行”要求，扎实开展党史学习教育，受到总署肯定。在全国海关党史学习教育推进会上，总署领导点名表扬武汉海关。总署巡回指导组到武汉关区调研时，认为武汉海关党史学习教育有特色、有效果，值得推广。武汉海关开展党史学习教育活动相关经验做法被《全国海关党史学习教育简报》刊发。

一、加强组织推动

2022年2月22日，武汉海关党委召开党委理论学习中心组学习会议，传达学习习近平总书记在党史学习教育动员大会上的重要讲话精神。3月15日，武汉海关通过电视电话会议形式，认真学习倪岳峰署长在全国海关党史学习教育动员会上的讲话精神，党委书记、关长杨杰对关区开展党史学习教育提出明确要求。武汉海关党委成立党史学习教育领导小组，党委书记任组长，政治部主任任副组长；领导小组下设办公室，工作机构设在政治部；成立工作专班，负责落实全面推动关区党史学习教育的具体工作；组建3个工作组，负责党史学习教育的组织推动。各隶属海关分别成立相应领导机构，健全工作机构，结合实际研究工作方案、部署重要任务，加强督促指导，扎实有效推进。

二、夯实学的基础

武汉海关党委坚持以上率下、示范带动促学，以专题读书班、学习班、宣讲报告会、宣讲交流会等形式开展专题学习，带头宣讲“七一”、六中全会等精神，召开党委理论学习中心组学习24次，带动各隶属海关党委开展党委理论学习中心组学习277次，推动理论学习往深里走、往心里走、往实里走。党委班子讲党课21次，关党委书记带头讲党课7次，全关党组织书记、班子成员、先进典型等累计讲党课262次。武汉海关党史学习教育领导小组工作专班加强工作统筹，制定关区党史学习教育、庆祝中国共产党成立100周年、“永远跟党走”群众性主题宣传教育活动、

“我为群众办实事”实践活动、学习贯彻“七一”重要讲话精神、学习贯彻党的十九届六中全会精神等方案，成立5个关区巡回指导组，实现各单位、部门“全覆盖”，2次召开工作推进会，工作提示及督办提醒，确保压茬推进。加强组织动员，举办“学党史 忆海关 庆祝中国共产党成立100周年”征文比赛，评选优秀征文39篇，6篇被总署《庆祝建党100周年专刊》《海关档案故事100篇》等刊发。开展党史知识“每日一测”，参加总署党史知识线上排位赛夺得全国海关第一；荣获湖北省直机关庆祝建党100周年学习党史知识竞赛活动“组织奖”，18人荣获“个人奖”。关区各级党组织结合自身实际，创新上下联学、在线联听等学习形式，开展“学史・铸魂”红色讲坛活动301次，交流个人学习心得体会1,947篇，5篇稿件被总署“学史・铸魂”“100个抗疫故事”等专题收录。

三、拓宽悟的路径

武汉海关充分挖掘“湖北英雄人民、武汉英雄城市”红色资源、抗疫资源，“决胜2020”抗疫图片展在总署网上博物馆展出。组织1,160人次赴红色教育基地开展现场教学。开展党史学习教育阵地建设，制作党史知识、精神谱系、光荣榜、党建阵地等展板74块，宣传党建知识，展示党员形象。大力开展“永远跟党走”群众性主题活动，成立专门领导机构，推进8大项重点安排，组织“奋斗百年路 启航新征程——喜迎中国共产党成立100周年百日倒计时活动”“倒计时百天百个支部唱百首红歌”“‘风华正茂恰青春 爱党奋进新征程’五四主题演讲比赛”“永远跟党走”庆祝中国共产党成立100周年主题活动等15项特色活动，以齐唱红歌、共绣党旗、集中宣誓，以及举办文艺汇演、主题征文和演讲比赛等群众喜闻乐见形式，大力营造“党的庆典、人民的节日”浓厚氛围。武汉海关加大典型挖掘培养力度，培树“全国职工书屋”“全国青年文明号”“全省优秀党务工作者”“湖北省脱贫攻坚先进个人”“湖北好人”“湖北省岗位学雷锋标兵”等10个先进集体、9名先进个人，让先进“现身说法”，让典型“言传身教”。《四大工程抓党建 抓好党建促发展》荣获第一届“新时代全国机关基层党建新成就”短视频作品征集展示活动“百优作品奖”；《党旗所指 行之所向》荣获总署“最佳微党课”；在文化协作区宣讲比赛中讲述老党员、老关员甘胜禄和国门战疫2个事迹故事；在“全省第二十届党员教育电视片观摩比赛”中荣获二等奖1个、优秀奖2个。

四、提升做的质效

武汉海关党委围绕总署“三个走进”“三个找准”“三项工程”，实施“三大工程”“十件实事”，大力压缩通关时间，持续优化营商环境，出台促进跨境贸易便利化25条措施、支持中小企业发展10条硬核措施、支持综合保税区发展20条措施、支持武汉市综合保税区高水平开放高质量发展措施。总署“好差评”系统评价率、满意率保持100%。将“我为群众办实事”实践活动作为践行“人民海关为人民”宗旨的试金石，形成两级党委重点民生项目清单356项，集体和个人项目清单1,017项。《“社区吹哨 党员报到”服务社区办实事》《当好“店小二”送上“服务包”》入选总署“百佳项目”，相关情况被中央媒体宣传报道23篇次。评选关区“我为群众办实事100项优秀案例”，推动形成“学悟讲做比”氛围。发挥“头雁效应”，设立“关长接待日”，出台关党委6项履职承诺和18条加强党委自身建设的意见，建立及时畅通、真实客观的民情民意反映渠道。坚持以思想破冰引领发展突围，制定关区“三大工程”“十件实事”，推动解决事关关区事业发展和干部职工切身利益的实事、难事。

（撰稿人：王 芳 熊皖扬）

学习贯彻党的十九届六中全会精神

2021年，武汉海关始终把学习宣传贯彻党的十九届六中全会精神作为重大政治任务，在总署党委的统一部署下，深入谋划安排，精心组织实施，在全关持续掀起学习宣传贯彻热潮。

一、精心组织，突出全面系统学

武汉海关党委把十九届六中全会精神作为总关、隶属海关两级党委理论学习中心组学习重要内容，带头研究制定年度专题学习重点内容安排，列出16项重点学习内容，清单式推进落实。注重用好《习近平谈治国理政》第一卷、第二卷、第三卷等理论著作，制作习近平总书记“七一”重要讲话精神学习手册，为各党（总）支部配发《论中国共产党历史》《党的十九届六中全会〈决议〉学习辅导百问》等权威读本2,927本，以专题读书班、学习班、宣讲报告会、宣讲交流会等形式提高学习质效。隶属海关党委健全完善中心组学习考勤、集体研讨等机制，严格抓好考勤、请假、记录等环节落实。关党委书记认真确定主题、审定计划、主持学习，带头宣讲习近平总书记“七一”重要讲话、党的十九届六中全会等精神；中心组成员结合实际，认真学习参考材料，积极开展交流研讨，以实际行动带动全关形成崇尚学习的浓厚氛围。党委班子讲党课21次，其中，关党委书记带头讲党课7次。各隶属海关党委开展中心组学习280次；全关党组织书记、班子成员、先进典型等累计讲党课262次。

二、强化统筹，突出党史重点学

武汉海关以党史为重点，先后制定关区党史学习教育、庆祝中国共产党成立100周年、“永远跟党走”群众性主题宣传教育活动、“我为群众办实事”实践活动、学习贯彻“七一”重要讲话精神、学习贯彻党的十九届六中全会精神等方案。分两期完成165名处级领导干部党史学习教育专题轮训，实现关区处级领导干部“全覆盖”，推动“关键少数”为全关当好示范、作出表率。通过中心组学习、读书班、“三会一课”、主题党日等形式，开展“学史·铸魂”红色讲坛活动301次，交流个人学习心得体会1,947篇，做好学史增信、立根铸魂、固本培元的思想淬炼。开展“学党史 忆海关 庆祝中国共产党成立100周年”征文比赛，收集征文108篇，展现学习所思、所学、所悟。举办“党在我心中”党史知识竞赛活动，开展“每日一测”。荣获湖北省直机关庆祝建党100周年学习党史知识竞赛活动“组织奖”，18人荣获“个人奖”。参加总署“金钥匙”党史知识线上排位赛，经过两轮比赛勇夺全国海关第一。

三、丰富载体，突出拓展渠道学

武汉海关以创新学习方式为手段，拓展理论知识获取面，提升理论学习深度和广度。举办抗疫图片展，在总署网上博物馆展出。挖掘“湖北英雄人民、武汉英雄城市”红色资源、抗疫资源，组织1,160人次赴红色教育基地开展现场教学。开展宣传长廊及各处室党建阵地建设，制作党史知识、精神谱系、光荣榜、党建阵地等展板74块，让全体干部职工在耳濡目染中增强修养。全关19个职能部门党支部与隶属海关、科级支部和事业单位党支部广泛开展党建共建“结对子”活动，开展“上下联学 在线联听”专题党课等活动，培树“全国职工书屋”“全国青年文明号”“全省优秀党务工作者”“湖北省脱贫攻坚先进个人”“湖北好人”“湖北省岗位学雷锋标兵”等10个先进集体、9名先进个人，推动党史学习资源共享、优势互补，激励党员干部见贤思齐、争做表率。

四、学以致用，突出指导实践学

武汉海关以强化学以致用为着力点，联系海关职能职责和实际特色，促进学习成果转化。武汉海关党委扎实开展理论学习的同时，设立“关长接待日”，出台关党委六项履职承诺和十八条加强党委自身建设的意见，实施“三大工程”“十件实事”，出台跨境贸易便利化25条措施、支持中小企业发展10条硬核措施等举措。总署“好差评”系统评价率、满意率保持100%。建立总关、隶属海关两级重点民生项目清单356项，“我为群众办实事”集体和个人项目清单1,017项，累计完成率100%。对省内进出口760强企业推出“服务包”措施，关党委委员每人带头认领5家，各业务单位、部门负责人每人认领8家，贴身解决企业疑难问题，入选总署“百佳项目”。评选关区“我为群众办实事100项优秀案例”，掀起“学悟讲做比”热潮。

（撰稿人：王 芳 熊皖扬）

三大工程、十件实事工作

2021 年，根据关党委部署，关区统筹实施领导班子和队伍建设、业务建设以及惠民利民“三大工程”，推动关区事业发展掀开崭新篇章。经各单位、部门不懈努力，全年“三大工程”“十件实事”细化分解的 106 项任务中，办结完成 104 项，完成率 98.1%（其余 2 项延至 2022 年继续推进落实）。现将 2021 年度“三大工程”“十件实事”完成情况总结如下：

一、组织实施情况

一是统筹科学谋划。新一届关党委以习近平新时代中国特色社会主义思想为指导，紧密围绕“五关”建设，深入结合关区实际，坚持系统观念，坚持务实求真，坚持守正创新，科学谋划、统筹部署实施“三大工程”“十件实事”，为实现“强监管、优服务、争第一、创一流”目标和推进五项重点工作明确了具体抓手和现实路径，以整体设计、系统集成、突出重点、带动全局的首创之举，作为治关理政、兴关惠民的开篇之作，着力提升关区制度创新和治理能力建设水平。

二是坚持高位推动。关党委以强烈的责任感、紧迫感，在每月形势分析及工作督查例会、每周党委碰头会等场合逢会必强调、必部署、必督促，全力推动解决事关关区事业发展和干部职工切身利益的实事难事。党委委员主动揭榜挂帅、带头领办，既当指挥员、又当战斗员，扑下身调查研究、督促检查，有力推动任务落实。

三是全面承接实施。各单位、部门坚持与关党委工作思路同频共振，群策群力、集思广益，研究提出系列实事项目及措施；办公室在广泛征求吸收意见建议基础上，制订工作方案，汇总配套实施方案，细化时间表、路线图，确保实事办实、好事办好。

四是狠抓督办落实。办公室认真开展督办，迅速分解任务，对进展情况实行周汇总、月通报，实行销号结账，力促各项任务落地见效。各责任部门担当作为、密切协作，主动研究解决遇到的问题和困难，推动各项任务取得实质性成果。

五是强化跟踪问效。组织开展中期评估，跟踪项目进展，剖析存在问题，提出针对性要求，形成“1+10”中期评估报告；组织召开“三大工程”“十件实事”汇报会，强力督导、及时纠偏，确保取得圆满成效。

二、工作成效

【“三大工程”之一：领导班子和队伍建设工程】

（一）选优配强各级领导班子。

开展干部“立体画像”，“一对一”谈话调研658人，实现各单位部门全覆盖。职级职数使用率稳步提高，畅通机关基层双向交流通道，强化实操培训练兵，开展“开眼界、练实操、提能力”主题培训，举办各类专业培训157期，调配93人次赴口岸一线跟班作业、历练成长。组织331人参加总署“万人争先”线上练兵活动，取得团体八强、4人进入个人“百强”的历史最好成绩，关区干部素质在实训实战中得到提升。

（二）鼓励支持各级领导班子担当作为。

以考核实绩树导向促担当，完善综合考核评价体系，提高总署客观指标考核结果权重，修订平时考核实施办法，研究制定年度量化考核基础工作指标和条线客观指标，建立“周自查、月小结、季评估”机制，确保各项考核指标高质量完成。以抵制诬告扬正气促担当，建立集体研判工作机制，严肃处理1名隶属海关工勤人员不实举报行为，形成强有力震慑。以正向激励鼓士气促担当，细化制定贯彻落实总署关心爱护疫情防控一线人员工作措施89项，向总署推荐3名人员参加“百名优秀执法一线科长”评选。强化年度考核结果运用，对43个处科级集体予以嘉奖，对175名个人记个人三等功或给予嘉奖，关区担当作为、干事创业的氛围更加浓厚。

（三）以精神文明建设和模范机关创建为契机，持续净化政治生态。

政治机关建设不断深化，坚持“第一议题”制度，学习传达习近平总书记重要讲话和指示精神91篇次，督办立项71项。党史学习教育深入开展，组织“奋斗百年路 启航新征程”“永远跟党走”等14项主题活动，深入推进“我为群众办实事”实践活动，评选关区100项优秀案例，落实两级党委重点民生项目356项，集体和个人项目1,017项，为企业群众解决急难愁盼问题。党建工作提质增效，巩固“强基提质工程”，新设立科级支部82个，全面实现“支部建在科上”。大力开展品牌创建，培树全国海关党建品牌6个，争创“红旗党支部”5个。精神文明创建有声有势，先后组织庆祝建党100周年、建言献策青年说等20项特色活动，精心培育全国级荣誉称号2个、省级荣誉称号10个，获省级各类奖项5个，推报“湖北好人”“湖北省岗位学雷锋标兵”，广大党员干部职业荣誉感进一步增强，干事创业热情日益高涨。

（四）持续推进全面从严治党走深走实。

主体责任压紧压实。深化细化全面从

严治党“四责协同”机制，关党委每半年专题研究全面从严治党工作，出台加强对“一把手”和领导班子监督实施方案，创新推行派驻监督“一优两报”机制，创设“提示谈话”机制，确保管党治党责任落实到基层、延伸到支部。推进巡视巡察上下联动，巡视整改取得突破性进展，开展2轮次对20个基层党组织巡察及“回头看”，覆盖率提升到82%。监督问责精准有效，持续健全监督制度，党委委员每季度组织召开分管部门和联系单位党风廉政分析例会，并向党委书记、党委纪检组书面报告责任落实情况。扎实推进“现场监管与外勤执法权力寻租”专项整治，梳理排查廉政风险点64个，确定重点关注人员42人、重点关注单位56个。结合巡视整改、“强化基础、规范作业、提升效能”专项活动，推动修订完善业务管理规章制度、工作机制、操作指引46项，有效压缩权力寻租空间。常态化抓好全覆盖日常纪律作风督察检查，全年组织内务规范检查30次，纠治问题48个；开展队列指挥员集训和全员队列训练，队伍精神风貌明显改观。

【“三大工程”之二：业务建设工程】

（五）建立并持续优化具有武汉海关鲜明特色的监管模式。

1. 建立协同高效的通关业务管理模式。

（1）建立通关业务运行监控机制。优化整体通关时间统计分析模块，提高监控准确率。2021年进出口整体通关时间较2020年分别压缩44.4%、50%，进口整体通关时间在10月以后首次优于全国平均水平。

（2）完善通关业务问题应急处置机制。主动帮助企业解决“堵点、难点、痛点”问题68个，赢得企业广泛好评。

（3）开发“双随机、一公开”应用平台。该创新举措已获自贸司同意备案，已覆盖免税商店核查和实地检查、海关监管作业场所（场地）巡查等业务执法领域，共依托该平台开展免税店抽查28次、监管场地巡查206次。

2. 建立优质便捷的税收征管模式。

（4）推行多元化担保。货物贸易“一保多用”管理模式获自贸司同意备案，平均每份保函循环使用54次，共为9.74亿元税款提供担保。“一企一档”推进集团财务公司担保改革，两家集团财务公司担保额度23.7亿元，节约通关成本约2,300万元。

（5）实行减免税ERP联网申报+快速审核。集成电路企业减免税申报审核手续平均时长由1天压缩至1分钟内，最快5分钟内可完成全部申报通关流程。

（6）开展减免税集中作业改革。关区减免税业务归集至武昌海关办理，统一了业务审核尺度，节约人力资源20人左右，大幅提高作业效能。

（7）实行减免税手续汇总办理。企业需办理的《征免税确认通知书》数量可减少70%，据适用企业反映，每月可节省人力及报关费用等直接经营成本约100万元。

（8）建立涉税案件关税技术认定前置制度。经认定如属于技术性税则号列调整的归类差错，可不再移交缉私，直接进行后续处置。全年完成2份进口货物申报税则号列调整关税技术认定工作，涉及货值分别为121.8万元、244.3万元。

3. 实施物流智慧监管。

（9）推行“直提直放”监管模式。企业提箱时间由原来1~2天缩短至1~2小时，集装箱流转效率大幅提高，通过“转关货物提前申报+船边直提直装”等方式实现了货物“即到即提”零等待。

（10）推动关区“物流一体化”。实现关区各监管作业场所、特殊监管区域、保税监管场所之间物流监控信息的互联互通及货物自由流转，共计调拨876个标箱。

（11）推进货运先期机检及集中智能审图。在运行6台H986设备所在现场全部开展先期机检作业，被检查指令命中的单个集装箱检查时间缩短2小时以上。智能审图有效识别商品范围进一步扩大，准确性不断提高。

4. 创新行邮监管。

（12）应用保税物流“触发申报”新模式。企业申报录入环节从6~8次减少到1次，工作量平均降低约85%，车辆停留时间缩短83%。该创新举措已获自贸司同意备案，全年共办理货物申报269批次，核注2,016份单据。

（13）实行快件无纸化监管。在企业申报、单证审核、现场查验3大主要业务环节实现无纸化作业，大幅提高业务办理和快件通关效率，实现查验过程可追溯。

5. 建设科学有效的重点产业链动态监测机制。

（14）开展重点产业链动态监测。对湖北省进出口主要市场、重点商品结构及国际市场份额变化等情况进行监测分析，4篇分析成果被中办、国办采用。

6. 建立科学有效的加贸及核查管理体系。

（15）推行加工贸易审核集中作业。配备7名关员集中办理原11个业务现场加工贸易审核业务，充分释放人力资源，有效统一审核尺度，规范自由裁量权。

（16）应用“智慧核查”新模式。运用“智慧核查”系统对被核查人实施线上远程检查，有效提升核查效率，减少对企业生产经营的影响，降低企业配合成本。

7. 建立快速高效的进口肉类检验检疫监管模式。

（17）建立“5G+AR”动植物检疫新模式。大幅提高动植物检疫监管效率，新增供港澳活动物饲养场注册登记现场评审时间由4天压缩至0.5天，出境竹木草制品抽批检查效率提升5倍以上。

8. 建立科学高效的国门生物安全风险监测预警体系。

（18）实行“审验合一”核发国境口岸卫生许可证。同时开展文件审核和现场审核两项审批流程，实施以来共开展“审验合一”64 批次，平均办理时限压缩至 1.46 个工作日，效率提升 85%。

（19）开发智慧卫检“码上通关”。旅客通关全程仅需一张条码，无须再出示护照、登机牌、手机申报码等，旅客卫生检疫时长由 20 分钟压缩至 10 分钟以内，通关速度提升 1 倍以上。

9. 其他监管模式。

（20）实施进口货物目的地检查新模式。通过远程实时视频方式对进口一般风险工业品实施目的地检查，工作效率提升 3~5 倍。该创新举措已获自贸司同意备案，全年共完成目的地检查2,118批次。

（21）推行进出口鲜活易腐食品抽样后放行监管模式。可缩短产品通关时间 5~7天，加快产品流通上市 7~10 天，有效解决进出口食品农产品保质期短与通关时间长的矛盾。

（22）开发应用远程作业支撑平台。开发了具有实时定位、远程指挥、视频通话、专家指导、对接企业信息等功能的远程作业支撑平台，对现有检查方式及检验手段进行补充和创新。

（23）建立真空包装等高新技术货物风险布控检查协同机制。通过事前风险评估备案、事中两段布控处置和事后风险验证管理，实现“口岸外观查验+目的地综合处置”两段式布控检查协同，共验放高新技术货物 25 票、货值 21 亿元。

（六）加快监管信息化建设步伐。

1. 优化监管手段。“优化提升物流辅助系统功能，建设应用新水运模块”已在关区全部 8 个水运现场应用，共辅助监管进出口集装箱 92.6 万箱次，进出卡口验放 39.1 万次。“深化智能审图和先期机检创新应用”机检图像与报关单信息绑定匹配成功率达 98%，有效识别商品覆盖率平均 14.9%。“建设邮件、快件及跨境电商综合监管体系”已完成系统开发并完善了相关制度，监管进出口报关单6,026万份。“进出口商品检验作业子系统（武汉海关）危险品检验监管辅助模块”已完成开发并上线运行。

2. 创新监管模式。“创新旅检智能化监管模式”通过建设旅检“一码通关”系统，与地方卫健委实时交换数据。“积极探索开展两类通关改革试点”对快件、跨境电商辅助管理模块功能进行了优化，实现智能分拣、顺势监管。“食品安全监管子系统（武汉海关）进口食品监管与溯源辅助模块”已完成开发并上线运行。

3. 强化监管基础。“推进阳逻集中查验中心建设”完成海关监管软硬件设施建设和信息化系统对接。“完善口岸监管二三级监控指挥体系”方面，具备建设条件的隶属关均已完成建设，实现二三级监控指挥中心在一个平台上开展业务监控并完成联系处置。

（七）优化职能配置、机构设置和编制核定，全面提升执法有效性。

1. 职能配置迭代优化。从执行管理层面和业务管理层面对 307 个业务岗位对应的职责事项分别确定管理职能部门，制定《武汉海关业务执行岗位配置清单》，厘清9个业务事项的职责部门。

2. 隶属机构功能优化。稳步推进验估、加工贸易、减免税3项业务集中作业以及稽查片区集中作业，结构性调整3家事业单位人员编制，关区整体运转效能进一步提升。

3. 人力资源结构优化。制订业务集约改革人员调整方案，组建关区验估、减免税、加工贸易、稽查4支专业化队伍，调整13个隶属海关机构编制，进一步盘活人力资源。

【“三大工程”之三：惠民利民工程】

（八）着眼提高干部职工生活待遇，继续争取政策支持，全力做好资金保障。

1. 落实地方财政保障更加有力。指导10个隶属单位与地方政府签订或续签合作备忘录，积极争取将相关保障纳入地方财政预算。

2. 惠民举措落地见效。职工休息室、便利店、充电桩投入使用。解决3名职工子女入学入托问题。718名职工参加武汉城市圈职工重大疾病医疗互助，推动“女性安康团体重大疾病保险”参保。

（九）推动解决干部群众长期期待解决而未解决问题。

1. 设立关长接待日。建立“关长接待日”工作制度，明确工作方式、接待对象、受理范围、职责分工等内容，已举办6期，接待干部职工5名。

2. 落实适时推进总关本级及在汉隶属海关医疗改革工作。争取省政府同意医疗保险关系原则上纳入省直管理。

3. 属地养老保险改革成果持续巩固。完成关区在职人员养老保险实施准备期资金结算工作，累计审核数据9,000余人次、约7.6万条，清缴资金近8,570万元。

4. 事业单位人事管理工作稳步推进。修订印发事业单位“三定”规定，落实事业单位法人自主权，关党委授权事业单位7个研究决定事项。印发各事业单位岗位设置方案，组织拟订岗位聘用方案，指导全面开展岗位聘用。

（十）优化离退休干部活动环境，提高活动质量。

已完成武昌片区离退休第三支部活动室、汉阳片区第四支部活动室基础设施维修改造。医务室增加心脑血管等6类治疗药品。

三、总体评价及下一步计划

总体上，2021年度“三大工程”“十件实事”谋划部署有力、组织实施有序，各单位、部门自觉发扬“钉钉子”精神，抓住重点领域和关键环节全力推动落实，关区整体工作效能进一步提升，干部职工获得感明显增强，“三大工程”“十件实事”已圆满达成预期目标。但客观来看，也存在个别任务未按时完成、落实效果未充分显现、总结宣传不深入不到位等问题。2022年，关党委积极贯彻落实党的十九大及十九届历次全会精神、中央经济工作会议精神，深入结合《“十四五”海关发展规划》和湖北省经济社会发展战略，决定在 2021 年“三大工程”整体顺利竣工的基础之上，启动“支持外贸高质量发展工程”，大力实施“四大工程”，一以贯之、锲而不舍，持续提升制度创新和治理能力建设水平，推动关区事业再续辉煌、再攀高峰，以实际行动迎接党的二十大胜利召开。

（撰稿人：柯卫中）

优化口岸营商环境促进跨境贸易便利化

2021年，武汉海关落实“六稳”“六保”部署，锚定“强监管、优服务、争第一、创一流”目标，聚焦湖北经济外向度偏低、综合保税区发展排名靠后等短板，突出“降、快、先、优”，打造一流口岸营商环境，不断提升通关便利化水平。

一、突出“降”，降低企业通关成本

牵头实施全国减免税“ERP联网+快审”项目，为企业每年节约仓储费用超600万元；指导用好集成电路等减免税优惠政策，全年累计减免税款10.33亿元；推动银行保函、关税保证保险等多种担保形式并行，为9.92亿元税款提供担保，减少企业资金占压；签发原产地证书6.8万份，助力企业享受进口国关税减免20.83亿元，同比分别增长17%、57%。进一步推广“两步申报”“提前申报”等通关模式，企业自主选择更为丰富，通关效能大幅提高；进一步优化进口货物“船边直提”、出口货物“抵港直装”模式，货物提离、装载作业更为便捷高效；推行“进口货物目的地检查新模式”，商品检查效率进一步提升，该创新做法入选湖北省首批优化营商环境典型案例并获总署备案。

二、突出“快”，压缩整体通关时间

聚焦影响通关时间的痛点堵点，多措并举、综合施策，推动压缩整体通关时间取得突破。2021年，武汉关区进出口整体通关时间分别为48.8小时、1.1小时，较2020年分别压缩45.78%、48.6%，实现首次优于全国平均水平。进一步拓宽“水铁空邮”国际物流通道。支持鄂州、襄阳航空口岸纳入国家口岸发展“十四五”规划，指导武汉港扩大开放验收，推动区港联动和多式联运江海直航，指导阳逻港铁水联运二期顺利启动，支持开行武汉—钦州—东南亚铁海联运班列、武汉—韩国釜山集装箱江海直航航线等新通道。助推中欧班列开展邮运业务，增开武汉—波兰罗兹等7条线路，进口整车突破1,000辆，开行班列数、标箱量同比分别增长91.2%、91%。

三、突出“先”，业务改革先行先试

开展机构改革“回头看”，深化隶属海关功能化建设，对人力资源配置进行科学评估，稳妥有序推进验估、减免税、加工贸易、稽查集约化作业改革落地。深化智能审图推广应用，将先期机检图像纳入智能审图范围；升级物流辅助管理系统，实现各通关模式下物流全程智能化监管；深入推进旅检智能化改革，对申报无异常旅客体温监测、采样、行李物品查检等环节“一码通关”。将“三智”理念融入业务领域改革，“一个平台、四个智慧”等4个项目入选总署“三智”项目，数量居中部首位，特别贸易关注议题首次被采用并列入世界贸易组织（WTO）双边磋商议题。依托远程作业支撑平台对进口种禽、进境粮食等实施远程视频监管；运用“5G+北斗”，借助远程视听设备、手持智慧终端，实现关区“不见面”“零距离”核查作业全覆盖；建立进出口危险品检验监管辅助系统，基于大数据分析实施动态管理。

四、突出“优”，持续优化营商环境

制定实施支持中小企业发展10条措施、促进跨境贸易便利化25条措施等硬核举措。深化“单一窗口”建设，上线“企呼关应”信息互动平台，及时回应企业诉求。为进出口规模排名前500强的760家企业送“服务包”，党委委员每人认领5家，处级领导干部每人认领8家，“一对一”纾困解难。全速推进高级认证企业培育，企业数量由年初59家增至100家，高级认证企业数量稳居中部第一。研究出台支持湖北综合保税区发展20条措施，联合武汉市政府推出支持武汉综合保税区发展20条措施，推动襄阳、黄石综合保税区获批，襄阳综合保税区通过预验收，宜昌综合保税区顺利封关运作。根据总署公布的综合保税区发展绩效评估“成绩单”，武汉东湖综合保税区首次进入全国A类行列，武汉经开综合保税区、新港空港综合保税区均为全国B类，全省综合保税区进出口值同比增长102.9%。支持高标准建设自贸区，已共推出创新举措74项，其中3项在全国复制推广。

（撰稿人：何　博）

打击走私重点专项工作

2021 年，武汉海关坚决贯彻落实习近平总书记关于打击走私的重要讲话、重要指示批示精神，认真落实党中央、国务院决策部署，围绕“中央关注、社会关切、群众关心”突出走私问题，持续保持打击走私高压态势，全力开展“国门利剑 2021”联合行动，在打击武器弹药及毒品走私、“洋垃圾”及冻品走私、濒危物种及其制品走私、“水客”走私、烟草及奢侈品等重点涉税商品走私等领域闻令而动、重拳出击，坚决防范化解区域性、系统性走私风险，取得明显成效。

一、组织领导更加有力

加强组织机构建设。武汉海关积极落实全国打私工作领导小组工作部署，推动湖北省政府健全完善全省反走私机构建设。湖北省副省长、省打私领导小组组长赵海山，省政府副秘书长、省打私领导小组副组长、省打私办主任赵俊等领导多次听取武汉海关关于反走私工作汇报，对全省反走私工作作出安排。在增加省打私办工作经费的基础上，进一步增加划拨武汉海关缉私辅警经费，招聘省打私办专职辅警，推动省打私办实体化运作。结合人员变动情况，对省打私工作领导小组成员进行了调整。

落实反走私工作部署。武汉海关牵头省打私办成员单位研究制发《湖北省 2021 年反走私综合治理工作要点》（鄂打〔2021〕1 号），对全省反走私综合治理工作进行安排部署。落实省政府和国家 8 部委工作要求，与省经信厅、公安厅、交通运输厅、农业农村厅、商务厅、市场监督管理局联合制发《关于加强新形势下打击冻肉走私工作的实施意见》。加强与打私办相关单位沟通协调，理顺查获走私冻品和“双无”非法入境固体废物的处置流程。2021 年由省财政保障专项经费处置走私冻品 2 批次，共计 104.5 吨。

积极深入督导推动。武汉海关积极推动武汉、宜昌、黄石、荆州、荆门、恩施、随州、仙桃、潜江等 9 个地市成立打击走私综合治理领导小组，由分管副市长任组长，成员单位进一步扩大。指导黄冈、荆州、荆门、宜昌、黄石、襄阳、仙桃、武汉、随州、恩施等10个地市召开打击走私综合治理工作会议，进一步推动地方政府落实全国打私办、省委省政府关于反走私工作的各项部署。

二、重拳打击更加精准

坚决打击“洋垃圾”走私。武汉海关组织开展“蓝天2021”专项行动，紧盯进出境货运渠道固体废物走私新特点，聚焦伪瞒报、夹藏等走私方式，加强对走私团伙的打击力度。2021年武汉海关缉私部门办理走私“洋垃圾”案件4起，查获涉案固体废物266吨，且全部退运出境，坚决将“洋垃圾”封堵在国门之外。

严厉打击野生动物及其产品、濒危物种走私。武汉海关制发《打击野生动物及其产品、濒危物种走私专项行动方案》，加大对走私濒危物种打击力度，立案刑事、行政案件9起，查获走私象牙等濒危物种及其制品14千克。

深入打击冻品走私。武汉海关与地方公安、市场监管等部门充分发挥自身职能优势，加大打击冻品走私的执法力度，坚决铲除冻品走私土壤，严防新冠病毒随冻品走私入省。武汉海关缉私部门立走私冻品案件1起，查证涉嫌走私进境冻品300吨。地方公安机关立案侦办销售无合法进口来源冻品案件2起，涉及冻品35.3吨。

持续打击“水客”走私。武汉海关缉私部门准确把握当前疫情防控条件下“水客”走私新态势，加强与深圳、拱北、海口等地相关部门的协作，开展打击“水客”代购走私专项行动，刑事立案12起，查获潮牌商品、奢侈品1批，立案案值1,490万元，涉嫌偷逃税款245.67万元；行政立案7起，案值169.19万元，涉税34.7万元。2021年11月17日，开展“3・29”打击“水客”走私专项行动，出动警力50名，抓获犯罪嫌疑人10名，现场查获涉嫌走私入境的高档手表93只，价值约3,000万元，打掉一个在湖北省内长期从事走私手表的专业团伙。

全力打击重点涉税商品走私。围绕成品油、烟草制品、奢侈品、保健品、机电产品等重点涉税商品，武汉海关与省公安、烟草、税务、人民银行等部门开展联合行动，严厉打击偷逃税额巨大、危害严重的行业性、团伙性走私。3月，武汉海关缉私部门联合省烟草专卖局开展“1・29”打击雪茄走私专项行动，抓获犯罪嫌疑人17名，现场查获走私入境雪茄烟及其他烟草制品32,300支，涉案金额2,900万元，涉嫌偷逃税款550万元。该案系湖北省历来查破最大的一起走私烟草制品雪茄烟案件，创全省打击涉走私雪茄犯罪案件“三最”，抓获嫌疑人最多、收缴雪茄烟最多、涉及案发地域最广纪录。积极参与省税务局牵头开展的打击虚开骗税违法犯罪两年专项行动，立出口骗退税行政案件7起，涉嫌多退税款239.93万元。

重拳打击涉枪涉毒走私。武汉海关联合省公安厅开展“国门勇士2021”缉枪专项行动，组织全省13个市（州）公安局、2个海关缉私分局联合对86条涉枪线索进行排查，查获疑似枪支零部件21件，立走私弹药行政案件1起，查获猎枪弹20发。组织开展禁毒百日攻坚战，严厉打击省内运毒贩毒走私违法行为，立走私毒品刑事案件6起，行政立案4起，查获各类走私毒品、精麻药品若干。与省公安禁毒部门合成作战，协助破获走私毒品案件38起。特别是5月时荆州公安机关发现一条从境外经云南至湖北荆州的走私贩毒通道，成功破获1起特大走私毒品案，缴获毒品麻果71.8公斤、毒资180余万元。

三、执法协同更加高效

加强市场监管。武汉海关结合新冠肺炎疫情防控要求，依托省市场监管局运用“鄂冷链”食品溯源平台数据查询功能等，推动市场监管部门加强对冷链市场、冷链物流公司经营冷库的清理整治。2021年全省市场监管系统立案查处仓储销售无合法来源证明、未经检验检疫冻品等案件74起，涉案货值金额80.2万元，没收违法产品货值金额43.8万元，罚没款合计569.4万余元。推动省林业局同有关职能部门联合开展打击野生动物非法贸易“清风行动”“网剑行动”等专项行动，共监督检查各类场所9,473处，查办野生动物案件25起，查处违法人员27人，收缴野生动物及制品一批。推动省文旅厅组织全省文化市场综合执法机构开展文物执法巡查1.7万余次，巡查文物数量3.7万余处，发现文物违法行为14件，按一般程序立案查处13件。与省烟草专卖局继续保持卷烟零售市场监管高压态势，组织开展“楚天市场净化11号”专项整治行动，查获走私烟案件103起，走私烟226件、案值360万元，同比增长125%。

强化运输拦截。武汉海关发挥全省打私办平台作用，推动省交通运输厅加强对进口冷链运输管理，对全省282家冷链运输企业和1,839台冷链运输车辆进行全面排查，对进口冷链食品全面纳入“鄂冷链”食品溯源平台管理，归集车辆、货物、人员、线路等信息，提升监管效率和水平，实现流程闭环管理。推动省烟草专卖局以7个省际重点卡口为主，与交通运输部门积极研究专车运输、包运团伙活动规律，依托地方公安、高管、铁路联合执法室前沿阵地作用，借助高警力量和治安、缉毒检查站力量，延伸打击触角，强化拦截屏障。2021年全省累计查获无证运输涉烟案件180起，查获违法卷烟2,480万支，案值2,234万元。在物流寄递渠道查获涉烟案件3,883起，查获违法卷烟4,715万支、案值4,943万元，有效筑牢了打击走私假冒卷烟防线。

四、多元共治更具威力

深入调研走访。武汉海关积极发挥全省打私办牵头单位的作用，主动走访省烟草专卖局、省税务局、省财政厅、省市场监管局、省商务厅及武汉市市场监管局等单位，共同商议全省年度反走私工作思路，加强工作协调配合。与省打私办成员单位召开座谈会，研究落实打击走私“国门利剑2021”、“蓝天2021”、雪茄走私等专项行动，推进各部门有效发挥职能作用，提升打击走私行动方案的针对性有效性。

密切联系交流。武汉海关推动省打私办完善省级成员单位联络机制，转发全省及全国打私综治工作动态，编发《湖北省打击走私综合治理工作简讯》16期，交流、学习好的经验做法。与省商务厅共同研究制订贯彻落实优化营商环境“新30条”工作任务实施方案，联合制发促进跨境贸易便利化公告25条硬核措施。积极协助省税务局、公安、银行开发上线四部门信息交换平台，交换信息105次，涉及纳税人700多户，金额10亿余元。与省外汇管理局、公安、税务和商务部门就164家出口结汇异常企业开展联合监管，严厉打击外汇领域违法犯罪行为，有效维护外汇管理秩序。与省烟草专卖局签订《联合打击走私烟草专卖品违法犯罪活动合作备忘录》，成立“联合打击走私烟草专卖品违法犯罪领导小组”，共同加强对全省卷烟市场走私贩私行为的综合整治。同时，武汉、十堰、宜昌、荆州等地烟草、海关部门均召开了联席会议，签订合作协议或备忘录。

拓展执法协作。武汉海关充分运用案件会商机制，与检、法机关加强联系协调，及时解决案件管辖、证据标准、法律适用等问题，统一涉走私犯罪定罪量刑标准。全省检察机关2021年共受理审查逮捕走私类犯罪8件12人，逮捕7件10人。受理审查起诉走私类犯罪18件40人，起诉11件16人，不起诉1件3人。提前介入走私类案件2件。全省法院一审判决走私犯罪案件13起，审结案件7起，涉案人员22人。大力推动省生态环境部门开展查获的走私品无害化分析处理工作，更新发布《湖北省危险废物经营许可证》单位名录，确保查获的走私品及时得到环境无害化处置。2021年，依法向湖北省博物馆移交查缉涉案文物16件，向省林业局、濒管办依法移交在执法过程中罚没的走私野生动植物及其制品37件。协助人民银行武汉分行开展反洗钱调查，办理涉及走私案件协查1起，涉及金额1,000万元。向地方公安等执法单位移交线索64条，其中涉嫌走私金额2,035.8万元。协助省税务部门开展打击出口骗税和联动检查行动，省公安经侦部门打击骗取出口退税立案4起，抓获犯罪嫌疑人2人，涉案金额658.5万元，该行动共为国家挽回税收损失1.6亿元。

五、宣传引导更加有效

开拓宣传阵地。2021年3月16日，武汉海关创建“湖北反走私”微博官方账号，为全国首个开通的省级反走私微博宣传平台。发布相关工作报道40篇次，全方位展现湖北省打私成效和亮点，引导群众自觉抵制走私、举报走私，形成全社会共同参与反走私的良好局面。2021 年全省反走私工作被《湖北日报》、湖北省人民政府网、中国反走私等宣传报道 27 篇次。

加强政策宣讲。武汉海关联合省商务厅组织召开跨境电商政策宣讲会、全省综保区政策宣讲会等，围绕“严厉打击利用跨境电商平台刷单走私，保障新业态健康持续发展”等主题进行法律宣讲，就综保区海关监管政策、《综合保税区适合入区项目指引（2021 年版）》等内容进行政策解读和案例讲解，得到企业好评。联合省税务局、省公安厅、人民银行武汉分行等共同举办新闻发布会，介绍专项工作情况，曝光虚开骗税典型案例。与省烟草专卖局开展“3·15”国际消费者权益日和“6·29”烟草专卖法颁布 30 周年纪念日等系列活动，全方位加大卷烟打假宣传力度，大力开展“我为群众办实事”“送法进校园”等活动，凝聚了群防群治群管的强大合力。

创新宣传模式。武汉海关联合武汉市金银湖街道花城社区开展“反走私进社区”普法宣传活动，取得良好社会效果。联合中南财经政法大学刑事司法学院开展主题为“走私犯罪案件侦办思路及典型案例分析”的讲座，到华中师范大学附属金银湖幼儿园进行反走私小课堂交流互动，得到师生广泛好评。推动地方部门利用公开处理方式制造良好的宣传氛围。2021 年，在荆州、十堰、宜昌、神农架等地公开销毁假冒走私卷烟1,044万支、劣质烟叶 16 吨、烟弹 667 条，卷烟打假打私宣传声势浩大，形成了强大震慑效果。

（撰稿人：刘才源　陈智涛）

开展国门生物安全与食品安全行动

国门生物安全与食品安全是国家安全体系的重要组成部分，事关国家安全和发展，事关社会大局稳定，受到世界各国的高度重视。武汉海关坚持以总体国家安全观为统领，筑牢国门生物安全与进出口食品安全防护网，为高质量发展提供坚实的安全保障。

一、筑牢口岸检疫防线，严防外来物种入侵

加强组织领导。成立关区“口岸外来物种入侵防控工作领导小组”“武汉海关外来入侵物种防控技术工作组”，联合农业农村、生态环境、林业草原等地方部门印发进一步加强外来物种入侵防控工作方案和外来入侵物种普查三年行动方案，确保防控工作有序推进。做好监测预警。加强境外动植物疫情和外来入侵物种信息监测、搜集、评估和预警。统筹开展国门生物安全监测，口岸检疫、非贸渠道查验及口岸外来有害生物监测实现“全覆盖”。通过综合风险研判，完善风险布控需求，调整检查比例，强化检查力度。全年，收集境外动植物疫情和政策动态信息162条，总署《境外动植物疫情信息动态》采用61条，布置检疫性实蝇监测点500个，在口岸开展林木害虫、红火蚁监测，在进境粮食、矿砂等装卸码头、运输沿线及存放周边持续开展外来杂草监测。严格引进审批。加强动植物种质资源引进和科研用途动植物检疫特许审批的风险评估，严格按审批申请落实定点生产加工制度，夯实企业主体责任，做好全过程疫情防控及下脚料无害化处理。严格落实特许审批申请单位外来物种引入防范措施，防止引入物种逃逸、扩散。严密口岸防控。在航空、水运、铁路等口岸现场，加强进境动植物及其产品（尤其是进境原木、粮食等传带外来入侵物种风险较高的货物）检查力度，做好进境飞机、船舶、火车等运输工具登临检查。针对近年来快速发展的新型外贸业态，结合“国门绿盾2021”行动，对快件、邮件、旅客行李、跨境电商等非贸渠道进境物品，实施CT机、检疫犬、关员巡检“三位一体”检查模式，严厉打击个人、单位违规非法引进、携带、寄递、走

私外来物种行为。全年截获有害生物232种次，其中检疫性有害生物74种次，占比31.9%；非贸渠道截获外来入侵物种38批次，创历史新高。

二、实施进口食品“国门守护”行动

毫不放松抓好进口冷链食品常态化疫情防控。认真贯彻落实习近平总书记关于防范新冠肺炎疫情通过进口冷链食品输入风险的重要讲话、重要指示批示精神，通过强化源头风险研判、开展境外企业整改评估、落实总署“熔断”机制、固化冷链岗前实操演练、高频督导确保刚性执行、强化人员封闭管理、落实“应检尽检”、每日视频点名等措施实现进口冷链食品常态化疫情防控“一点问题都不能出”的目标。全年进口冷链工作总署“零通报”，两次国务院督查“零问题”。2021年，对湖北口岸进境的295.54吨、3.11万件进口冷链食品进行了全面预防性消杀；抽取进口冷链食品风险监测样品549个，监测结果均为阴性。

严防重大动物疫情疫病输入风险，防止疫情叠加，严防、严管、严控进出口食品安全风险，禁止未获准入的瑞典猪油脂、牛油脂进口。严格处置不合格进出口食品，关区实施退货、销毁或改变用途食品12批次。严格开展关区进出口食品、食用农产品、化妆品安全监督抽检和风险监测工作，2021年关区监测进出口食品化妆品样品1,579个，检出不合格样品1个，不合格率0.06%。核查被境外通报不合格食品24批，向地方政府去函提请关注出口食品质量安全3次；派员参加湖北省年度食品安全工作考核评价工作，推进进出口食品安全共治。

（撰稿人：涂玲玲　韩菊杰　熊永红）

定点帮扶及推动乡村振兴工作

2021年，武汉海关深入贯彻落实党中央关于实现巩固拓展脱贫攻坚成果同乡村振兴有效衔接的决策部署，按照湖北省直单位定点帮扶工作安排，积极履行定点结对帮扶职责，按照“摸清情况，找准问题，听取意见，制定措施”的工作思路，充分发挥职能优势，因地制宜，精准施策，扎实抓好湖北省恩施州利川市元堡乡定点帮扶工作开展。

一、实施“头雁行动”

坚持头雁向前用好“第一议题”制度，武汉海关党委3次专题研究对口帮扶乡村振兴工作，党委书记和班子成员先后6次深入对口帮扶村调研指导，选派3名优秀干部组建驻村工作队，建立健全关党委、领导小组和职能部门三级联动工作机制，以实际行动推动习近平总书记关于乡村振兴工作重要讲话、重要指示批示精神落实落细。先锋引领实施“党员帮扶+”模式，组织对口帮扶村全体党员“家门口”挂牌亮身份，深入开展“敲门行动”，结合支部主题党日实现每月走访入户全覆盖，重点做好对脱贫不稳定户、边缘易致贫户、突发严重困难户的常态化监测；建立党员“包组联户”机制，引导31名党员与驻点村“三类监测对象”“三留守人员”等特殊群体结对帮扶，确保防返贫监测与帮扶落到实处。品牌带动持续开展“乡村振兴党旗红”活动，建强驻点村党支部战斗堡垒，推动村“两委”做好换届选举，着力实施“把党员培养成产业骨干、把产业骨干培养成党员”双培养工程，加强农村基层带头人队伍建设，为党建领村、产业富村、民生兴村提供坚强有力的组织和队伍保障。

二、实施“利民行动”

驻村工作队加强共建共治，推动建设“新时代文明实践站”，组建村民理事会，建立自治积分制并设立积分兑换小超市，激发村民自治活力。组建新时代文明实践志愿者服务队，累计开展移风易俗宣传、清洁环境卫生、疫情防控常态化劝导、维护道路交通秩序、关爱留守儿童等“美丽乡村”春风行动志愿服务活动20余次，清理垃圾40余吨，新建改建供水管网4千米，解决34户139人用水问题。组织贯通森林防火通道830米，形成3.2千米森林康养游步道，实现促进森林防火和旅游发展“双目标”。组织实施农村“法律明白人”培养工程，开展“法律进乡村”法治宣讲，培育“法治带头人”26名，及时发现化解不稳定因素，先后解决矛盾纠纷8件。组织选树“最美家庭”“最美村民”等正面典型，设立“善行义举榜”，开展“最美庭院”“带头致富”等荣誉评选活动，营造德治氛围，共建美好家园。

三、实施“赋能行动”

驻村工作队立足海关职能激发该村资源禀赋优势，研究制定属地查检绿色通道、出口企业信用培育、企业协调员“一对一”帮扶等措施，完善“企呼关应”机制支持特色产业发展，推动所在地区企业茶叶出口同比增长17.6%，特色农产品“醋酸莼菜”出口同比增长64.2%，新增中药材出口7批次96.8万美元、“生漆”产品出口12.4万美元。积极协调解决中药材“马蹄大黄”种植技术难题，争取资金300万元建立优质基地推动壮大产业，全村种植面积达3,000亩，年产值超过3,000万元。擦亮红椿民宿旅游品牌，打造集文旅、药旅等于一体的综合旅游目的地，80余户村民开办民宿，年增收达200余万元，带动600余人就业。开展“乡村振兴与你同行·海关帮扶在行动”活动，累计筹措帮扶资金90余万元；拓展消费帮扶渠道，搭建定点帮扶农副产品购销平台，组织购买农副产品价值70余万元；协调联系利川市红十字会，组织向驻点村帮扶对象定向捐赠海关没收的出口侵权运动服装等共计3,549件。

（撰稿人：张　明　张腾武）

第三篇

政治建设

党建工作

【概况】2021 年，武汉海关坚持以“党建工程”强基提质，以“党建品牌”巩固提升，以“党建答卷”检验成效，实施“支部建堡垒”“党员强个体”“岗位出实绩”党建工程，全面实现“支部建在科上”。党建品牌创新做法被《湖北机关党建》、“学习强国”学习平台、《全国海关党史学习教育简报》等宣传推介。出台关党委 6 项履职承诺和 18 条加强党委自身建设的意见。完成“我为群众办实事”项目清单1,017项，为 760 家重点进出口企业送“服务包”，推行《“守好”国门“管好”家门》服务社区办实事项目入选总署“百佳项目”。组织党员就近下沉社区开展志愿服务，获评“先进下沉党组织”。

【宣传思想文化】2021 年，武汉海关举办专题读书班、学习班、宣讲报告会、宣讲交流会等活动，开展党委理论学习中心组学习 24 次，制作习近平总书记“七一”重要讲话精神学习手册，为各党（总）支部配发《论中国共产党历史》《党的十九届六中全会〈决议〉学习辅导百问》等读本2,927本。制订《武汉海关全国文明单位结对共建新时代文明实践中心方案》，安排 4 大类重点工作。推行“社区吹哨 党员报到”，组织全国“质量月”宣传、认领居民“微心愿”等特色活动，依托公职律师，提供法律咨询和援助服务，在职党员下沉4,804次，服务时长12,726小时，相关社区赠送锦旗 2 次。举办武汉海关抗疫图片展，在总署网上博物馆展出。组织1,168人次赴革命旧址、教育基地等开展现场教学。开展党史学习教育阵地建设，制作党史知识、精神谱系、光荣榜、党建阵地等展板。培树“全国职工书屋”“全国青年文明号”“全省优秀党务工作者”“湖北好人”“湖北省岗位学雷锋标兵”“湖北省脱贫攻坚先进个人”等先进集体 10 个、先进个人 9 名。“党委（党组）书记讲文明单位创建”展示交流活动视频在全省交流展播，《四大工程抓党建 抓好党建促发展》等 2 个视频分别荣获第一届“新时代全国机关基层党建新成就”短视频“百优作品奖”、总署“最佳微党课”。

【基层组织建设】2021 年，武汉海关

新设立基层党组织75个，认定先进基层党组织暨关区“四强”支部24个，复核认定全国海关党建品牌6个，复核确认往届省直机关“红旗党支部”3个，新获评“红旗党支部”2个。提炼“8E”“四办”“建听学补筑”等工作法，推广“光谷红乐章”“空港雄鹰”“长江号”等经验做法，1名同志获评全省优秀党务工作者，1个集体、2名个人获评省直机关“两优一先”。

【党风廉政工作】2021年，武汉海关制定全面从严治党工作会议56项重点任务和加强对“一把手”和领导班子监督59条具体措施，组织5名隶属海关党委书记在党委扩大会上现场述责述廉并进行评议。集中2个月时间开展警示教育月和党风廉政宣教月活动，推进“现场监管与外勤执法权力寻租”专项整治，组织梳理排查廉政风险点64个，确定重点关注人员42人、重点关注单位56个。抓好日常纪律作风督察检查，纠治着装仪容、会议秩序等不规范情事48起。对111名处科级领导干部自查情况进行核查。

【群团工作】2021年，武汉海关健全机关文体类兴趣协会组织，优化重组15个文体协会，创建全国海关首个搏击协会。协调解决干部职工子女入学入托难题，开展“夏送清凉”“冬送温暖”活动，组织各基层工会做好就地过年干部职工的慰问和服务保障工作。全年走访慰问困难职工18人次，慰问集中封闭管理一线人员600余人次，开展线上心理辅导350余人次。完善机关工会电子书屋，升级改造图书阅览室，直属机关工会职工书屋被中华全国总工会评为“全国工会职工书屋示范点”，恩施海关职工书屋获评省直机关职工书屋示范点。组织参加湖北省第十八届成人游泳公开赛，获省直组团体冠军和最佳组织奖。组队参加2021年湖北省直机关乒羽网球赛事，获省直机关最佳组织奖。参加省直机关“中国梦 劳动美——决胜湖北奋斗有我”职工网络宣讲比赛，获优秀组织奖。武昌海关被省总工会评为湖北省第十三届湖北省职工职业道德建设标兵单位，并获“湖北五一劳动奖状”荣誉称号。在湖北省妇女联合会组织的“恒爱行动——百万家庭亲情一线牵”公益活动中，荣获“优秀组织奖”。关税处戴文君家庭被评为2021年湖北省“荆楚最美家庭”称号。

2021年，武汉海关选举产生新一届武汉海关机关共青团委委员，对关区现有团组织进行改撤并，新设基层团支部3个。武昌海关综合业务一科获评第20届全国青年文明号集体，武汉天河机场海关旅检一科等3个集体参加全国青年文明号复核，宜昌海关综合业务科等3个集体参加湖北省“优化营商环境”青年文明号主题创建。丰富党史学习教育活动形式，组织青年干部与退休党员座谈会、“风华正茂恰青春 爱党奋进新征程”党史学习教育主题演讲比赛，与湖北省烟草专卖局共同举办“青春与信仰同行”党史学习教育主题联合读书会。开展“建言献策青年说”活动，收获建议63篇次，形成优化制度、改进工作具体措施20项，为关区事业发展发掘一批优秀青年人才。深入实施服务青年“关心工程”，实施结对培养、青年思想状况调研等工作，结合“就地过年”政策开展主题团日，组织青年干部参加重阳敬老、关爱留守儿童等活动，提升凝聚力获得感。

（撰稿人：王 芳 刘 学 陈昆鹏 杨 乐 张 明 张腾武 韩 帆 熊皖扬）

巡视巡察

【概况】2021年，武汉海关坚决贯彻落实巡视巡察工作部署要求，组织开展巡视集中整改，完成138项措施，完成率达99.3%，进行2轮次对20个基层党组织的常规巡察以及巡察“回头看”，巡察全覆盖率达82%。

【巡视整改】2021年4月6日至6月10日，总署党委第八巡视组对武汉海关党委开展常规巡视，并于7月29日向武汉海关党委反馈巡视意见。武汉海关党委第一时间研究部署配合巡视和落实巡视整改工作，成立由关党委书记任组长、其他关党委委员任副组长的配合巡视和落实巡视整改工作领导小组，统一认识、提高站位，增强思想和行动自觉；组织召开巡视整改专题民主生活会，深入查摆问题不足，针对巡视反馈的4个方面27个主要问题，统筹制订巡视整改工作方案，细化分解42项整改事项，逐项细化成139条整改措施，明确责任领导、主协办部门、完成时限，建立问题清单、任务清单和责任清单；分别在党委会、形势分析及工作督查例会上及时通报巡视整改进展情况；邀请上海特派办督导检查组参加巡视反馈会议，列席巡视整改专题民主生活会，接受巡视整改“云监督”；建立巡视整改进度周报公示机制，利用关网主页设立“巡视整改工作”专栏，制作巡视整改进度展示板，通报整改进展和成效，接受干部群众监督。

【巡察工作】2021年，武汉海关认真贯彻巡察工作规划，组织关党委理论学习中心组专题学习2次，筹备关党委碰头会研究巡察工作25次；组织召开关党委巡察工作领导小组会议6次、关区巡察工作动员部署会议2次、关区巡察集中反馈会议2次、关区巡察情况“一对一”反馈会议20次；组织对20个基层党组织巡察，覆盖10个机关处室、3个事业单位、7个隶属海关，发现问题195个，向被巡察党组织提出意见建议67条，向其他职能部门提出意见建议21条。

武汉海关成立巡察工作指导督导组，多次开展巡中实地督导；创新建立各巡察组分别向党委书记“一对一”汇报、向巡察工作领导小组集体汇报的“双汇报”机制，以及党委书记参加向被巡察党组织领导班子集中反馈、党委委员带队向分管联系党组织个别反馈的“双反馈”机制；建立巡察办、巡察组碰头、联席、会商机制，经常性会商监督要点、工作方法、报告撰写、专题汇报等事项；编制巡察工作手册，细化监督要点、规范巡察流程，提供学习材料、制度汇编、难点重点、文书模板等辅导资料；优化巡察监督与其他监督深度协作，巡前征求办公、督审、人事、政工、监察等部门意见，巡中及时知会有关部门，巡后移交转办巡察发现的共性问题；建立提请关注问题、巡察期间督导指导，移交转办问题线索双反馈、双签收，巡察组工作成效评价等机制；完成巡视巡察上下联动专项检查“业务印章管理”任务；动态调整关区巡察组组长库、副组长库、干部队伍库 111 人；创新建立巡察组组长相对固定化、副组长搭配轮流化、抽借巡察人员来源多元化机制；建立巡察队伍库集中培训、每轮巡察动员培训和巡察组组内自主培训三级培训模式；围绕提升巡察工作能力组织开展课题研究，《改进方法、创新探索、不断提高巡察工作精准发现问题的能力》研究报告获总署三等奖；巡察干部“以干代训”参加巡察工作 56 人次；《赓续自我革命基因、谱写武关巡察新篇》在总署“金钥匙”和关区“悦读武关”微信公众号登载。

（撰稿人：邓　青　范晓立）

纪检监察

【概况】2021年，武汉海关深入学习贯彻党的十九大和十九届历次全会精神及十九届中央纪委五次全会部署，落实全国海关工作会议和全面从严治党工作会议要求，强监督、严执纪、提素能，坚定不移正风肃纪反腐，推动关区全面从严治党取得新成效。全年立案1起，行政记过处分1人。

【政治监督】2021年，武汉海关围绕“两个维护”推进政治监督具体化、常态化，确保党中央决策部署在关区落地见效。突出疫情防控，构建职能督查、单位自查、监察室和派驻纪检组“三管齐下”协同监督机制，一线监督、实地检查、跟班监督、视频监督512次；筑牢“人、物、地”同防全链条监督机制，紧盯入境货物航班高风险、样品交接结合部、个人防护封闭管理等关键环节，制发监督建议书39份，督促整改问题102个；强化“检查、通报、整改”以查促改闭环机制，联合下发督查通报14期，通报问题205个，推动完善制度机制66项。突出“一优两稳”，紧盯惠企政策落实“最后一公里”，专项整治中关领导带队深入141家企业问情问计，推动解决急难愁盼问题102个，按要求向省纪委报告工作4次。督促“拉网式”排查安全隐患，推动16个问题隐患立行立改；开展危化品监督整改“回头看”，推动与地方政府签订航空、水运口岸安全生产联防联控合作备忘录。

【加强“一把手”和领导班子监督】2021年，武汉海关统筹“协助”和“监督”两大职责，细化加强“一把手”与领导班子监督工作措施51条，牵头制定党委委员落实全面从严治党主体责任季度例会制度，推动查摆问题251个。党委纪检组、派驻纪检组与两级党委班子成员开展通报会商，“一对一”进行廉政谈话，综合采取日常沟通、会议提醒等形式，通报问题24个。对71名提拔交流任职处科级领导干部开展任前廉政谈话，与13个隶属单位“一把手”“一对一”谈话，约谈督促管住管好“关键少数”。提请巡察、督审关注问题25个，“清单式”推进巡视巡察整改监督，督促形成“长久立”机制6项。严把党风廉政意见回复关，回复意见2,327

人次。

【“现场监管与外勤执法权力寻租”专项整治】2021年，武汉海关聚焦整治执法领域腐败领域，将专项整治列入关区重点任务，组织关区25个单位部门、840人深度参与。开展职能条线和隶属海关“双自查”，分析筛查数据49万条，研判执法领域问题368条，起底问题线索234件，确定廉政风险点64个、重点关注人员44人、重点关注单位56个，处置问题线索10件。督促解决问题隐患149个，整改报关单3,952票，推动建立完善规章制度、操作指引48项。开展协管员、“两简案件”、法检抽采样、实验室检测4个“再排查和再治理”，督促整改问题26个。将专项整治成果运用到“一把手”和领导班子监督、班子建设、干部交流和综合考核中，推动专项整治常态长效。

【作风建设】2021年，武汉海关持续加固中央八项规定及其实施细则堤坝，锲而不舍纠“四风”树新风。紧盯关键节点反复提醒，“室组”联动开展监督检查105次、督促提醒90人次，重申纪律规矩，压紧压实责任。紧盯“三公”问题露头就打，严肃处置公务接待不规范问题1起，提醒谈话1人，推动规范公务接待制度。开展公务用车专项监督，发现管理不规范、不到位问题12个，提出整改意见3条，有效堵塞管理漏洞。就巡视反馈指出的办公用房面积超标问题，运用“第一种形态”批评教育帮助7人次。紧盯“四风”问题动辄必究，调查处理办证难和通关效率不高问题2起，运用“第一种形态”批评教育帮助5人次，建议组织调整2人次。

【执纪问责】2021年，武汉海关全年受理信访举报19件，处置问题线索40件，核查总署委办事项6件，向驻署纪检监察组报告问题线索7件，立案查处1起违规经商办企业行为，行政记过处分1人。严肃处理1名工勤人员捏造事实举报行为并在全关通报，形成有力震慑。对优化营商环境不力、疫情防控不到位等5起事件调查问责，对12名处科级领导干部和2个单位综合开展批评教育帮助和组织措施，向5个单位制发纪律检查建议书，并在关区通报，以严问责、真问责倒逼责任落实。运用“第一种形态”批评教育帮助46人次，“第二种形态”处理1人次。

【以案促改】2021年，武汉海关坚持“一案一剖析、一事一建议”，制发纪律检查建议书2份，监督建议书10份。深化以案促改，编发典型案例7个，开展“六个一”系列纪法、警示教育。

【警示教育】2021年，武汉海关通报7起现场监管与外勤执法领域典型违纪违法案例，组织开展警示教育，督促全关干部职工从上述违纪违法案件中吸取教训、深刻反思、自省自警自觉。

做到明纪法、知敬畏、守底线，充分发挥以案为鉴、以案自省、以案促改、以案促治的综合功效。

【派驻监督】2021 年，武汉海关充分发挥好业务领导和指导作用，积极推动派驻监督从“有形”覆盖向“有效”监督转变。创新“一优两报”，选派年轻干部优化人员结构，推动党委书记每月随机听取派驻纪检组专题汇报，及时就加强派驻纪检作出指示批示，制发武汉海关党委派驻纪检组管理实施细则，进一步强化“派”的权威。强化监督指导，通过每月例会点评、“一对一”指导、健全考核机制、完善派驻监督工作规范等措施，提升派驻监督效能。

（撰稿人：冯　然　吴润君　胡　祥）

队伍建设

【概况】2021年，武汉海关坚持以习近平新时代中国特色社会主义思想为指引，深入践行新时代党的组织路线，以政治建设为统领，推动干部人事工作高质量发展。武汉海关内设机构（不含缉私局）18个，隶属海关单位17个，所属事业单位4家，受总署委托代管事业单位1家。2021年，在职在编1021人；行政编制人员889人、事业人员132人。

【机构编制管理】2021年，武汉海关开展机构改革“回头看”，对机构设置和人力资源配置进行调研评估，形成《关区隶属海关人力资源配置调查研究》课题报告，对部分机构编制事项进行调整：

办公室“信息宣传科”更名为“政务信息科”，增设“新闻宣传科（新闻办公室）”；企业管理和稽查处“核查科”更名为“属地查检科”；离退休干部办公室“综合服务科”更名为“综合科”，“组织宣传科”更名为“服务保障科”。

汉口海关、襄阳海关、宜昌海关、黄石海关、荆州海关业务管辖范围增加“承担关区部分属地集约业务”。各隶属海关稽查科承担的海关核查业务调整至查检科承担；法制内控科承担的海关统计职责调整至综合业务科承担。

撤销汉阳海关、武昌海关、十堰海关、荆门海关、鄂州海关、随州海关、恩施海关、仙桃海关稽查科。汉口海关增设“稽查一科”“稽查二科”，承担武汉市、孝感市、咸宁市、鄂州市、仙桃市、天门市、潜江市的企业稽查工作；襄阳海关稽查科承担襄阳市、十堰市、随州市的企业稽查工作；宜昌海关稽查科承担宜昌市、恩施市、神农架林区的企业稽查工作；黄石海关稽查科承担黄石市、黄冈市的企业稽查工作；荆州海关稽查科承担荆州市、荆门市的企业稽查工作。

汉阳海关增设“集中验估科”，“综合业务一科”更名为“综合业务科”，“综合业务二科”更名为“孝感现场业务科”。武昌海关增设“减免税集中作业科”“加工贸易集中作业科”，“综合业务一科”更名为“综合业务科”，“综合业务二科”更名为“咸宁现场业务科”。黄石海关增设“棋盘洲综保区监管科”，“综合业务一科”

更名为“综合业务科”，“综合业务二科”更名为“黄冈现场业务科”。十堰海关、恩施海关增设“法制内控科”。

2021年6月9日，总署批复同意武汉海关在总量不变的情况下，对所属后勤管理中心、技术中心、湖北国际旅行卫生保健中心3家事业单位的人员编制进行结构性调整。根据批复后新的编制基数，结合3家事业单位运行和发展实际，对其“三定”规定进行修订。

【干部人事管理】2021年，武汉海关开展专项干部调研，“一对一”谈话658人，占关区干部职工人数的64.4%，实现各单位、部门全覆盖。

2021年，武汉海关提高总署客观指标考核结果权重，进一步完善综合考核评价体系，修订平时考核实施办法，研究制定年度量化考核基础工作指标和条线客观指标，建立“周自查、月小结、季评估”机制。制定2021年度重要职能工作目标，细化任务分解，加强督促落实，被评为2021年度省直机关目标责任制管理先进单位。

2021年，武汉海关加强对“一把手”和领导班子监督，贯彻落实“两项法规”。建立“日常抽查+重点检查”机制，持续加强对请销假、离鄂外出等制度执行的检查通报。开展海关工作人员违规投资企业及在企业兼职问题清查，对发现的违规行为采取跟踪式监督管理，确保问题整改到位。开展“找差距、查短板、防风险、抓整改”专项活动，切实查找在党建工作、安全生产、队伍建设、业务建设、疫情防控、优化营商环境、党风廉政等方面存在的突出问题和风险隐患，排查整改问题和风险590个。

2021年，武汉海关细化制定贯彻落实总署关心爱护疫情防控一线人员工作措施89项，向总署推荐3名人员参加“百名优秀执法一线科长”评选。对43个处科级集体予以嘉奖，对175名个人记个人三等功或给予嘉奖。制发武汉海关光荣退休仪式实施办法，为18名退休干部举办荣退仪式，发放纪念章、纪念牌并开展退休慰问。

2021年，武汉海关加强关衔政策宣传解释，解决关衔评授工作的历史问题，开展首次海关职级公务员评授关衔专项工作，涉及职级公务员关衔调整221人，其中首次授予10人，首授微调93人，关衔晋升118人。

【人才队伍建设】2021年，武汉海关实施专业技术类公务员分类管理，组建关税、卫生检疫、动植物检疫、科技、风险防控等5个考评委员会，在总署方案总体框架下，开展任职资格申报和评定工作，获评正高级任职资格13人、副高级56人、中级7人、初级5人；按照“应套尽套”原则，完成职级套转47人。

2021年，武汉海关开展关区事业单位人员2020年度初级、中级和副高级职称评审工作，认定（确认）12名助理工程师、8名工程师、1名农艺师、1名兽医师，推荐申报高级工程师任职资格 1 人。

2021 年，武汉海关组建专业化兼职教师队伍，制订武汉海关兼职教师管理办法，鼓励业务专家、先进典型、优秀基层干部上讲台，首批选聘政策法规、综合业务、关税征管、卫生检疫、动物检疫、植物检疫、食品安全、商品检验、口岸监管、统计分析、保税监管、风险管理等 12 个专业领域 12 名兼职教师。

2021 年，武汉海关按照建立“业务人员共享库”试行方案相关规定，将督察审计领域人员库纳入关区“业务人员共享库”，入库总人数增至 14 个领域 537 人。调整建立 214 人支援梯队，采取分批支援、定期轮换的方式，调配 93 人次支援武汉天河机场海关、武汉新港海关口岸一线，保障疫情防控封闭管理人力资源需求。2020 年、2021 年新入关人员全部安排到一线跟班作业、历练成长。

【教育培训】 2021 年，武汉海关坚持把党的政治建设摆在首位，在各类综合性集中调训班中安排贯彻习近平新时代中国特色社会主义思想学习内容。分 2 期举办处级领导干部学习贯彻党的十九届五中全会精神暨党史学习教育集中轮训，邀请湖北省委十九届五中全会精神宣讲团、党史学习教育宣讲团成员作为主要教师，联系海关实际进行授课，167 人全部完成培训任务，多层次交流学习心得1,947篇次。

2021 年，武汉海关实施“领导干部铸魂、一线科长助航、年轻干部筑基”三项行动，2021 年关区举办各类专业培训 157 期；制订武汉海关疫情防控培训及应急演练工作方案，组织开展 67 期口岸一线人员个人防护及采样技能培训，提升干部职工疫情防控能力，其中实操演练类 53 期，占比 79%。

2021 年，武汉海关开展“开眼界、练实操、提能力”主题培训，选派部分执法一线科室人员到青岛海关跟班作业，重点学习多式联运、进口危险品监管方面的经验做法。建设“武关博苑”智慧教室和“教培媒体+”虚拟演播室组成的智慧教育培训中心，开展网络直播授课和现场互动教学，开发“领导干部讲坛”“每周一课及工作小技巧分享”等全员参与的系列特色课程，线上培训由应急性替代转为高质量、常态化开展。修订武汉海关教育培训管理办法，推动关区干部教育培训工作科学化、制度化、规范化。

（撰稿人：方瑜莹　李　晅　何思瑶　赵　霞）

离退休干部管理

【概况】2021年，武汉海关全面落实离退休干部政治待遇和生活待遇，突出“管理全覆盖、服务不遗漏”点面相结合的工作特色，用心用情为458位离退休干部服务（含隶属海关56人）。获总署离退局直属海关量化考核满分评价，离退休干部办公室被评为关区量化考核特别奖集体。

【离退休干部党建工作】2021年，武汉海关离退休干部党员共计337名。在汉离退休干部党员设立离退休干部党总支1个、党支部6个；设1名总支书记、6名支部书记（其中一位兼任总支副书记）、30位支部委员，以6个离退休干部党支部覆盖服务6个片区群众。汉外海关离退休干部党员分属各隶属海关相应党支部。

2021年，武汉海关加强离退休干部党总支、党支部规范化建设，落实“三会一课”制度，举办离退休干部党支部书记、委员“腾讯视频”线上培训班，组织主题党日活动，参观中共中央五大会址、八七会址、农民运动讲习所等红色教育基地，举办“我看建党百年新成就”专题研讨会，参观关史荣誉展厅，观看《理想照耀中国》等革命题材电影，11名离退休干部党员分别被评为优秀党员和优秀党务工作者。

2021年，武汉海关离退休干部第三党支部争创“全省离退休干部示范党支部”获得授牌；离退休干部第四党支部在原湖北检验检疫局离退休第四党支部“示范党支部”的基础上，完成省级“示范党支部”自查复核获得通过。同年，离退休干部第三党支部获武汉海关“四强”支部称号。

【老同志服务管理】2021年，武汉海关全面落实离退休干部政治待遇和生活待遇，分类施策，精准服务，关心关爱高龄、独居、失能、特困离退休干部及异地居住的离退休干部。

2021年，武汉海关春节上门慰问离退休干部29人，住院慰问86人，“整十岁”慰问26人，生日慰问373人，慰问困难党员21人，接待离退休干部来信来电来访300多人次，协助处理5名老同志去世善后工作。重阳节期间，上门看望慰问老同志20人，年轻团员陪同完成“家庭幸福农场”“节日快乐购”等微心愿15个。

2021年，武汉海关组织全体离退休干部健康体检，做好常态化防疫和防疫物资保障；推送医学科普小贴士127篇；医务室服务关区干部职工和离退休干部；巡回口岸一线单位，开展高温作业防暑及急救安全知识讲座，指导心脏复苏现场实操并在总关大楼、武汉天河机场海关、武汉邮局海关等位置安装7台自动体外除颤仪（AED）。

【老年文化活动】2021年，武汉海关在中国共产党建党百年之际，组织离退休干部党员参与百名党员同绣一面党旗、同唱一首红歌、同过一个政治生日、同作一幅“百寿图”、同做一期党史知识竞赛等系列庆祝活动。参与“百年风华·我有话讲”主题访谈，部分老党员与青年关警员进行夕阳与青春的对话。

2021年，武汉海关离退休干部的2篇诗词、文章被总署《全国海关离退休干部庆祝建党百年主题征文集》收录；4幅书画作品入选总署离退局“翰墨光影颂百年”全国海关老同志书画展并被收录。

2021年，武汉海关组织离退休人员向大悟县家庭较为困难的中小学生捐赠帮扶助学款2万元；向边远地区儿童捐献老同志手织毛衣20余件；向郑州灾区老同志捐赠应急物资价值4.6万元。

（撰稿人：王　斌　白晓英　刘　红　吴政清　张　璇　柳　洁　蔡　静　熊竹健）

第四篇

业务建设

口岸开放与运行管理

【概况】2021年，武汉海关发挥海关在国内国际双循环中的桥梁和纽带作用，着力优化口岸营商环境，不断增强湖北口岸功能、贸易功能、服务功能，搭建扩大开放新平台新通道，推动湖北高水平开放高质量发展。开展湖北口岸整体通关时间、综合保税区发展情况、汽车进口业务等重点领域调研分析，研究报告得到省领导批示19次。完成优化营商环境跨境贸易评价（国考和省考）工作，助力武汉市获评营商环境全国标杆城市。

【口岸开放与发展】2021年，武汉海关统筹推动湖北口岸建设开放，助推鄂州、襄阳等口岸纳入国家口岸发展“十四五”规划；向总署争取支持，指导武汉港口岸扩大开放；支持荆州港、恩施机场、十堰武当山机场等口岸开放工作；推动阳逻港铁水联运二期8月顺利开港。

2021年，武汉海关拓展口岸功能，建立快速高效的“港区直通+抽样后即放行”进口肉类检验检疫监管模式；支持武汉新港水运口岸申请建设进境原木指定监管场地（B类）；加快武汉（华中）植物隔离检疫圃建设。探索组合港模式海关监管改革，推动建设具有武汉海关鲜明特色的23项监管模式；推进长三角海关全业务领域一体化改革，与上海海关开展进口货物查验协同试点。

2021年，武汉海关全面优化水陆空铁、邮快跨、特殊区域物流一体化运作模式，支持中欧班列开展邮运业务，支持区港联动和多式联运江海直航；全力争取总署支持，日本关西—湖北—亚欧过境货物新通道新模式获批，开通至波兰和蒙古国2条过境线路，较传统物流方式缩短20天；助推“武汉—韩国釜山”集装箱江海直航航线开通运行；保障首列“武汉—钦州—东南亚”铁海联运班列开行，运输时间较原江海联运模式节约8至10天。

【优化口岸营商环境】2021年，武汉海关联合湖北省商务厅成立优化口岸营商环境工作专班，形成季度会商工作机制，报送贯彻落实优化营商环境“新30条”工作任务的实施方案，发布《湖北省商务厅、武汉海关关于促进跨境贸易便利化若干措施的公告》25条硬核举措；联合武汉市政府制定支持综合保税区发展20条措施，发挥综合效益。

2021年，武汉海关开展“营商环境堵点大调研”，收集关区159家企业在营商环境方面存在的难点、堵点、痛点问题62个，整理企业提出各类意见建议67条，经梳理汇总，向湖北省营商办反馈问题12个、建议17个，向湖北省口岸办移交问题5个、建议7个。对外建立企业即时通讯微信群，关区300余家企业入群，14名海关业务专家加入，实时解答企业提出的通关问题，2021年通过该机制累计答复企业业务咨询1,838个；对内建立总关、隶属海关两级通关业务应急处置机制，关领导直接指挥督办，业务专家协同合作，对接处置企业和基层关员反映的重大疑难通关问题，确保各类问题第一时间研究、第一时间办理、第一时间回复，2021年主动帮助企业解决“堵点、难点、痛点”问题60个。

2021年，武汉海关深化“放管服”改革，取消1项行政审批事项，及时调整行政审批事项目录清单和服务指南并在门户网站公示。推进行政审批“一窗办”“一网办”，持续跟进行政审批100%网上办理。压减13项依申请和公共服务事项“承诺办理时限”，最大压缩比例达90%。对滞报金减免证明等10个事项实行告知承诺。联合湖北省商务厅开展支持湖北高水平开放高质量发展措施政策线上宣讲，860余家重点企业、地方商务主管部门、综合保税区及保税物流中心（B型）管理机构等参加。

【“单一窗口”建设】 2021年11月12日，武汉海关在湖北“单一窗口”微信公众号上线“企呼关应”信息沟通平台，打造关企沟通直通车，推动企业诉求提交标准化、工作流程程序化、问题直报扁平化，形成“横向协同、上下联动、一体推进”整体合力。年内注册企业30家，为企业解决疑难问题6个。

2021年，武汉海关与湖北省口岸办针对“单一窗口”运维服务管理平台的业务范围、工单受理时效、知识库共享等开展业务研讨，配合总署信息中心及数据中心，协助排查各类工单问题，确保平台发挥实效。全年该平台处理湖北电子口岸各类工单188份。

（撰稿人：何　博）

法治建设

【概况】2021年，武汉海关全面贯彻落实中央全面依法治国工作会议精神，积极参与海关和地方重点领域立法，规范业务制度性文件管理，加强行政复议应诉能力建设，深入基层开展执法调研，落实普法责任制，推进海关法治文化建设，法规处获评“2016—2020年全国普法工作先进单位”，随州海关、恩施海关、仙桃海关等3个单位和2名同志获评2016—2020年湖北省普法工作表现突出的单位和个人，1名同志获评全国海关优秀公职律师。

【法规管理】2021年，武汉海关拓宽关警员、行政相对人、行业协会及社会公众参与海关立法的途径，征集行政相对人以及社会各界的立法需求，组织提出立法意见建议，为《湖北省动物防疫条例（修订送审稿）》《中华人民共和国海关经核准出口商管理办法（政法司征求意见稿）》等16个法规规章提出修改意见建议21条。

2021年，武汉海关开展规范性文件合法性审核，及时做好规范性文件报备工作。开展业务制度性文件制定情况检查通报，提升文件制定的合法性、协调性、规范性。开展“强化基础、规范作业、提升效能”专项活动，推进“立改废释”工作，清理各类制度性文件6,000余个，开展业务制度性文件实施效果评估。开发文件导航系统，初步实现制度管理智能化、系统化、规范化。

2021年，武汉海关运用法治理念和法治方式参与海关业务改革，对相关改革方案进行法律论证。研究改革过程中出现的新情况新问题，为解决方案提供法律支持。参与关区各项具体创新举措的制订工作，为“远程辅助作业支撑平台”“综保区非保税货物便捷进出区登记平台”“5G+北斗智慧核查新模式”等关区重要创新举措进行法制审核。

【复议应诉】2021年，武汉海关全年未发生行政复议、行政诉讼案件。完成全国行政复议行政应诉工作平台信息维护工作。编制行政执法典型问题清单，对普遍性、典型性执法问题进行分析，强化法治思维，举一反三，进一步规范执法行为，防范执法风险。组织开展隶属海关行政复议答复书写作竞赛，增强复议应诉实战能力。

2021年，武汉海关落实行政执法公示要求，编制武汉海关2021年行政执法年报，为一线关员增制海关执法证158个。制定行政执法资格和执法证管理工作细则。开展行政执法“三项制度”细则实施效果评估，废止武汉海关行政执法全过程记录实施细则，修订武汉海关重大执法决定法制审核实施细则。

2021年，武汉海关建立健全“业务指导、日常监督、制度建设、业务培训、执法检查、绩效考核”六位一体职能管理方法体系。发挥法律顾问作用，制定公职律师考核评分标准，加强公职律师培养和锻炼，2021年新增公职律师7名，武汉海关公职律师队伍总人数达22人。挖掘基层法治“潜力”，研究制定落实隶属海关法治建设责任清单，细化基层法制岗位工作指引，提高基层法治履职能力。

2021年，武汉海关组织开展关区行政处罚“两简案件”执法检查，查阅案卷455份，查漏补缺，把新规定贯彻于行政处罚的全过程各环节。组建线上法律服务群，实现掌上实时解答，帮助一线执法人员正确理解、适用新修订《中华人民共和国行政处罚法》。聚焦基层需求，加强指导督促，解决执法疑难问题11个。

【法制协调和法治宣传】2021年，武汉海关制订权责清单编制工作方案，并作为试点单位参与总署权责清单编制工作，承担《海关监管事项目录清单》修订统稿工作。制定《武汉海关“证照分离”改革事项清单》，对改革涉及的15项涉企经营许可事项进行梳理，逐项明确事项名称、许可证件名称、设定依据、改革方式、具体改革举措、事中事后监管措施、责任部门等内容。参与湖北省行政备案规范管理改革试点工作，梳理关区行政备案事项，形成武汉海关行政备案事项清单20项。

2021年，武汉海关制定出台武汉海关法治宣传教育第八个五年规划（2021—2025年）。制定2021年度武汉海关普法责任清单，细化各业务条线普法责任及工作任务；创新“一信一单”普法举措，研究制定《武汉海关致广大企业和市民的普法公开信》和《海关工作人员外出执法落实普法责任监督告知单》。

2021年，武汉海关把党内法规列入海关各级党委理论学习中心组学习和支部“三会一课”内容，促进党内法规学习宣传常态化、制度化。开展“美好生活·民法典相伴”主题宣传活动，推出“诵读民法典 同声法治梦”微信小程序，118人报名参赛，参与投票总计30,447次，浏览量达33,821人次。持续开展“12·4”宪法宣传周活动，组织关区113名领导干部进行宪法宣誓，举办“宪法与我”诵读展播活动，引导全关干部职工形成“宪法就在我身边”观念。结合“全民国家安全教育日”“全国食品安全周”等重要节点，开展线上线下岗位练兵、执法能力培训等活动普法。组织943人参加2021年国家工作人员学法用法工作，参考率和通过率达100%。

2021年，武汉海关开展法治文化示范建设示范创建工作，“一对一”指导武昌、黄石、随州、仙桃海关积极争创省级法治文化建设示范点和全国法治宣传教育基地。

（撰稿人：邓久志　许克绍　何　畅）

业务改革与发展

【概况】2021年，武汉海关围绕“强监管、优服务、争第一、创一流”总体目标，进一步解放思想，大力开展改革创新，构建23个具有武汉海关鲜明特色的监管模式。2021年12月，进口整体通关时间30.73小时，对比2017年压缩83.1%，出口整体通关时间0.73小时，对比2017年压缩96.5%，其中进口整体通关时间自10月份起首次优于全国平均水平。

【业务改革协调】2021年，武汉海关制订“建立并持续优化具有武汉海关鲜明特色的监管模式”整体实施方案，建立“1+8”工作机制，成立1个督办组，8个业务工作组。明确30项具体任务，召开2次督办推进会，每周汇总报送工作推进情况，统筹各工作组推动落实。组织编撰特色监管模式汇编，入选模式23个。

2021年，武汉海关指导创建“两步申报”先行区。与湖北省商务厅共同组成验收组，通过数据核查、实地督查、企业访谈等方式，完成湖北省优化营商环境“概要申报、完整申报的进口货物申报模式”先行区验收工作。经过验收评审，武汉市新洲区、宜昌市猇亭区、宜昌市点军区被命名为“概要申报、完整申报的进口货物申报模式”湖北省改革先行区。

2021年，武汉海关委托第三方评估机构，从创新性、有效性、可复制推广性等三个维度，对28项贸易便利化改革创新举措开展综合性评估结果显示，其新举措经过实际运用和市场主体的检验，简化通关流程，压缩办理时间，减少费用，优化办理体验，增强企业获得感，提升跨境贸易便利化水平。

【通关运行管理】2021年4月，武汉海关全面上线H2018新一代通关管理系统3.0版，系统上线后通关业务办理平稳过渡，进一步推进关检业务深度融合。建立通关业务监控运行机制，优化升级关区通关业务数据监控平台，新增17项功能点，明确各监控项目的责任单位、各项目的监控频次、完成时限、监控内容、监控要求和方法，实现以通关模式、运输方式、隶属海关、业务现场、报关企业等维度对整体通关时间、海关通关时间重点流程节点的监控、预警。

【贸易管制与技术规范】2021年，武汉海关向总署报送2021年技术规范制（修）订计划12项，获批承担5个项目，参与5个项目，10个项目入选，涉及动物检疫、植物检疫、食品检验三个专业，入选数量及申报入选率均创历史新高。向总署报送《非人源样本中新型冠状病毒（SARS-CoV-2）的检测技术规范》《庭园象甲检疫鉴定方法》的海关技术规范。

【知识产权海关保护】2021年，武汉海关深入实施“龙腾行动2021”，先后开展寄递渠道、货运渠道、跨境电商及市场采购领域的知识产权保护专项行动，围绕关键领域、重点行业、重点产品持续加大打击力度，积极开展湖北自主知识产权企业培塑工作，下达涉及知识产权布控指令35条；关区新注册、备案企业10家，品牌保护数量合计215个。

（撰稿人：卢燕萍　吕　进　何　博　郑　红）

自贸区和特殊监管区域管理

【概况】2021年，武汉海关管辖中国（湖北）自由贸易试验区的实施范围119.96平方千米，涵盖三个片区：武汉片区70平方千米（含武汉东湖综合保税区5.41平方千米），襄阳片区21.99平方千米（含襄阳综合保税区2平方千米），宜昌片区27.97平方千米（含宜昌综合保税区1.39平方千米）。

2021年，湖北省已获批综合保税区6个，分别为：武汉东湖综合保税区、武汉新港空港综合保税区、武汉经开综合保税区、宜昌综合保税区、襄阳综合保税区、黄石棋盘洲综合保税区。湖北省综合保税区规划总面积15.07平方千米，验收面积9.21平方千米（不含襄阳综合保税区通过预验收1.89平方千米）。

2021年，湖北省现有保税物流中心（B型）5个，分别为：黄石棋盘洲保税物流中心（B型）、宜昌三峡保税物流中心（B型）、襄阳保税物流中心（B型）、仙桃保税物流中心（B型）、荆门保税物流中心（B型）。2021年湖北省保税物流中心（B型）进出口值37.4亿元人民币（下同），同比（下同）下降16.2%，占同期湖北省进出口值（5,374.4亿元）的0.7%。

【自贸试验区制度创新】2021年，湖北自贸试验区进出口总值1,512.6亿元，增长39.2%，以湖北省0.06%的面积（119.96平方千米）实现全省28.1%的进出口。其中进口667.2亿元，增长22%；出口845.4亿元，增长56.8%。湖北自贸试验区内海关注册企业总数2,656家。

2021年3月，总署同意武汉海关备案自贸试验区“双随机、一公开应用平台”创新举措；8月，同意武汉海关备案自贸试验区“进口货物目的地检查新模式”创新举措；10月，自贸试验区创新举措“综合保税区保税物流货物触发申报新模式”首次在仙桃保税物流中心推广应用申报成功。

2021年4月，武汉海关与总署自贸司、青岛海关、深圳海关4名同志组成代表团，代表中国海关参加世界海关组织（WCO）亚太地区自由区线上研讨会，来自亚太地区19个国家和地区的68名代表参加会议。

【特殊监管区域管理】2021 年，湖北省综合保税区进出口值 558.5 亿元，增长 102.9%，占同期湖北省进出口值（5,374.4 亿元）的 10.4%。

2021 年 1 月，襄阳综合保税区获国务院批准设立，11 月通过预验收；3 月，宜昌综合保税区封关运营；8 月，黄石棋盘洲综合保税区获国务院批准设立。

2021 年，武汉海关围绕支持湖北省高水平开放高质量发展，制定武汉海关统筹做好支持湖北省高水平开放高质量发展工作措施清单，其中包括支持综合保税区发展 20 条措施。首次与武汉市政府共同研究制定并出台支持武汉市综合保税区发展的 20 条措施。

2021 年 9 月，总署发布 2020 年度综合保税区发展绩效评估结果，武汉东湖综合保税区首次进入全国 A 类行列；武汉经开综合保税区、武汉新港空港综合保税区均为全国 B 类。总署印发《综合保税区适合入区项目指引（2021 年版）》，宜昌综合保税区提前适用政策案例入选 16 个典型案例之一。

（撰稿人：涂国强）

风险管理

【概况】2021年，武汉海关统筹业务风险防控，下达后续稽核查指令63家，人工分析专项稽核查占比44.36%，稽查作业处置有效率达到58.6%。全年货运渠道布控查获禁止进口粗制氧化锌、内存集成芯片、精密电阻、旧发动机等固体废物情事4起，货重266.75吨；布控查获涉濒危情事1起（国家一级保护植物190件）。非贸渠道查获安全准入情事2,105起，其中涉毒86起，涉枪爆管制器具28起，涉野生动植物5起，涉濒危物种及其制品92起，涉侵权857起。

【风险信息预警】2021年，武汉海关通过线下集中授课、线上“武关博苑”分享工作技巧、赴基层“一对一”指导等方式开展各类风险信息专题培训7场次。编发风险信息动态13期。其中，编发涉疫风险信息3条。建立健全风险信息触发机制，联动开展针对性分析处置，转化提交二级风险布控指令建议5条。发布关区预警112条，其中自主预警7条，向总署上报侵权高价值元器件预警建议获采纳，并以全国预警形式下发。发布关注国产新冠病毒疫苗违规出境等涉疫风险预警2条。

【风险分析处置】2021年，武汉海关定期组织月度数据分析会，集中研判关区全领域、全环节风险状况，并及时发布预警提示、转化布控。组织关区跨部门风险联合研判11次。下达后续稽核查指令63家，人工分析专项稽核查占比44.36%，稽查作业处置有效率达到58.6%。多次布控查获有害生物三裂叶豚草，布控检出有毒有害物质“麦角”（为国内口岸首次截获）。查获涉嫌侵权苹果商标的充电器3,050个。查获侵犯“murata”商标高频电感192万个，货值约793万美元。非贸渠道撰写常规分析报告30余篇，专题分析报告12篇。参与打击跨境电商走私“断链刨根”专项整治行动，归纳总结关区跨境电商企业7大风险特征，设立“穿透式”电商企业风险档案。开展邮递渠道“清邮”专项行动，牵头成立专项查缉队，开展实地联合研判4次，切片查验12次，机动切片286票，核对面单一致性，筛查五类重点风险，涉及精神药品、濒危物种及其制品、假币等。

【大数据应用】2021年，武汉海关召开关区大数据应用交流座谈会，举办云擎系统集中实操培训，组织授权人员参加总署大数据应用“钉钉”在线课程，开展“一对一”业务指导20余人次。做好云擎用户授权的组织、报送，及时收集并向总署反馈系统应用中的问题。每月开展云擎系统日志监控分析，形成并发布监控分析报告12份。全年搭建不同领域监控分析模型336个，发布站点级模型60个，经总署审核通过平台级模型8个。

【口岸风险联合防控】2021年，武汉海关与湖北省税务、银行、烟草等部门开展跨部门联合研判，全年向口岸单位通报风险3次，跨部门交流研判3次。参与湖北省四部门打击虚开骗税专项行动，获评湖北省打击虚开骗税违法犯罪两年专项行动成绩突出集体，1人获评成绩突出个人。推动关区融入长三角一体化真空包装等高新技术货物布控查验协同机制，与北京等11个航空口岸建立布控查验协同机制。

（撰稿人：王先正）

税收征管

【概况】2021年，武汉海关坚持税收征管“量、质、效”并举，形成全关综合治税合力，通过完善税收风险防控体系、规范制度建设、强化属地纳税人管理等措施，提高税收征管质量和水平，全年，关区税收入库206.04亿元，同比（下同）增长23.5%，创历史新高。实行验估指令处置日监控、税收风险防控和归类预裁定事项集中研判等，审核政策性退税1.21亿元，审核减免滞纳金423.28万元；推行关区减免税集中作业改革，指导企业充分享惠，企业享受协定关税优惠25.51亿元，增长42.04%，审核减免货值24.73亿美元，审核减免税款10.33亿元。

【估价管理】2021年，武汉海关按照机构改革“回头看”和关区2021年“三大工程”的工作要求，对关区验估工作现状及存在的问题开展调研分析，提出进一步优化关区集中验估作业模式的工作建议，解决汉阳海关集中验估工作存在的人力资源和业务能力不足两点突出问题；制订武汉海关验估作业实施方案，进一步明确验估岗位职能、工作流程；11月汉阳海关集中验估科成立，负责武汉市各业务现场验估工作，处理事中验估3,390票、接收事后验估52票，处置反馈46份。

2021年，武汉海关建立监控验估指令处置情况日监控制度，对即将到期仍未反馈的指令及时督促相关现场按期处理。全年关区处置放行后验估指令395票，处置率100%。验估涉及修撤的指令单144票。

【税收征管】2021年，武汉海关结合为企业送“服务包”活动，组织税收摸底，有针对性地指导隶属海关进行税收便利化措施宣传；开展月度税收分析，密切跟踪税收进度；组织召开关区综合治税会议，明晰综合治税领导小组成员单位职责分工；聚焦问题实时开展现场督导，强化企业政策宣讲；与国库沟通，确保及时入库。

2021年，武汉海关规范条线制度建设，梳理署级文件1,069份，对50项关级制度文件清理并提出“立改废”建议。制定关区行邮税征管细则，强化邮件、B类快件和跨境电商税收风险防控，指导邮局海关建立快件个人物品进口预审核制度；

修订武汉海关加强税款入库工作联系配合管理办法等5个文件；印发武汉海关水运进口货物境内段运输及其相关费用审价指引等5个文件。

2021年，武汉海关加强税政调研力度，与湖北省财政厅、商务厅、行业协会开展首次联合调研，了解商品信息、行业发展现状、遇到的问题、产业链上下游具体情况等，多角度进行政策讲解、多渠道反映企业政策需求，向总署报送石油装备、矿产品、芯片制造、食品等行业34条建议，其中“微生物油脂增列子目”被世界海关组织（WCO）采纳，“新增医用氯化钾进口暂税”“专门或主要用于半导体晶圆或平板显示屏制造的真空泵修改子目名称”2条建议被国务院关税税则委员会采纳。

2021年，武汉海关建立重点税源企业、重点报关企业和涉及双特的重点企业底账和双特台账，对建账企业纳税遵从度进行评估；组织研究属地纳税人管理评估指标和报关企业评估体系，向总署提出意见建议；建立关区属地纳税人管理制度，实施一企一策分级管理，完成63家企业的底账和台账建立工作。

2021年，武汉海关经征求各隶属海关意见建议并组织多轮评估，开展减免税集中作业改革，提高减免税业务办理效率。制定武汉海关减免税集中作业实施方案，对外发布公告，开展改革宣讲。跟班指导集中作业科建立制度台账，梳理“十四五”政策规定，查找结合部风险点，做好应急保障。自11月8日起，由武昌海关集中作业科统一负责新办减免税业务，存量业务由原属地海关负责收尾。集中作业科办理减免税审核确认手续3,524项，审核减免税款2.5亿元，向属地海关发送联系单2份，通报审核数据1,004条。

2021年，武汉海关牵头负责全国减免税“ERP联网申报+快速审核”改革项目，全力支持“光芯屏端网”万亿产业集群建设。在原有的为关区芯屏企业量身打造的“免税E点通”模式基础上，叠加智能批量审核功能。实现芯片企业ERP数据库至海关内网全流程无人工干预的减免税审核信息化。12月1日，应用该模式完成全国首票减免税审核确认手续。企业提交符合规定格式的减免税申请数据后，1分钟之内即可获取《征免税确认通知书》编号，最快在5分钟之内能够完成全部通关流程。

2021年，武汉海关开发建设“武关归类”微信公众号，实现武汉关区归类历史数据、归类决定、本国子目注释等多种归类信息的智能查询，并及时推送海关发布的最新政策法规、动态信息、税收征管政策解读及归类商品知识等。

【税收风险防控】2021年，武汉海关健全“职能+现场”两级内控机制，以年度考核指标为重点，建立现场自查与职能部门抽查相结合机制，以集中工作、批量复核等方式开展核查，对发现问题加强督导、限时整改；建立“定期+及时”评估通报机制，对考核指标情况进行通报，激励各隶属海关补齐短板、规范操作，防控税收风险、提升税收征管质量。

【原产地管理】 2021 年，武汉海关引导企业充分享受自贸协定的红利，帮助企业用足用好便利化措施，多维发力做好 RCEP 实施准备工作。通过“线上+线下”开展各类对外培训宣传28 轮次；建立企业申领一体化平台，推行“海关集中预签章，企业分批打印”新模式，对 61 家原产地高资信企业实施信用签证管理；针对相关协定安排总体利用率和覆盖率不高等问题，从协定、地区、企业、商品多角度开展调研分析，指导企业合理运用政策。全年，助力进出口企业享受协定关税优惠 25. 51 亿元，增长 42. 04%。

（撰稿人：戴文君）

卫生检疫

【概况】2021 年，武汉海关围绕全国海关卫生检疫工作会议精神，强化口岸新冠肺炎疫情防控工作，统筹做好新冠肺炎疫情防控与促进外贸稳增长等重点工作，筑牢口岸卫生检疫防线。全年，监管出入境航空器4,769架次、船舶 62 艘次，同比（下同）分别增长 26.7%、141.7%。实施预防接种22,733人次，签发预防接种证书6,917份，增长 33.1% 和 48.1%。特殊物品检疫审批2,453批次，增长 219%，口岸卫生许可 213 批次，增长 142%，捕获病媒生物3,529只。进口高风险非冷链集装箱货物采集样本20,674个，实验室检测全部为阴性。

【检疫管理】2021 年，武汉海关编写卫生检疫岗位操作手册等 16 项工作指引，优化作业流程。指导技术中心 P2 实验室获得新冠病毒核酸检测实验室资质，核酸检测通量由每日 500 份增加至1,000份。推进第五代测温告警系统升级改造，自主开发“智慧旅检应用平台”，实现旅客“一码通关”，通关效率提高 50%。

2021 年，武汉海关完成滞留印度人员接返、东京参奥人员归国、阿富汗务工人员接返、巴基斯坦医疗救助等重点入境包机保障 9 架次，完成旅客检疫 892 人。配合世界卫生组织专家组开展新冠病毒溯源，完成世界卫生组织中国消除疟疾在武汉认证评估工作，获得世界卫生组织对武汉海关技术能力、制度措施和联防联控公共卫生体系认可。

2021 年，武汉海关开展卫生检疫专业技能和知识培训 24 次；参加总署疫情防控各项专业技能培训 9 次，93 人取得国境口岸卫生监督员资质；组织开展应急处置演练 12 次，妥善处置突发事件 3 次。

【生物安全】2021 年，武汉海关按照总署“四必须”“五件套”“六个不”要求，实行口岸一线人员集中封闭管理，各通关口岸累计在岗封闭管理 625 人次、离岗封闭管理 544 人次。从严就高抓好个人安全防护，制发新冠肺炎疫情防控工作人员安全防护管理规定，健全“培训考核、监督管理、自查督查”三位一体安全防护体系，实施“3+2”安全防护监督制度。制订“应检尽检”工作方案，根据岗位动态调整核酸检测频次，规范采样、送样作业程序及个人防护要求。

2021年，武汉海关开展新冠肺炎疫情防控措施监督检查，成立安全防护自查督查工作组，对武汉天河机场海关开展入境航班检疫作业视频检查90余次，对进口高风险非冷链集装箱货物口岸环节新冠病毒检测和预防性消毒作业开展联合视频检查80余次，对保健中心开展实地检查20余次，开展个人安全防护、冷链和非冷链货物检测和预消监督、航空器消毒监管和“应检尽检”等专项检查14次，发现问题和隐患240项。

2021年，武汉海关制订进口高风险非冷链集装箱货物口岸环节新冠病毒检测和预防性消毒工作实施方案，做好进口高风险非冷链集装箱货物口岸环节新冠病毒检测和预防性消毒监督工作；实施入境客运航空器终末消毒全过程监管，压实口岸进出境检疫处理主体责任，分类指导做好入境客运航空器终末消毒监督工作，督促做好消毒工作和效果评价。

2021年，武汉海关支持生物医药产业发展，创新特殊物品出入境检验检疫监管服务，建立“职能部门—属地海关—口岸海关”三级联络员机制，执行“一事一批”；建立出境新冠类特殊物品监管全流程信息化追溯机制，为企业提供7×24小时预约查验、上门监管绿色服务通道；细化特殊物品出入境监管风险评估，对低风险特殊物品实行“一次审批、分批核销”，高风险特殊物品实行“一次审核，多次采信”。2021年，出入境特殊物品卫生检疫审批时限从20天缩短至1.5天。

【病媒和疾病监测】2021年，武汉海关辖区各口岸隶属海关开展病媒生物监测561次，捕获鼠类1目1科2属2种2只，开展鼠类病原体检测2次，均为阴性；捕获蚊类1目2科5属8种3,438只；捕获蜚蠊1目2科3属3种89只。

2021年，武汉海关坚持“多病共防”，监测全球各类重大烈性、重点关注、新发突发传染病疫情形势，每季度组织风险研判，做好公共卫生风险应对。组织开展卫生检疫“重大传染病预警多点触发”关级课题，加强重大烈性传染病疫情监测和分析研判，编制口岸传染病风险评估报告。武汉天河机场海关开展核酸、抗体“双阴性验证”等远端防控，实现关口前移、后延。做好出入境人员健康服务和监测体检工作，开展国门生物安全日、全国疟疾日、世界艾滋病日等宣传活动。

【卫生监督】2021年，武汉海关制订2021年国境口岸卫生监督工作计划，各口岸隶属海关开展口岸卫生监督工作，结合“现场监管与外勤执法权力寻租”专项整治，整改问题5个。开展国境口岸卫生许可证办理“审验合一”工作新模式，将“审验合一”扩展到口岸公共场所、饮用水等其他口岸卫生许可业务范围，将行政审批时限从13个工作日大幅压缩至1个工作日。做好系统内卫生处理单位脱钩，扩大检疫处理资质企业准入，接受16家次企业申请，3家企业取得检疫处理单位资质。细化卫生监督“双随机、一公开”，推进卫生许可“证照分离”措施落实。制订2021年武汉海关国境口岸食品安全抽检实施方案，监督指导武汉天河机场海关完成食品安全抽检检测工作任务，抽样实验室检测226份样品，现场抽样快速检测210份样品。

（撰稿人：凌小力）

动植物检疫

【概况】2021年，武汉海关以“强监管、优服务、争第一、创一流”为目标，强化国门生物安全保障。全年办理进境动植物检疫审批92批次，进口粮食451万吨、种禽11万羽；口岸截获外来植物有害生物120种、232次，其中检疫性有害生物17种、74次，分别占比14.2%、31.9%。非贸渠道截获外来入侵物种67种次。办理出境动植物及其产品生产加工存放企业注册登记72家，出口水果16,872.9吨、供港澳活动物26,140只、出口竹木草制品货值近4.7亿元。

【进出境动物检疫】2021年，武汉海关对来自非洲猪瘟疫区1,255架次航班监督进行无害化处理，查验来自/途经疫区集装箱61,422个，未发生安全事故。做好供港澳活猪非洲猪瘟监测，在8个注册饲养场采集样品2,740份，结果均为阴性。严格进境种鸡监管，在隔离检疫期内采集血样、咽拭子1,650份，检测高致病性禽流感、新城疫等9种传染病3,810种次，结果均为阴性。在国门生物安全监测周期内，采样5,511份，监测动物疫病8,370种次。在进出口食用农产品和饲料安全风险监控周期内，采样191份、监控风险物质2,156种次。配合香港食物环境卫生署完成4家供港活畜注册场探访，确保湖北优质活畜持续符合港方要求。全年检疫供港澳活猪23,800头、活牛600头、活羊1,740只；实现湖北活猪首次供澳门。

【进出境植物检疫】2021年，武汉海关在进出境植物疫情监测中，布置实蝇监测诱捕点500个，监测到各类实蝇19,942头，未发现地中海实蝇；在进境粮食、矿砂等高风险产品装卸码头、运输沿线、存放加工场所周边持续开展外来杂草监测73次，监测、防除“加拿大一枝黄花”、长芒苋、豚草等检疫性杂草35种次。将进境粮食检疫审批初审权限下放至隶属海关，进一步简化办事流程。主动承接检疫审批事项，向总署申请饲料、水果、烟叶等8类进境动植物及其产品终审权限。制定专门监管方案，实地指导进口粮储备库完善防疫措施，完成38家储备库资质备案；便利储备粮进口调运手续，采用电子化手段加快办理流程；对筛下物以“加工利用”

方式实施无害化处理，既防控检疫风险，又避免国有资产损失。全年检疫监管进口加工粮、进口储备粮451.5万吨，创历史新高。武汉海关所属检疫处理单位平稳脱钩；编制出入境检疫处理工作操作指引，规范检疫处理单位资质管理、检疫处理过程监管、后续督查等事项；扩大企业准入，先后受理企业申请14家，新增资质2家，变更资质1家。

（撰稿人：涂玲玲　熊永红）

食品检验检疫

【概况】2021年，武汉海关统筹疫情防控和外贸稳增长工作，持续提升进出口食品安全管理效能，服务湖北高水平开放和高质量发展。累计监管进出口食品化妆品28,956批次、货值200.3亿元、70.67万吨，同比分别增长9.35%、20.2%和下降15.38%。

【进口检验检疫】2021年，武汉海关严格落实境外输华食品准入、注册和检疫审批制度。组建武汉海关进口食品准入风险评估人才库，积极开展输华食品准入评估和收集非洲21国食品安全监管信息。抽调专人完成卢旺达辣椒输华准入风险评估、议定书起草、公告解读、宣传片制作等工作，2021年3月11日，中方与卢旺达签署《中华人民共和国海关总署与卢旺达共和国农业和动物资源部关于卢旺达干辣椒输华检验检疫要求议定书》，2021年8月实现卢旺达辣椒首次输华。全年完成马达加斯加输华羊肉、吉布提输华水产品、卢旺达输华蜂蜜、乍得输华花生芝麻、布隆迪输华咖啡豆、卢旺达输华菜豆等7项风险分析评估，并根据总署最新要求审核修订3份检验检疫和兽医卫生要求议定书。参与印度尼西亚魔芋干片准入评估，延长湖北魔芋加工供应链。协助总署做好智利输华牛肉政策解读，发布《中国进口智利牛肉检验检疫要求》。做好进境肉类检疫审批终审工作，进一步缩短进口肉类检疫审批时间。建立快速高效的进口肉类检验检疫监管模式，将进口肉类“港—区”直通查验管理模式的改革创新经验，与总署对境外进入综合保税区的食品实施“抽样后即放行”的监管政策叠加，制发进口肉类“港区直通”+“抽样后即放行”监管模式操作指引。进口肉类运抵阳逻口岸后，只需实施集装箱外表消毒即可整箱运至武汉东湖综保区保税物流园指定查验场，无需两次开箱、两次查验，充分发挥武汉自贸片区的口岸功能。

【出口检验检疫】2021年，武汉海关贯彻落实习近平总书记关于“一带一路”倡议的讲话精神，促进中国与“一带一路”沿线国家和地区贸易发展，湖北出口蜂蜜新增沙特阿拉伯、土耳其等6个贸易伙伴，全年湖北出口到“一带一路”沿线国家和地区食品农产品货值占整个出口贸易额的50%左右。发布出口食品重点检测项目一览表，引导企业加强自检自控，建立质量追溯体系。及时向出口食品农产品企业通报美国、欧盟、摩洛哥等国家和地区农药残留限量标准变化，开展农产品产业链“补链”和“强链”活动，推动解除湖北中兴食品有限公司、宣恩县宣桃茶叶有限公司2家重点出口茶企输非茶叶警示措施。密切关注供港澳蛋品企业反映的检测成本较高问题，在全面掌握养殖生产情况，主动对接澳门主管当局，详细解蛋品监管要求的基础上，向总署报送《武汉海关关于提请修改供澳禽蛋兽医（卫生）证书的报告》，帮助企业减轻负担，加速通关，全力保障供港澳食品供应稳定。对出口鲜鸡蛋等鲜活易腐食品实施附条件抽样后放行改革，缩短产品通关时限，减轻企业负担，加快产品流通上市。参加2021湖北·随州国际香菇产业博览会，促成外商与湖北企业达成2.27亿元的香菇加工全链条合作协议，助推湖北食用菌产业向精深加工转型。

（撰稿人：韩菊杰）

商品检验

【概况】2021 年，武汉海关严格进出口重点敏感商品质量安全检验监管，压紧压实进出口危化品检验监管责任，打击进口固体废物入境成效明显。在总署“万人争先”线上练兵工作中，武汉海关进入团体八强、4 人进入个人“百强”。首次查获以伪报商品编码方式进口属于固体废物的旧汽车发动机 863 件、98.7 吨。检验出证进口棉花 280 批，74,123吨，1.46 亿美元（其中企业未申请品质证书的有 47 批，13,911吨，3,272万美元；未申请重量证书的有 14 批，3,344吨，719 万美元）。进口棉花品质证书和重量证书为国家和企业挽回经济损失 138 万美元。安全顺利完成不合格捐赠医疗物资监督销毁工作。

【进口商品检验】2021 年，武汉海关严格落实国家全面禁止进口固体废物政策，加强固体废物现场排查力度，强化再生资源检验监管，规范关区固废属性鉴别流程，严禁“洋垃圾”入境。查获粗制氧化锌固废 168 吨，内存集成芯片、精密电阻固废 0.05 吨。强化对涉固废风险较高旧机电产品检验监管，及时对问题商品布控鉴别，检出进口旧机电不合格 9 批，上报总署典型案例 4 例，被采纳 3 例。健全完善未经联网核查的进口医疗器械后续核查机制，提升进口医疗器械检验监管能力，年查发进口医疗器械质量安全问题 4 起。压缩进口棉花检验时长，提高鉴重效率，优化流程节点，降低企业用棉成本；落实进口棉花监管新政，对企业未申请品质证书或重量证书的批次不再实施品质检验和重量检验，使企业享受政策红利。创新“进口货物目的地检查新模式”获总署备案，该模式被湖北省列为优化营商环境第一批典型经验复制推广。全年完成远程检查货物2,118批进口货物。

【出口商品检验】2021 年，武汉海关明确隶属海关党委、主要负责人、分管负责人三级主体责任，推动关党委与16 个隶属海关主要负责人签订进出口危险品检验监管责任书，推动辖区 172 家生产企业签订安全承诺书。检出出口危险化学品及其包装不合格 24 批次，出口危险货物包装不合格 102 批次。充分运用“科技+制度”，建立全覆盖操作指引，探索建立危险品检验监管辅助系统，通过建立关区危险品企业和产品信息库，自动采集 H2018 新一代通关管理系统、新一代查验管理系统以及 ECIQ 下发库中的相关业务数据，定制数据模型和算法，实现对危险品生产经营企业的“精准画像”和异常报关数据的预警，为检验人员提供数据统计分析、周期检验计划定制、岗位资质管理、典型案例报送和标准资料查询等功能，提升关区危险品检验监管风险预警能力和水平。

（撰稿人：马晶晶　李　艳　李俊美　徐　远）

口岸监管

【概况】2021 年，武汉海关扎实推进安全生产专项整治集中攻坚，毫不松懈抓好口岸疫情防控，深入开展打击“水客”、濒危动植物及其制品、“洋垃圾”等违法违规走私；坚决强化口岸正面监管，扎实开展打击跨境电商进口走私“断链刨根”专项整治行动，强化违禁印音制品、核生化有害因子、枪支弹药口岸查缉；积极服务对外开放新格局，支持湖北国际物流核心枢纽建设，助力开拓物流新通道，推动贸易新业态做大做强；着力提升智慧监管能力和水平，深化智能审图和先期机检创新应用，实现物流监管智能化，推进行邮监管模式创新，口岸监管环节把关能力显著提升。

【物流监管】2021 年，武汉海关支持利用中欧班列扩大进口，指导增开武汉至波兰罗兹、意大利米兰、吉尔吉斯斯坦比什凯克等 7 条线路，推动铁路口岸与特殊监管区域功能叠加、联动，助力整车进口。推进水铁联运、江海直航及“日汉欧/蒙”过境业务常态化开展，指导开展“日本—泰州—武汉”境内续驶业务，拓展直航货源。指导阳逻铁水联运二期、黄石新港、宜昌白洋港等场所规划铁路进港，完善基础设施。全面推广“船边直提”“抵港直装”模式，全流程智能化管理加快货物提离、装载。升级并全面推广物流辅助管理系统（水运），对 4 项新增业务建立系统化的管理流程，实现各通关模式下物流全程智能化监管。

【货物监管】2021 年，武汉海关推进口岸检查作业提效降费，对口岸检查准备时间和作业时间分别明确 24 小时和 4 小时的时限要求，确认检查作业不得过夜和跨周末的总体原则，组织开发口岸检查时效监控系统，形成日监控、周通报、月评估机制。落实免除查验没有问题外贸企业吊装移位仓储费用政策，配合商务部门将免收费业务范围扩大到黄石新港。深化智能审图和先期机检创新应用，开发机检查验数据管理与应用系统，实现报关单数据与先期机检图像信息绑定，将先期机检图像纳入智能审图范围。

【行邮监管】2021 年，武汉海关推动行邮监管模式创新，优化邮、快、跨综合监管模式，统一寄递物品辅助管理系统门户、建设三个系统统一数据库。推动旅检智能化创新，利用风险模型分析和智能化设备联动，实现精准双拦截。推动跨境电商做大做强，组织通道扩容，提升数据处理效能，“双十一”期间验放进口清单量151.7万份。支持宜昌综保区开展跨境电商业务，东西湖引进京东平台，推动东湖综保区拓展“网购保+税线下自提”业务，释放改革红利。推动市场采购有序发展，试行全国通关一体化模式准入退出机制，推动宜昌三峡物流园市场采购试点，首年贸易额突破2亿元。

【场所（场地）管理】2021年，武汉海关关区现有监管作业场所18个、集中作业场地8个、指定监管场地12个。具体见下表：

监管作业场所（场地）情况

监管作业场所18个	水路运输类11个	武汉阳逻港监管作业场所、武汉阳逻新港监管作业场所、花山港监管作业场所、武汉中远海运港口监管作业场所、武汉港务国际集装箱有限公司监管作业场所、武汉经开港监管作业场所、白洋港监管作业场所、荆州港盐卡监管作业场所、荆州港松滋监管作业场所、黄石新港监管作业场所、仙桃港监管作业场所
	航空运输类2个	武汉天河机场监管作业场所、南方航空湖北分公司监管仓库
	快递类2个	武汉天河机场国际快件监管中心、湖北临空国际快件监管中心
	公路运输类2个	东风物流（武汉）监管作业场所、汉口北监管作业场所
	铁路运输类1个	中铁联集（武汉）监管作业场所
集中作业场地8个	旅客通关作业场地3个	武汉天河国际机场、宜昌三峡机场航空口岸、恩施机场国际厅
	邮检作业场地1个	武汉国际邮件监管中心
	其他4个	湖北省整车进口口岸作业场地、武汉阳逻港进境肉类指定监管场地、武汉东湖综保区进口肉类指定监管场地、武汉阳逻港集中查验中心
指定监管场地12个	进境粮食指定监管场地3个	武汉市阳逻港进境粮食指定监管场地、武汉市阳逻新港进境粮食指定监管场地、黄石港口口岸棋盘洲港区进境粮食指定监管场地
	进境原木指定监管场地2个	武汉港武港集箱进境原木指定监管场地、武汉阳逻港进境原木指定监管场地
	进境食用水生动物指定监管场地1个	武汉天河国际机场进口食用水生动物指定监管场地
	进境水果指定监管场地1个	武汉天河国际机场进境水果指定监管场地
	进境植物种苗指定监管场地1个	武汉天河国际机场进境植物种苗指定监管场地
	进境冰鲜水产品指定监管场地1个	武汉天河国际机场进境冰鲜水产品指定监管场地
	进境肉类指定监管场地3个	武汉阳逻港进口肉类指定监管场地、武汉东湖综保区进口肉类指定监管场地、武汉天河国际机场进境肉类指定监管场地

【海关口岸监管环节反恐】2021年，武汉海关联合湖北省反恐办、应急管理厅等单位，在黄石新港组织开展化学涉恐应急处置大型联合实战演练。连续三年针对不同业务领域分别在空、铁、水口岸组织开展大型实战演练，有效检验口岸联防联控机制，提升口岸一线人员涉恐应急处置实战能力，得到湖北省反恐办来函肯定。常态化开展关区反恐培训，全面提升口岸反恐工作水平。

（撰稿人：李晓勤　金　伟　栾　昌　戚　俊）

统计分析及政策研究

【概况】2021年，武汉海关强化政策研究能力，立足数据，统筹做好贸易分析和业务分析。发挥统计监督职能，严格管控海关统计数据质量和安全。优化内外统计服务，以分析研究成果服务各级政府决策、服务海关改革发展、服务地方外贸经济。

【统计调查】2021年，武汉海关做好出口先导指数调查，每月通过微信群提示、系统催报、电话督促等多种方式，组织样本企业按时完成出口先导指数问卷调查，年度填报率、及时率均为100%。阶段性分析出口经理人指数变化趋势，撰写有针对性的分析报告，在总署相关网站发布3篇分析报告。承办《中国外贸出口先导指数调查》宣传片集中审定、报审工作，该片在总署网站“影像栏目”发布。做好专项海关统计调查工作，完成进口货物去向调查、2020年度和2021上半年跨境电商试点调查、出口防疫物资专项调研，召开企业线上宣讲会，开展“一对一”指导，严格统计调查数据审核，保障调查填报及时率和数据质量。

【贸易统计】2021年，武汉海关依托TSD系统（通关管理系统贸易统计子系统）开展贸易统计数据日常审核，每季度对各隶属海关数据质量管控的差错率、纠错率和统计监督开展情况进行通报。每月准时上报武汉海关月度数据和更正数据文件，及时提取湖北省反馈数据和更正数据，编制湖北省进出口月报。组织各隶属海关开展海关统计专业化审核培训，下发进一步加强统计数据质量控制工作的通知，建立统计部门与相关职能部门、业务现场联合管控机制，打造统计数据质量控制的全链条。充分发挥统计监督作用，核查总署下发的统计监督信息，编制并发布武汉海关统计监督信息，严抓异常数据审核。参加总署数据编制组、审核组、发布组专项工作。

【业务统计】2021年，武汉海关加强职能指导和培训，强化关区业务统计数据管理。积极参与海关业务统计指标新体系建设，加强业务指标口径和采集方法研讨。综合运用各类检控参数，通过“日监控、月审核、年复审”，确保业务统计数据准确、完整、及时。2021年，组织各隶属关审核报送业务统计记录11.9万条次，纠错128条，经总署核查零差错。结合业务统计数据审核中的问题，对业务统计指标、口径以及统计方法等提出合理化建议9批次，编发9期业务统计监督信息上报总署。关注海关业务运行异动情况并开展专题分析，撰写业务统计分析文章24篇次。优化设置业务统计指标和报表体系，严格遵守海关数据安全管理规定，按月编制、管理并公布业务统计月报等统计资料。

【报关单数据】2021年，武汉海关依托CSD系统（报关单数据质量检控分析系统）和日报系统，开展报关单数据质量管理，采取“统一领导、分级负责”原则，对检控疑点报关单进行初审、复审、确认。建立数据审核协作配合机制，对出口医疗物资报关单和大数据、大金额报关单等重点数据加大审核力度。规范报关单证理单、归档和出证管理，及时完成理单计数器的维护，启用H2018新一代报关单理单子系统，开展报关单证档案检查和销毁工作。开展报关单证档案查询调取工作，规范隶属海关报关单证对外查阅和出证。

【统计数据运用和管理】2021年，武汉海关制发专项方案，在全关组织学习宣传和贯彻实施《中华人民共和国数据安全法》，将有关内容列入党委理论学习中心组专题学习范围。积极参与修改完善海关业务数据安全与管理办法、数据开放管理办法等相关业务安全管理制度。跟进和落实署级项目分类分级进度和成果，在总署指导下开展业务数据安全分类分级实践。严明数据安全各项工作纪律，加强流程审批，推进业务数据安全工作常态化、长效化管理。配合完成总署审计组对数据安全专项行动的审计工作。按规定范围、规定程序向地方行政机关提供定制数据服务，做好辅助决策工作。对外公布邮箱，设立专线电话，及时受理社会公众数据需求，答复企事业单位和公民个人的各类数据咨询，并提供准确、详细的数据查询指南。

【统计新闻宣传和服务】2021年，武汉海关做好各季度的外贸进出口新闻发布会组织工作。依托贸易数据，定期对湖北外贸情况开展全面分析，研判湖北外贸运行特点及发展趋势，主动解读“六稳”“六保”中的热点问题。统计新闻素材被中央、省市级主流媒体报道近百篇次。配合做好新闻采访，宣传湖北外贸发展成效和海关工作绩效，其中《湖北外贸进出口实现连续19个月增长》等多条新闻采访在湖北卫视黄金时段播出。

【政策研究】2021年，武汉海关组织推进关党委成员牵头的9个关区调研项目，均取得调研成果并转为实践应用。开展新能源汽车、光通信、显示屏等外贸发展重点产业链监测研究，成果获湖北省领导批示8次，被总署《编译参考》采用1篇，其中1项调研建议被武汉市出台的《武汉市关于推动光通信产业创新发展的若干政策》采用。首次独立牵头承办署级课题1项，协办署级课题2项，立项关级课题20项，署、关级课题数量均创历年之最。2篇关级课题成果分别被总署《海关政研》和湖北省政研载体采用，1篇课题成果得到2位湖北省领导批示，2篇《宏观经济态势研判报告》被总署形势分析研判工作专班会议采用。汇总采编关区课题研究成果和优秀政研文章，印发2019年和2020年武汉海关政策研究文集。

【监测分析】2021年，武汉海关完成总署布置的重点商品调研工作，牵头的两项调研报告顺利通过总署审核。围绕国家稳外贸稳外资等重大工作部署，紧跟总署关注的要情热点，每月对东盟等重点贸易伙伴及钢材等重要大宗商品开展监测分析。做好《全球贸易监测日报》轮值，开展12期《全球贸易监测日报》的编写及复审工作。全年组织编写、审核、上报分析文章150篇，20余万字，审核外贸进出口数据7万余条。向湖北省委省政府报送《海关信息》148篇，被上级采用2篇，被湖北省政府采用20篇，其中《新能源汽车出口增长强劲》及《集成电路进口高速增长》获湖北省领导批示。

（撰稿人：王馨悦　李　黎　刘璟萍
陈　玥　吴　蕾　邹燕霞
范　亮　夏　凡　黄　刚
潘群慧）

企业管理和稽查

【概况】2021 年，武汉海关发挥企业管理和稽查职能作用，持续优化口岸营商环境，全力服务地方以高水平开放推动高质量发展。开展打击跨境电商进口走私“断链刨根”专项整治行动，对 5 家跨境电商企业实施专项稽查。约谈企业 5 家，验核备案企业 663 家次，向风险部门提交问题企业 368 家次，开展跨境电商盘库核查 15 起，发现问题 10 起，首次通过核查查发跨境电商进口含濒危成分商品涉嫌偷逃许可证件情事，2 家企业因走私行为信用等级被下调为失信企业。有效落实总署稽查改革，实施武汉关区稽查集约化改革。

【企业管理】2021 年，武汉海关联合报关协会开展信用培育宣讲会 32 场次，以国家和地方重点扶持企业、与“一带一路”沿线国家和地区有贸易往来企业、海关特殊监管区域内企业、制造业民营企业、产业链供应链中龙头企业等为重点，建立重点企业培育库 58 家，调整企业信用等级 110 家，其中上调 71 家，下调 39 家。2021 年，湖北省新增高级认证企业 41 家，总数达到 100 家。组织开展为进出口企业送“服务包”活动，累计联系企业2,216 家次，实地调研 160 家次，开展政策法规宣传 516 次，收集企业意见、建议 261 条，解决问题 145 个。落实“报关企业注册登记”取消行政审批后续衔接工作及注销便利化改革措施，关区备案企业总数达 26,226家（新增备案企业3,518家，注销企业1,055家）。其中，办理进口食品化妆品进口商备案 63 家，出口食品原料种植（养殖）场、进口肉类收货人备案、进境中药材指定存放（加工）企业备案、供港澳蔬菜生产加工企业备案95 家，出口食品生产企业备案 110 家。对 6 家企业开展对外推荐评审，成功向欧盟、韩国、中国香港等国家（地区）推荐出口企业 4 家。

【保税监管】2021 年，湖北省区外加贸进出口总值 584.4 亿元，同比（下同）增长 46.7%，其中进口总值 206.79 亿元，增长 63.01%，出口总值 377.64 亿元，增长 39.06%。实际进出口加工贸易企业数 210 家，加工贸易内销实征税款 10.72 亿元，增长 25.53%。综保区实际进出口

530.9 亿元，增长 58.74%，累计征税 20.91 亿元，增长 49.26%。保税监管场所实际进出口 198.68 亿元，增长 19.2%。建立关区保税仓库和出口监管仓库“一库一档”管理机制。实施海关特殊监管区域安全生产专项整治 3 年行动集中攻坚工作，开展节前区域及场所安全生产隐患排查工作，落实安全生产监督责任。组织开展“网购保税”业务操作培训，指导隶属海关进行仓库布局、账册设立、试单申报等工作，促进菜鸟、京东新仓布局。在“618”“双十一”“双十二”业务量突增等节点上，保障关区各“网购保税”业务现场正常运行。成立关区加工贸易集中作业中心，集中作业完成手册设立 112 份，手册变更 76 份，手册结案 35 份，账册备案 2 次，账册变更 63 次。企业集团加工贸易监管模式改革首家试点企业外发 307 批次，货值8,976万美元，节省保函手续费 31 万元。飞机保税维修业务实现破“零”，为企业节省调机成本 70 万元。关区海关特殊监管区域内 178 家开展业务的企业均适用“四自一简”政策，自主备案账册 114 份，自定核销周期涉及账册 7 份，自主核报涉及账册 7 份，自主补缴税款 1 家，海关简化业务核批 2 家。东湖综保区 2 家区内企业利用剩余产能承接境内区外委托加工业务，入出区货值3,246.01 万元。落实企业适用选择性征收关税政策，关税、增值税节省比例分别达 87.15%、4.15%。促进保税研发，保税进口镍钛合金丝 6.9 万元。支持综保区开展保税维修业务，进出口货值 701 万美元。开展保税融资租赁业务，受理企业申报租金5,734万元，征税 745 万元。

【稽查核查】2021 年，武汉海关办结稽查作业 139 起，查发问题企业 91 家。办结主动披露 82 起，为企业减免滞纳金 377.26 万元。1 条行业性稽查建议被总署采用，并在全国开展专项行动，实现零的突破。保持打击“洋垃圾”入境高压态势，组织开展两轮关区进口再生金属行业专项稽查行动，对辖区内 3 家企业开展专项稽查 4 次，对关区固废企业开展专项稽查和企业调研，并形成行业调研报告。实施稽查集约化改革，形成关区“1+4”（武汉+宜昌、襄阳、荆州、黄石）集约点模式。

2021 年，武汉海关办结核查作业 678 起，增长 131%，查发问题作业 272 起。开展网上核查作业 68 起，实现随机选人作业 678 起，随机选取率 100%。以“正面清单”的方式明确“智慧核查”适用范围，通过“智慧核查”办结作业 68 个，每个作业减少在途时间 0.5~2 天。联合制发《武汉海关、湖北省市场监督管理局、国家税务总局湖北省税务局关于印发〈出口商品生产企业部门联合双随机抽查实施方案（试行）〉的通知》，以地市为单位建立海关、市场监管和税务部门间的联络员队伍，全年实施联合抽查作业 10 次。

【属地查检】2021 年，武汉海关在 12

个承担属地查检工作的隶属海关开展进口目的地查检作业8,053批次，增长7%；出口申报79,801批，增长21.75%。参加总署《属地查检联系配合办法工作机制》专题研究。在强化风险管理的基础上，通过远程视频方式对现有属地查检方式及检验手段进行补充和创新，“进口货物目的地检查新模式”创新举措获总署备案。开展属地查检改革全方位调研，关区专（兼）职属地查检人员96人，配备移动查验单兵82台、执法记录仪71个。严格落实属地查检工作要求，组织23人参加进出口危险货物及其包装检验监管人员培训考核和危险品岗位练兵及技能比武。

（撰稿人：乔　翮　李伶俐　余　毅　吴　攸　张恒熠）

查缉走私

【概况】1999年6月29日，武汉海关走私犯罪侦查分局（副厅级）正式挂牌成立。2002年1月，经湖北省人民政府同意，武汉海关走私犯罪侦查分局列入湖北省公安厅机构序列。2002年12月，武汉海关走私犯罪侦查分局更名为武汉海关缉私局。2018年，全国海关缉私部门进行管理体制调整，海关缉私部门由公安部和总署双重领导，以公安部领导为主，为公安部直属十四局机构序列。

武汉海关缉私局承担武汉海关辖区打击刑事走私犯罪、行政走私违法及开展反走私综合治理三项职责。内设办公室、政治处、警务督察处、侦查处、法制处、查私处6个处级部门。下辖武汉东湖新技术开发区海关缉私分局、荆州海关缉私分局、武汉天河机场海关缉私分局3个正处级分局。在宜昌海关设有正科级缉私科1个，由荆州海关缉私分局负责联系，开展业务指导。

2021年，武汉海关围绕“中央关注、社会关切、群众关心”的突出走私问题，周密部署、全力推进打击走私“国门利剑2021”行动。全局刑事案件立案39起，同比（下同）增长39.28%，案值15,655.03万元，增长131.19%，涉税2,132.64万元，增长82.62%；关区行政案件立案264起（其中涉检案件19起），增长43.48%，案值92,856.99万元，增长224.35%，涉税398.25万元，增长57.71%。缉私罚没2,516.37万元，其中刑事案件罚没2,207.16万元，增长86.96%。

【打击涉税走私】2021年，刑事涉税案件立案28起，案值15,655.03万元，涉税2,132.64万元；行政涉税一般案件立案57起，案值15,285.82万元，涉税379.56万元。2021年，武汉海关与湖北省烟草管理部门联合开展打击走私香烟专项行动，立案走私香烟、雪茄案件12起，查证案值2,180万元，涉税956万元。2021年，武汉海关全力实施“打头、断链、挖根”，着力铲除“水客”群体、打掉幕后团伙，“水客”走私案件立案12起，查证案值1,736万元，涉税408万元。2021年，武汉海关落实总署“断链刨根”专项行动要求，严厉打击跨境电商进口走私，对犯罪嫌疑人刘某利用他人信息，通过跨境电商进口渠道伪报贸易方式走私普通货物的行为立案侦查。该案案值63.3万元，涉嫌偷逃税款13.31万元。

【打击非涉税走私】2021年，武汉海关刑事非涉税案件立案11起，行政非涉税一般案件立案64起。查获固体废物266吨，象牙等濒危物种及其制品14千克，疫区冻品300余吨，淫秽漫画书籍、画册、光碟等4,000余本（张），疑似枪支零部件21件，猎枪弹20发。立案6起走私毒品案件，查获甲基苯丙胺片剂21.25克、咖啡因6,884.72克、各类精麻药品3.25克。

2021年，武汉海关开展“蓝天2021”专项行动，立案走私固体废物案件2起，查获固体废物266吨。

2021年，武汉海关开展打击淫秽色情书籍走私统一行动，立案走私日本及中国台湾淫秽漫画书籍案件1起，抓获犯罪嫌疑人2名，查获认定淫秽色情书画3,494本。

2021年，武汉海关组织开展打击冷链食品走私专项行动，立案走私冻品案件1起，查证走私冻品269.42吨。

【智慧缉私】2021年，武汉海关组织开展信息化基础设施、业务系统支撑、融合通信系统建设和信息化运维管理等信息科技应用知识培训与研讨。制订武汉海关缉私局科技创新框架方案。通过大数据、人工智能等新一代信息技术，以“制度+科技”方式，推动科技手段与缉私工作深度融合，建设缉私局一体化平台，布局“一脑两翼三网三智”数字化改革创新方案，逐步实现队伍、行政、业务管理智能化。实现PC端和手机端实时同步操作，形成“立、分、办、查、改、报、评”的督办工作闭环，全年督办立项372项。布设公安网、互联网计算机保密技术防范系统，开通公安网ftp，引入信息化驻场服务，全年处理技术问题80余次，安全巡检11次，处理网络攻击2次；深挖移动警务应用潜力，增加“湖北公安云”“吸毒管控”等多款移动警务App。扩展移动警务视频会议功能，全年保障各类视频会议、行动指挥57次。参照执法办案中心建设标准，对武汉机场缉私分局办案区进行初步智能化改造，实现入区人脸识别记录、电子案卷智能管理等功能；为武汉天河机场海关缉私分局、荆州海关缉私分局配发电子证据只读设备，实现分局电子证据快速提取、取证全覆盖。

【执法合作】2021年，武汉海关积极参与总署缉私局国际执法合作“大地女神”“雷电”“雷龙”专项行动，与韩国、马来西亚、泰国海关就烟草等重点涉税商品展开鉴定溯源等开展国际执法合作3次。根据总署缉私局国际执法合作要求，在武汉海关各一线口岸及下沉社区开展“打击走私保护全球生物多样性”普法宣传活动，布展宣传海报，宣讲生物多样性的重要意义，为民众发放普法宣传册。完成《武汉海关缉私局关于开展国际联合执法情况的报告》。

【刑事法治建设】 2021 年，武汉海关落实刑事案件“两统一”工作机制。清理执法业务文件，保留 36 件，修订 4 件，新立 3 件。制定武汉海关缉私局刑事案件统一审核统一出口工作机制实施办法，对 41 起刑事案件办理“两统一”审查事项 64 件，向检察院移送起诉案件 21 起 43 人，包括总署缉私局一级挂牌管理的“9・17”跨境电商走私案移送起诉 12 人。人民法院作出生效判决案件 11 起 33 人，执行法院判决罚没缴库2,207万元。

2021 年，武汉海关开展执法检查与考评。采取线上、线下相结合的方式，运用缉私案管系统、办案平台等工具和各类执法检查结果，对全局 2018 年至 2021 年的案件、线索，以及相关执法规范化事项开展自查，审核案件 185 起，涉及证据材料 1 万余份，提示整改问题 253 个。检查刑事案件 74 起、案件线索 89 起、办案区 3 个、对外移送案件档案 35 起。案管中心发出《问题提示单》23 期，促进案管工作提质增效。

2021 年，武汉海关作为总署缉私局指定的“刑事执法办案系统”首批 4 个试点单位之一，组织全局同步开展试点工作，开展专项培训 2 次，收集并处置系统问题 34 个。

2021 年，武汉海关清查处置涉案财物。对已结案的 7 起毒品案件进行清理，参与湖北省公安厅全省年度毒品集中销毁活动，销毁甲基苯丙胺约 14.5 千克、大麻叶约 0.82 千克。开展自管类涉案财物清查工作，清查 38 起案件的 318 项涉案物品，对其中 33 起已结案件的 147 项 398 件涉案物品依法进行销毁。

【行政处罚】 2021 年，武汉海关办理行政处罚案件 210 起，涉案金额92,631万元，上缴罚没款 262.96 万元。上述行政处罚案件中，一般程序案件 67 起，“两简案件” 143 起，增长 101.5%。随州、荆门、鄂州 3 个海关“两简案件”实现零的突破，16 个隶属海关也首次实现“两简案件”办理全覆盖。

2021 年，武汉海关开展联合执法检查，对 2016 年 10 月至 2021 年 6 月办理的全部 455 起“两简案件”进行全覆盖检查。

【综合治理】 2021 年，武汉海关与湖北省烟草专卖局签署《联合打击走私烟草专卖品违法犯罪活动合作备忘录》。联合湖北省、武汉市烟草专卖局，在湖北省、安徽省、广东省、四川省、江西省等地方公安机关，以及合肥、南昌、广州、黄埔、成都、兰州等海关缉私局的配合下，出动 102 名民辅警及 87 名烟草稽查人员，分成 11 个行动小组，在湖北、广东、安徽等地开展“1・29”打击雪茄走私专项行动。打掉 9 个涉嫌走私、非法经营团伙，抓获犯罪嫌疑人 17 名，现场查获涉嫌走私进境雪茄及其他烟草制品32,300支，涉嫌走私犯罪案件案值1,000余万元，涉嫌偷逃税款约550余万元，涉嫌非法经营案值约1,900余万元。

2021年，武汉海关组织推动湖北省黄冈、荆州、荆门、宜昌、襄阳、仙桃、武汉、随州、恩施等市州，形成打击走私综合治理多元共治格局。

2021年，武汉海关联合湖北省生态环境厅、省财政厅印发《武汉海关 省生态环境厅 省财政厅关于妥善处置“双无”非法入境固体废物的通知》，进一步理顺海关“双无”非法入境固体废物的处置流程。

2021年，武汉海关联合湖北省经信厅、省公安厅、省交通运输厅、省农业农村厅、省商务厅、省市场监督管理局等单位共同印发《关于加强新形势下打击冻肉走私工作的实施意见》，切实加强湖北省打击冻肉走私工作。

（撰稿人：冯　娟　李　骁　陈智涛　吴敖磊　曾晓俊　韩昭纲）

外事合作

【概况】2021年，武汉海关外事合作主要包括推动和参与海关检验检疫国际和港澳台合作、国际动态采集和研判、规范外事管理工作、开展技术性贸易措施交涉应对等工作。2021年圆满完成卢旺达输华干辣椒准入风险评估，定期开展针对性信息采集研判并获刊发，加强外事外语人才培养，积极参与技术性贸易措施应对。

【外事管理】2021年，武汉海关坚持夯实工作基础，挖掘、培养关区外语人才，组建外事领域业务人员共享库，人数达22人。定期更新外事业务骨干人员信息，向总署国际司报送新增外事工作业务骨干3名，累计推荐人数达12人次。建立积分激励机制，将外事领域工作作为关区信息宣传工作组成部分，根据工作参与度，给予相应积分。坚持以老带新、以干代练，选派经验丰富、基础扎实的同志带领新同志进行团队作战，帮助尽快熟悉工作、干出成效。

【技术贸易措施管理】2021年，武汉海关组织撰写WTO/TBT/SPS例会特别贸易关注英文议题《对印度尼西亚食品类别重金属砷限量的关注》首次被总署国际司采用，列入WTO/SPS第80次会议的8个议题之一，与印度尼西亚开展双边磋商。

2021年，武汉海关组织开展年度技术性贸易措施影响调查，涉及118家企业，涵盖湖北省农食产品、机电仪器、化矿金属、纺织鞋帽、橡塑皮革、玩具家具和木材纸张非金属等7大领域主要出口产业，深入相关行业和重点企业开展实地调研，形成《2020年湖北省出口企业遭受国外技术性贸易措施影响常规调查报告》并报总署。

2021年，武汉海关协助远大弘元股份有限公司获得欧盟TRACE注册，帮助企业挽回每年200万美金的经济损失，保障中国企业海外市场份额，打破非关税类贸易壁垒，有效保障中国企业在外的合法权益。

2021年，武汉海关组织召开关区2021年度技贸措施通报评议工作部署推进会，组织业务骨干对3份日本SPS通报中的42种农药的197项限值开展评议，向总署报送评议意见3份。

2021年，武汉海关对湖北茶叶产业进行调研，完成《技术性贸易措施对湖北茶叶出口影响实证研究》调研报告，供地方政府参考。

2021年，武汉海关推进技术性贸易措施精准服务能力建设，收集整理6期境外技术性贸易措施风险信息提示，包含52个国家（组织、地区）针对我国的技术贸易壁垒措施226条次。

（撰稿人：卢燕萍）

第五篇

政务及综合保障

政务管理

【概况】2021年，武汉海关以习近平新时代中国特色社会主义思想为指导，深入学习贯彻党的十九大和十九届历次全会精神，认真落实“五关”建设总体要求，紧紧围绕“强监管、优服务、争第一、创一流”工作目标，科学谋划、统筹部署实施“三大工程”“十件实事”，坚持“马上就办、真抓实干”的工作作风，切实履行职责任务，政务管理各项工作取得新进展。

【应急值守】2021年，武汉海关构建反应迅速、运转规范、服务高效、政令畅通的值班应急体系。根据中办、国办及总署最新要求，制定下发值班工作管理办法及值班工作手册，开展常态化值班工作抽查300余次。全年上报涉国务院督导组检查等内容的值班信息4条，均被采用。《武汉海关以“三化”建设为抓手 全面提升值班应急工作水平》作为工作经验在“全国海关值班应急系统”展示推广。

【政务信息】2021年，武汉海关修订信息工作管理办法，建立“日、周、月”选题研判制度，每日召开信息员碰头会，每周组织跨部门信息会商，每月开展信息通报；深入职能部门、执法一线挖掘信息素材，提前介入稿件撰写，“一对一”指导各单位部门报送信息；组织学习优秀信息稿件，开展信息宣传工作专题培训、跟班作业，及时总结提炼经验做法，形成“工作出信息”“信息促工作”的良性循环。全年《署内信息快报》累计采用信息114条；《外事（港澳台）参阅件》采用4篇，《海关编译参考》刊发5篇，采用稿件质量和数量实现双突破；互联网信息被总署采用2,538篇次，被中办、国办采用195篇次，获领导同志批示24篇次。编辑《武关信息快报》250期，编发《情况反映》34篇；向湖北省委省政府报送《海关信息》161期，较上年增长59.4%。

【会议管理】2021年，武汉海关严格贯彻执行中央八项规定及其实施细则精神，认真落实总署党委关于持续解决形式主义问题为基层减负的工作要求，切实精简会议，科学合理编制会议计划，确保本年度列入精简范围会议的数量不超过2020年度；切实改进会风，提高会议质效，严肃会议纪律，完善涉密会议配套管理机制和相关设施配备；切实从严管理，严控会议经费支出，严格按规定、标准安排食宿、落实报销，厉行节约反对浪费。

【重点文稿起草】2021年，武汉海关圆满完成总署领导来鄂调研工作汇报、配套调研材料等重要文稿；精心编辑报送系列《海关专报》以及向湖北省领导汇报等重要文稿，着力总结提炼全关工作的成绩成效、亮点特色，为湖北扩大开放提出前瞻性、建设性建议，获湖北省领导批示20余次。

【公文处理】2021年，武汉海关提高文电工作质效，保障关区政令畅通。坚持实事求是、准确规范、精简高效、安全保密的公文处理原则。做好全年非工作时段文电值班值守工作，做到案无积卷、事不过夜。畅通总署、湖北省、武汉市以及各相关单位来去文渠道；通过总署公文传输、湖北省委公文交换、湖北省委省政府内网、传真、纸质寄递等多种方式有效传递公文，做到运转顺畅、协同高效。做好关级文件初审、签收、登记、初拟、分送、转办、排版、印制、核发等收发文环节，做到办文规范、程序完整。全年未发生迟办、漏办、压文等情事。严把公文制度关，第一时间对照总署公文处理工作办法，完善关区公文处理实施细则，与总署办法同日实施、无缝衔接，确保制度规范不断档、不缺位。严把公文质量关，建立错情台账，发布错情通报，未发生因文件内容、格式要素等不规范产生的退文情事。严把公文数量关，制发关于严格控制关级文件数量的通知，建立发文实时监测台账，严格发文必要性审核。严把公文培训关，面向关区开展“全覆盖”培训；面向法规处等3部门全体人员，首次开展“点菜式”公文培训，进一步提升关区公文处理能力。

【督查督办】2021年，武汉海关围绕贯彻落实习近平总书记重要讲话、重要指示批示精神，结合总署工作部署及武汉海关重点要点工作，区分层次、建立台账，下达督办任务266项。紧盯疫情防控形势，构建“总关督查、隶属海关自查、派驻纪检组监督”“三位一体”监督常态化检查机制，联合职能部门围绕内部防控、封闭管理、安全防护等重要环节定期开展督查检查，制发督查通报14期，推动205项问题整改到位；升级优化内部防控系统督促“应检尽检”落实到位，全年通过系统督促上报检测数据50，761人次。

【建议提案办理】2021年，武汉海关坚持把人大建议、政协提案办理列入“一把手”工程，压实承办部门主体责任，多渠道倾听代表委员意见，面对面座谈交流，积极回应关切，共商解决对策。全年，收到省市人大代表、政协委员建议、提案41件，涵盖对外开放、冷链食品安全、海关监管区域申报、海关机构设立等内容。通过强力督查推进，建立专项台账，逐项明确时限要求，细化措施跟踪督办，提高“办成率”；以建议提案办理为抓手，强化成果转化，实施“支持外贸高质量发展工程”，深入挖掘优化营商环境的痛点、难点，联合地方政府发布提升跨境贸易便利化水平27条措施，将“纸上建议”转化为推动湖北外贸高质量发展具体举措。

【保密管理】 2021年，武汉海关严格保密纪律，保障关区机要保密安全运转，关保密办被总署保密委员会评选为“全国海关机要保密工作先进集体”；1名同志被评选为“全国海关机要保密工作劳动模范”。顺利通过海关系统测评实验室“全国海关涉密信息系统接入节点”安全保密风险评估现场检查。压紧压实保密工作主体责任，组织各级领导干部签订《保密承诺书》《责任书》。全面清理、补充和修改关区保密工作制度和管理规定。严格涉密人员上岗、在岗、离职离岗管理。组织召开2021年武汉海关保密委员会会议暨密码工作领导小组会议。开展保密实训活动。开展微信专项行动，组织全员参加机要、保密知识测试，参测率、及格率均为100%。及时变更和解除国家秘密事项密级，做好总署、湖北省委省政府涉密办公网的日常管理。组织开展关区2021年度保密自查自评工作，组织开展保密安全检查，强化内部管理，堵塞关区风险漏洞。全年未发生重大失泄密情事。

【档案管理】 2021年，武汉海关深入学习贯彻习近平总书记关于档案工作的重要批示精神，着力打造海关档案品牌。高分通过湖北省机关档案工作目标管理省特级复查考评。5篇征文入选《追寻红色记忆 传承红色基因——海关档案故事100篇》（总署党史学习教材之一）。开展2021年国际档案日系列宣传活动，组织参观湖北红色档案文献展。组织全关区档案员参加湖北省档案局举办的全省档案业务规范培训班。修订印发武汉海关文件材料归档范围和文书档案保管期限规定。调整档案工作领导小组和档案鉴定销毁小组成员。加强档案安全管理，组织开展档案安全隐患排查整治。持续开展全方位、全过程武汉海关抗疫档案资料收集整理工作，归档疫情文书档案1,598件、照片档案433张、实物档案83件、音视频档案14件。完成2020年文书档案归档3,485件，整理资料保存1,279件。编撰统稿《2020年武汉海关大事记》。报送《2021年武汉海关档案事业统计调查表》。

【政务公开】 2021年，武汉海关印发2021年政务公开工作要点。全年新闻动态公开148条，双公示公开2,300余条，通知公告公开54条，拍卖及政府采购信息公开82条。修订发布《武汉海关主动公开基本目录》，将现行有效的规范性文件在本关门户网站集中统一公开；在门户网站新增“涉企保证金”专栏，公示各职能部门和隶属海关的工作职能，开设履职依据栏目，完善办事指南要素，扩大主动公开范围，满足企业办事需要。修订年度武汉海关政务公开指南，完善接收、登记、审核、办理、答复工作流程；修订武汉海关互联网门户网站管理办法，明确门户网站内容发布要素及规范；门户网站提供可视化方式，及时展现和解读统计数据；针对企业资质办理和减免税两个事项细化其办理对象、条件、流程，提供场景式服务；提供在线调查问卷，加强与群众的联络互动，倾听群众意见和建议。

【信访工作】2021年，武汉海关制定“关长接待日”工作办法，组织开展“关长接待日”活动6次，督办反馈群众意见建议14条。积极对接湖北省、武汉市信访平台，结合敏感时期、热点事件提前分析研判、提前预警；完善问题解决机制，每周跟进度、每月问成效，高效解决群众身边急难愁盼问题；编发信访月报12期，推动压缩通关时间、提升窗口服务效率等17条便民利民措施落地落实。

【新闻宣传】2021年，武汉海关在各级新闻媒体刊用宣传报道1,360余篇次。工作素材获央视采用19次，央视《新闻联播》采用3次，《东方时空》《朝闻天下》《新闻直播间》等栏目采用16次；《人民日报》报道2次，新华社报道7次，中国之声、《经济日报》、《法治日报》报道5次；《湖北日报》报道98次，湖北卫视报道76次。关领导专访文章《在促进湖北高水平开放中书写海关答卷 》《主动融入中部地区崛起战略书写湖北高水平开放海关答卷》分别在《湖北日报》《中国海关》刊发。组织开展及参加各类新闻发布会8次，国家、省市主流媒体均予以报道。举办“促进中部崛起 推动湖北高水平开放”主题在线访谈，深入解读海关在国家战略中的职能作用，访问量突破33万人次。积极参与总署组织的重大主题宣传，《海关影像》刊用微视频6条，“海关发布”微信、微博、抖音采用稿件102篇次。

【学会工作】2021年，武汉海关开展学会年度征文，收到论文168篇，筛报145篇，署级获奖或发表论文8篇，中国海关学会上海分会获奖论文21篇，武汉海关学会获奖98篇。走访隶属海关开展论文点评，编辑《建言献策》7期；参加《中华人民共和国海关法》论坛活动，被评为优秀基层学会；在建党百年主题征文108篇论文中选报40篇，获总署优秀论文1篇、入选论文3篇。联合鄂州海关加强湖北国际物流核心枢纽项目海关监管研究，围绕寄售维修监管、保税维修监管、保税航油创新、空港综保区和智慧口岸建设等课题进行研讨验收。总结与上海海关学院合作经验，探索与地方部门、高校机构及智库开展协作，促进学会工作持续发展。

（撰稿人：丁家想　方　翟　石　然
严　利　李　康　李　巍
范思齐　柯卫申　徐共和
高文镝　夏千文　崔文犁）

财务管理

【概况】2021 年，武汉海关坚决落实“过紧日子”要求，持续深化预算绩效管理，不断优化资金支出结构。率先取得保证金单证电子化先期试点；扎实推进便民退库，退税业务办理时长压缩至 2 个工作日。实现涉案冻品库存清零，提前做好冻品新冠病毒检测和消杀，最大限度减少疫病传播风险。建立“双无”固废移交地方归口处置机制。做好常态化疫情防控后勤保障，建立财务后勤保障工作联系机制，对防控物资实施归口管理，保证储备物资能满足 3 个月的防控需求。按期推进关区海关事业单位与其所属企业脱钩和国企改制工作。

【预算管理】2021 年，武汉海关做细做实项目支出规划，编制 2022—2024 年项目支出规划，严把项目入库关，引入第三方中介机构实现项目评审全覆盖。完成关区 2014—2020 年养老保险改革缴费资金清算工作，有力保障各预算单位养老保险缴费资金需求。深入推进全面预算绩效管理工作，搭建武汉海关部门整体绩效评价指标体系（试行），完成汉阳海关整体支出绩效评价试点任务。

【税费财务管理】2021 年，武汉海关联合人民银行武汉分行开展“我为企业办实事——扎实推进便民退库一次办好”活动，结合政策规定和工作实际，梳理编制武汉海关退税申请资料办理指南，组织线上专题培训，有针对性地开展政策宣讲和业务指导，推动“财—关—库”三方进一步统一口径、规范要求、优化流程，着力化解企业税款退库“最后一公里”痛点，让企业“少跑路”“早回款”，切实减轻企业负担。2021 年，退税业务办理时长压缩至 2 个工作日内，国库退单率同比下降 80%，线上问卷调查企业满意度 100%。针对企业缴纳保证金异地传递单证成本高、效率低、风险大的问题，积极探索并充分调研后向总署报送《基层海关保证金收缴业务管理困境及解决建议》。武汉海关探索推行保证金单证电子化的思路，在全国海关率先取得先行先试资格，并作为全国第一个由财务部门发起的执法类信息化项目报总署科技司立项。

【基建管理】2021 年，武汉海关在建基建项目 21 个。指导恩施海关编制可行性研究报告，加强与第三方评审机构的跟踪协调，推动边关生活设施保障能力提升工程获总署批复立项。按程序办理十堰海关、武昌海关等隶属关区安全隐患排查整治及节能升级改造打捆项目概算调整。贯彻落实基建分级审批制度，及时召开基建领导小组会议进行集体审议。借助第三方机构和基建专家力量，对 11 个项目开展总验收。完成民航小区单身宿舍改造历史遗留项目竣工财务决算手续，批复隶属海关竣工财务决算 9 个。

【经费财务管理】2021 年，武汉海关全力做好疫情防控各项资金保障，为疫情防控资金支付开通绿色支付通道，第一时间为疫情设备、物资采购办理资金支付。指导关区各单位建立地方财政保障长效机制。加强与地方财政部门的联系协调，配合地方财政预算管理要求，进一步规范地方财政资金使用管理。强调预算执行主体责任，开展经费执行情况统计分析，统筹安排资金使用，做好资金保障和预算执行进度的平衡。依托智慧财务管理系统，做好经费使用情况统计归类，定期开展银行、智慧财务系统、预算执行系统资金对账，确保账实相符和资金安全，持续做好财务服务。

【企事业财务管理】2021 年，武汉海关按期推进关区海关事业单位与其所属企业脱钩和国企改制工作，武汉市永昌商务管理中心、黄石市海石宾馆 2 家企业国企改制；荆州市海惠商务中心、襄阳市顺昌商务管理中心、宜昌宜海宾馆 3 家企业清算注销；武汉保通达检验检疫技术服务有限公司、武汉口岸门诊部有限公司、襄阳口岸门诊部有限公司 3 家企业彻底剥离与海关行使行政权力相关的业务。

【资产装备管理】2021 年，武汉海关进一步加强办公用房管理，合理配置、规范使用、高效利用办公用房资源，对部分办公用房进行调整，利于工作开展，方便群众办事。采取地方物资保障和自行采购相结合的保障方式，保证储备物资能满足 3 个月的防控需求。开展新冠肺炎疫情安全防护专项督导，对关区保障应急物资装备情况进行专项督导检查，进一步规范储备物资管理。开展节能改造，对照明系统、用水系统、垃圾分类和新能源汽车、电动自行车充电桩进行改造。2021 年，办公场所用电量同比下降 4%。与后勤管理中心联合开展考核验收，完成 2021 年关区单位创建节约型机关的目标。

【涉案财物管理】2021 年，武汉海关通过捐赠、销毁、拍卖、移交等方式，多措并举推进涉案财物处置。库存涉案财物从 2021 年初 6, 092 项减少至年底的 2, 548 项，为近 5 年来最低。作为全国首家海关完成外币捐赠，将一批国内不予收兑外币捐赠给湖北省博物馆用于公益事业。主动走访农业农村、市场监管等部门，提前做好冻品新冠病毒检测和消杀，选取距离涉案冻品存放仓库最近的企业进行销毁处置，最大限度减少运输途中疫病传播风险，销毁涉案冻品 26.94 吨，实现冻品库存清零。成功拍卖 7 套涉案房产，成交金额3,370.5万元。

（撰稿人：刘苑燕　杨　婷　张　璇　张莉军　明　慧　唐　妍）

科技发展

【概况】2021年，武汉海关深入实施“科技兴关”战略，紧紧围绕“强监管、优服务、争第一、创一流”工作目标，加强科技引领和支撑能力，提升科技管理效能，激发科技队伍活力，推动“智慧海关”建设。

【信息化建设】2021年，武汉海关以5G、AR、AI、北斗等新技术为支撑，开发应用远程作业支撑平台并升级完善，大幅压缩相关业务平均作业时间，基于平台的应用被总署列为创新举措备案，入选总署“三智”早期收获项目，为中部地区唯一入选项目。全年开发应用“文件指引”等7个应用系统，在“易服务”平台上线“工作纪实”等6个模块。

2021年，武汉海关建设“码上通关”智慧旅检系统，对接旅客健康申报数据，与地方卫健委数据实时交换，实现信息共享和数据闭环，海关“一码通关”，地方“一码管理”。开发“疫情内部防控”模块，提升内部防控效能；部署远程电子流调系统，最大限度减少机场一线人员的职业暴露风险。

2021年，武汉海关巩固海关业务数据安全专项行动成果，完善账号授权管理机制，组织推动各类账号授权清理，梳理各类信息系统93个，清理署级系统授权账号904个、关级系统授权账号26个。创新数据安全管理方法，深化数据库防水坝、数据脱敏等新技术手段应用，进一步提高对数据安全追溯与审计的自动化水平。

2021年，武汉海关明确职责、加强评估、重点监控、做好防范，顺利完成庆祝建党100周年等重要、敏感时期的网络安全保障工作，未发生泄密事件和网络安全事故。顺利完成公安部2021年网络攻防演习，确保武汉海关网络未被攻破。开展本地渗透测试和应急演练，模拟演练突发网络安全事件后应急处置，提升关区网络安全动态感知和快速响应能力。

【实验室管理】2021年，武汉海关全年投入仪器设备17台（套），专项资金706万元，实验室新增检测能力72类1,015项，新建设新精神活性化合物等检测能力53项。移动P2+实验室取得生物安全二级实验室备案，通过临床基因扩增实验室技术审核并投入使用，是湖北省首个取得检测资质的移动方舱实验室。加强实验室安全管理，通过安全巡检、现场检查和视频检查等方式开展实验室安全督导检查100余次，查发问题180余项，组织对实验室人员实操培训和考核35次。

【科研管理】2021年，武汉海关做好科研项目申报，审核推荐2021年度署级科研项目12项，获批2项，其中1项为总署“揭榜挂帅”项目，全国仅8个项目获批。做好项目实施，申请科研项目保障经费48万元。组织完成2019年度3项署级科研项目、8项关级科研项目验收工作。验收成果中发表论文21篇、申请专利15项、登记软件著作权3项、制定行业标准2项。

【科技服务工作】2021年，武汉海关将科技人员跟班作业作为“我为群众办实事”的有效载体，做到关区所有业务现场全覆盖，一线人员关注重点全涉及，科技人员全参与，带着问题前往现场，因关制宜、精准服务，打通服务基层“最后一公里”。聚焦基层科技应用的堵点、痛点、空白点，解决技术问题84个，好评率98%以上。在总署科技人员跟班作业活动经验交流会上，武汉海关作为10个发言的海关代表之一作交流发言。

2021年，武汉海关对接总署“十四五”海关科技发展规划，形成武汉海关“十四五”科技发展规划实施方案。该方案立足未来5年武汉海关的科技发展，布局信息化建设、实验室建设、科研创新、科技人才发展和科技创新体制机制等方面重点任务。

2021年，武汉海关首次以新闻发布会形式对武汉海关科技工作取得的新成效进行宣传，湖北省人民政府官网、长江云、湖北卫视等11家媒体进行了报道。组织实验室开放日、参加湖北省科技创新科普展、邀请专家科普讲座，以丰富多彩的形式全面展示海关科技创新成果。

（撰稿人：刘晓峰　陈永兴　吴嘉备　张晓伟　杨　洁　蔡晓露）

督察内审

【概况】2021年，武汉海关聚焦习近平总书记重要讲话、重要指示批示精神和党中央、国务院重大决策部署，发挥督察内审在推动重大决策部署落实、服务海关改革发展中的作用。全年开展跟踪督察22项，开展专题执法评估6项，开展审计项目14个。对关区十年内控工作总结形成的《十年奋进求索路 内控机制护远航》经验材料被总署督审司编印的《中国海关内控机制建设回顾与前瞻》一书收录。

【督察监督】2021年，武汉海关聚焦重大决策部署落实情况，开展跟踪督察22项，涵盖进口高风险货物风险监测和预防性消毒、进出口危化品监管、口岸疫情防控、促进跨境贸易便利化、打击“洋垃圾”和象牙等濒危物品进境等领域。完善督察重点内容清单，细化22个方面110项督察要点，三级督察发现问题44个，100%采取整改措施。加强查发问题规律及制度漏洞、机制缺陷研究分析，在署级、关级督察中提出建议7条，反馈总署及本关业务职能部门，充分发挥督察监督职能作用。

【内部审计】2021年，武汉海关多层次多角度发挥审计监督作用，开展审计项目14个，其中署级经济责任审计1个，署级专项审计1个，署级专项审计调研1个，关级经济责任审计8个，关级专项审计2个，关级专项审计调研1个。创新开展关级专项审计，首次对武汉海关本级、隶属海关及事业单位限额以上的建设工程和采购项目进行专项审计，首次委托会计师事务所对5个隶属海关和1个事业单位进行重点检查。强化审计整改，建立“三个清单”即审计问题清单、审计整改任务清单、审计整改结果清单，落实整改报告制度，采取现场核实、定期通报、“回头看”检查等方式进行抽查，对账销号。

【内控建设】2021年，武汉海关“量身定制”内控节点指标，补充完善73个节点，形成2张清单，覆盖26个业务领域1,168个节点及对应岗位。强化源头控权，对97项制度和信息化项目开展内控前置审核，提出127条复核意见。坚持科技控权，拓展HLS2017内控平台6个应用领域，制发联系单5,365份，联系单数据有效率为

63.2%。开展进境板材申报数量不实、易制毒化学品未提交进口许可证等6个专题业务分析，提交风险布控参数1条，补交进口许可证8份。全年关区授权用户应用系统处置异常数据8,683条，补证459件，健全完善制度10项，开展专项分析98次，获关领导批示7次。开展“总署指定50个节点+武汉海关自选50个节点”岗位清单落实情况的内控评价工作。HLS2017内控平台和网站采用内控信息42篇，同比增长49%。

【执法评估】2021年，武汉海关发挥执法评估作用，以海关进出口食品安全监管、稳外资稳外贸、综合保税区落实优化保税监管措施等6个专题为切入点，开展内外部问卷调查调研，累计向131家企业、6个综合保税区管理机构开展问卷调查。完成关区进口棉花质量安全监管专题评估，搭建2个数据分析模型，开展调查评估，提出建议6条。

（撰稿人：汪　莉　宋晓明　竺蕴蕙
陶　芳）

第六篇

隶属海关单位

武汉天河机场海关

【概况】武汉天河机场海关（机场海关）前身为1996年设立的武汉海关驻机场办事处，2010年5月批准设立武汉天河机场海关，2014年11月开关。2018年4月，湖北检验检疫局武汉机场办事处管理职责和队伍划入武汉天河机场海关，属口岸型海关。监管范围包括武汉天河机场T3航站楼旅客通关作业场地、2家监管作业场所、5个进境指定口岸、3个保税监管场所、1个出境免税店，以及红线范围内口岸卫生监督。内设办公室（党委办公室）、人事政工科（党委组织宣传部）、法制内控科、综合业务科、查检科、口岸监控科、旅检一科、旅检二科、旅检三科、旅检四科10个科室。另设武汉天河机场海关缉私分局。

2021年，机场海关围绕“五关”建设要求和“强监管、优服务、争第一、创一流”目标，突出抓好口岸疫情防控，全力优化口岸营商环境，奋力谱写高质量发展新篇章。办理进出口报关单11.7万票，同比（下同）增加53.5%，进出口货运量11.8万吨，增加101.3%；税收入库25.11亿元，增加55.8%；全年查办各类行政、刑事案件51起。

【党的建设】2021年，机场海关认真落实党委理论学习中心组学习制度，班子成员以身作则，带头交流研讨，突出抓好习近平总书记“七一”重要讲话、党的十九届六中全会精神学习，强化号令意识，自觉践行“两个维护”，走好“第一方阵”。开展党史专题学习、举办“学史·铸魂”红色讲坛、现场教学、举办读书班、领导干部讲党课等形式深化党史学习教育。参加总署“金钥匙”党史知识线上排位赛获得第一名；2名同志分获武汉海关“学党史 忆海关 庆祝中国共产党成立100周年”征文比赛二等奖和优秀奖；选送《党旗所指 行之所向》微党课获评总署“最佳微党课”，党总支书记谈支部工作入选总署《支部书记“百问百答”》。举办弘扬伟大抗疫精神专题演讲、开展“转、紧、实、查”、“书香同行”、线上联学等主题党日专题活动；开展“我为群众办实事”实践活动，党委为群众办实事15件、党支部为群众办实事78件，党员下沉

591人次，志愿服务时长1,479小时。结合送“服务包”活动，党总支、各党支部先后与边检、东航、中航油、东航食、航站楼管理部等支部广泛开展“联学联创”“结对共建”，进一步推动党建与业务深度融合。旅检三科党支部获评武汉关区“四强”支部。推进巡视巡察整改，按照“照单全收、全面整改、狠抓落实、务求实效”的工作思路，深入剖析原因，研究整改措施，明确责任人、主办科室、完成时限，研究制定巡视整改措施9项、举一反三的整改事项17个；制定党委巡察整改措施29项、主要负责人整改措施9项，均全部整改到位。开展警示教育月、党风廉政宣教月活动，拍摄制作廉政微视频、征集廉政书画作品和廉洁家规家风故事，参选“清正廉洁最美家庭”，推荐“身边勤廉典型”，引导干部职工知敬畏、存戒惧、守底线。基层书记廉政微访谈入选总署政工办官网展播。

【队伍建设】2021年，机场海关党委班子始终靠前指挥，发挥好“主心骨”作用，主要负责同志坚持抓班子、带队伍、盯重点、强督促、重执行；班子成员主动深入旅检封闭一线跟班带队，层层压实责任；处、科级领导班子讲政治、顾大局、讲团结、讲奉献，整体氛围和谐团结。班子带头自觉接受派驻纪检组监督，对巡视巡察、“现场监管与外勤执法权力寻租”专项整治、民主生活会对照检查发现的问题，不护短、不回避，带头开展检查整改，着力加强班子建设，完善内控建设和管理制度。突出抓好执法一线科长队伍建设，在责任落实上突出政治导向、问题导向、治理导向，在队伍管理上做到科长示范带动、科室班子带头。组织参加各类专业资质考试，共43名同志持有动植物检疫、卫生监督、危化品监管等相关资质，占比总人数56%。强化全员覆盖、实操培训、人人过关，修订岗位操作规范20个，创新“视频+讲解+案例”培训模式，实施“分期+分级+分类”培训考核，自主制作培训课件、岗位实操视频44份，应急演练11次，开展疫情防控相关培训144次，实现工作质量、能力素质、队伍形象提升。围绕“政治坚定、业务精通、令行禁止、担当奉献”的准军事化海关纪律部队建设十六字方针，采取现场实地和视频监控、明察与暗访相结合等方式，对“内部防控+内务督察”开展双随机检查，持续抓好一线窗口建设，严格日常监督并形成长效机制。定期对内务规范不到位、考勤签到签退不规范、学习培训落实不到位等情况进行通报，强化制度刚性约束。全年未发生违法违纪行为。连续3年获评“年度考核先进集体”，被武汉海关记集体三等功1次。

【卫生检疫】2021年，机场海关贯彻“外防输入、内防反弹”总策略，坚持“人、物”同防，“内、外”共防，统筹口岸疫情防控和各项重点工作，阶段性实现“零遗漏、零感染、零投诉”目标。干部职工坚守国门，累计奋战 700 余天，经反复实践，总结固化口岸卫生检疫“六步工作法”，对高风险客运航班严格实施“一机一方案”，责任到岗到人，动态调整防控措施，优化人力资源，切实做到科学精准防控。压实航司、场站、消毒处理单位各方主体责任以及海关监督责任。紧盯入境人员闭环管控、入境客运航空器终末消毒、固液体废弃物处理及环境消杀，抓好监督。对确诊病例、疑似病例、无症状感染者、有发热和/或呼吸道症状的人员加以重点关注、分类处置。严格封闭人员登记造册、封闭管理、一天一检、两点一线、全程疫苗接种“五件套”。强化联防联控、培训考核、应急演练、安全防护监督、货机登临检疫及高非冷货物采样监测、信息化保障支撑等六项具体措施抓落实。全年检疫监管进出境航空器4,769架次，同比增加 34.6%；流行病学调查 1.4 万人次，检出流感嗜血杆菌阳性 1 例；完成客货机卫生处理方案备案审核 57 架次，

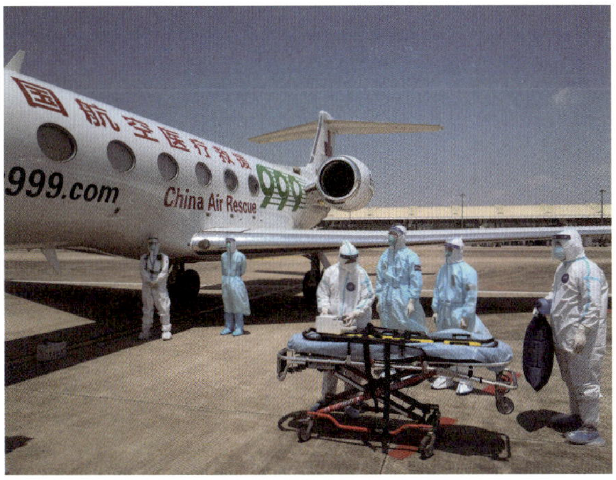

▲2021 年 7 月 29 日，机场海关关员为巴基斯坦入境国航医疗救援包机开通生命通道

开展口岸固液废弃物处理监督 67 次，发现风险隐患 70 余项，均完成整改复核。2021 年，9 名同志因疫情防控表现突出被武汉海关记个人三等功，8 名同志获个人嘉奖。

【监管业务】2021 年，机场海关严守危险化学品、进出口医疗物资、食品化妆品、动植物等重点敏感商品质量安全底线，对 2 批，共 5.16 吨，价值 4.38 万美元的不合格口罩实施不予出口处理，监督销毁 1 批进口不合格医疗物资；查获进口燕窝标签不合格 2 起，进口化妆品未加贴中文标签 2 起，均已责令其整改到位。打击“洋垃圾”、象牙等濒危物种及其制品、防疫物资和疫苗、涉枪涉毒、重点涉税商品等走私行为。查获办结“两简案件” 31 起，案值 656.7 万元；办理侵权案件 6 起，97.63 万件；刑事案件 1 起，案值 223 万元。查获出境旅客违规携带脐带血冻干液 204 瓶，查获砗磲、红珊瑚、肉苁蓉等涉濒危物品 23 件、24 千克；查获知识产权侵权案件 27 批次，529.6 万件，增长 4.5 倍，其中侵权高频电感 22 批次、528 万个，申报价值 1.4 亿元；查获进口高精密电阻知识产权案件入选湖北省知识产权保护十大典型案例。创新大型精密设备“机坪监管、机下直提”、国际货物“空空中转”、鲜活农产品“即到即查、即验即放”等模式。监管进境食用水生动物（活鳝鱼）273 批，808.1 吨，分别增长 24.6%、30.8%；首次开展进口观赏鱼业务 8 批，7.4 吨；口岸验放进境车厘子、榴莲、山

竹、红毛丹等水果共计26批、149.99吨，较2019年同期增长超10倍，货值122.2万美元；首次在货运途径保障宠物犬、新鲜橙子等出口，所有指定监管场地两年内均有业务开展。相关工作被《湖北日报》、湖北广电宣传报道。

【税收征管】2021年，机场海关支持武汉天河机场全货机、客改货航线开通，开通定班全货机航线17条，覆盖“一带一路”沿线主要国家和地区。全年空港进出口货运量11.8万吨，增加101.3%，进出口报关单商品值404.72亿元；进出口报关单11.7万票，增加53.5%，税收入库25.1亿元，增加55.8%。协助企业报送税则修订建议11条，1条被总署采纳。全面推广“两步申报”“提前申报”通关模式，两步申报率、提前申报率分别达到25.4%和25.2%。积极引导企业使用“两步申报+提前申报”“两步申报+汇总征税”等组合通关模式，关区首票进口空运香港—武汉直通车转关货物“提前申报+转关提前核销”试点成功，缓解光通信设备在口岸通关难的问题，助力湖北存储芯片企业高质量发展。为长江存储、B型保税区建设等重点企业、重大项目提供个性化服务，指导东风本田汽车有限公司运用多元化担保模式破解进口零部件核定难题，节省企业费用9,933万元；破解光迅科技发展有限公司光谱分析仪归类难问题，核准退税63.4万元，企业送来“国门忠诚卫士 企业坚强后盾”感谢牌匾。

【检验检疫】2021年，机场海关加强风险分析和联合研判，严防埃博拉、拉沙热、沙漠蝗、非洲猪瘟等重大动植物疫情疫病传入。保障武汉疫后首批水果进境，首次在武汉空港口岸进口榴莲中检出检疫性有害生物大洋臀纹粉蚧，在进口红毛丹中截获非检疫性害虫双条拂粉蚧。

▲2021年12月10日，机场海关关员在一批进口泰国榴莲中首次截获检疫性有害生物大洋臀纹粉蚧

2021年，机场海关全年共检疫消杀来自非洲猪瘟疫区航班1,255架次，截获动植物64批次，69.33千克；截获1批进境不合格鳝鱼，7,184千克，实施无害化处理；查获并销毁不合格木质包装25批；在口岸范围内监测到外来有害植物“加拿大一枝黄花”，实施拔除焚烧处理；实施外来有害生物监测，捕获生物7批次、96只，采样进境食用水生动物等动植物2批，检测疫病、农残43项次。对武汉天河机场红线范围内160家食品经营单位开展日常卫生监督448次，发现不合格项目70次，查发过期食品21起（32批次），下发

《限期整改通知书》《卫生监督意见书》70份。开展口岸病媒生物监测36次，共捕获成蚊2,887只，处理蚊虫密度超标9次。首次监测发现玛蠊属昆虫。

【优化营商环境】2021年，机场海关研发智慧卫检“码上通关”系统，通过一张条码，实现进出境旅客信息登记、健康申报核验、体温监测、流行病学调查、医学排查、样本采集、人员移交隔离等口岸卫生检疫全流程“一码通关”。同时与武汉出入境边防检查站、武汉市卫健委等口岸联防联控部门共享数据，旅客通关效率提高50%。该项目被收录于2021年武汉海关特色监管模式汇编。在口岸卫生监督方面，首创国境口岸卫生许可证“审验合一”工作模式，平均办理时间压缩至1.2个工作日，许可时效提升85%；深化“证照分离”改革举措，以“告知承诺”方式发放湖北省首张“国境口岸卫生许可证”，改革红利第一时间惠及广大企业。相关创新举措被《长江日报》、荆楚网、黄鹤云等媒体转载报道。围绕“两高”（注：“两高”系湖北省商务厅、武汉海关联合推行的服务湖北高水平开放高质量发展措施）系列措施调研宣讲，开展营商环境堵点大调研。结合“我为群众办实事”实践活动，为32家进出口企业送“服务包”，帮助企业解决实际困难35个；主动上门送政策、送法规、送培训33次，开展“互联网+”各类业务专题培训，惠及企业1,320家，千余人次；建立“企呼关应”互联互通机制，解决问题121个，收到多家企业感谢锦旗和牌匾。在湖北空港物流中心打造海关“一站式”服务窗口，为企业提供一站式通关、提货、转运等便利服务，以服务“多跟进”实现企业“少跑腿”，提高办事效率，企业办理每批次业务可节约路途时间1小时以上，“中国海关”强国号、武汉广电等多家媒体转载报道。针对外籍全货机航线增加的情况，规范舱单数据传输流程，处置异常舱单数据1,560余条。全面梳理优化口岸通关流程，紧盯进出口申报、理货、查验、后续处置等关键环节，规范进出口企业申报，实施7×24小时常态化通关保障，对查验布控货物全面实行“24小时内开启、4小时内完成查验、1小时内审核”，查验效率提高40%以上。2021年12月进口整体通关时间20.4小时，出口0.17小时，分别压缩23.1%、34.7%，较2017年分别压缩78.5%、95.3%；空运直航报关单批次占武汉关区空运直航报关单97.7%，空运直航通关时间24.4小时，压缩13.3%。

【政务管理】2021年，机场海关通过抓“强化基础、规范作业、提升效能”专项工作，结合巡视巡察整改、“找差距、查短板、防风险、抓整改”等活动，及时修订党委议事清单、贯彻落实“三重一大”决策制度实施办法、案审会规程等重要制度，更新业务、行政、内控、后勤、安全、防疫等制度性文件37份，形成制度汇编；全面梳理机场海关岗位操作规范，修订操作规范20个；制定疫情防控19个岗位操作指引；强化基础工作，开展报关单证档案销毁共计1,143册、5.2万份；整理2018年机构改革以来各类文书档案、业务档案、疫情防控档案、基建档案1,100余盒1.8万份；清理固定资产，分批开展老、旧、废固定资产报废处置；加强防护物资专人管理、专库存放，做到“日盘、周清、月报”，确保做到账实相符；规范车辆日常管理、食堂采购、财务报销等制度，防范非执法领域风险。立足讲好海关故事，总结工作亮点、特点，拍摄制作国门口岸卫生检疫宣讲视频、《扬帆起航 筑梦天河》、《守国门、勇担当、争第一、创一流》等视频短片。拍摄支部唱红歌系列视频在“学习强国”平台播放；制作政策服务、业务监管等专刊20余篇在“海关发布”微信、微博、抖音等新媒体平台发布，其中旅检现场涉濒危查获《砗磲“贝王”带不得》在抖音平台观看量超1,200万人次，获评观看量“千万+”视频。加强科室管理和执法一线科长管理监督，建立113项自控清单，形成“周自查、月监督、年考核”工作机制。贯彻落实行政执法“三项制度”，做好重大执法决定法制审核，紧盯重点岗位、重要环节，规范执法作业。利用HLS2017新海廉系统和内控功能模块，强化节点管理和风险预警，制发联系单281份，补交证件8份，纠正业务差错139次，处置异常数据536条，处置异常数据有效数367条，处置异常数据有效率68.5%。推进“现场监管与外勤执法权力寻租”专项整治，采用“自查互查结合”的方法，对9个业务条线（块），用“全参与”的方式开展交叉检查“大起底”，107人完成个人申报，99人完成谈话；结合督查审计开展“大摸排”，运用查管、ECIQ、HP 2015等多个系统，查询纸面及电子资料10.11万份，查找问题15个，梳理廉政风险点11个，建立健全制度机制7项，全部完成整改。

【后勤保障】2021年，机场海关丰富干部职工精神生活，建设了集器械锻炼、球类运动、瑜伽、休闲影音于一体的综合性职工活动室。开展办公楼漏水修复、改造档案室、整合信息化机房，维修消防设施，杜绝安全隐患，营造良好的工作和生活环境。为干部职工办理机场高速通行ETC减免。实施车辆日检、周洗、年检等安全管理制度。立足节约节能，开展“光盘行动”、节能减排活动。用电量减少14.2%，水电费减少9.5%。组织参加省直机关和武汉海关体育比赛，开展夏季“送清凉”、慰问“送温暖”和健步走等活动，开展一线防疫人员云端心理健康咨询和急救讲座，辅导及培训240人次；配备节日爱心餐、保暖用品及日常药品；实施关爱延伸进家庭，寄送《感谢信》和全家福，对困难家庭上门慰问，服务保障一线，切实增强了干部职工的归属感和凝聚力。

【内部防控】2021年，机场海关贯彻落实习近平总书记重要讲话、重要指示批示精神，服从防控大局，坚守口岸一线，持续强化海关工作人员内部防控。自2021年6月19日起在机场口岸率先实施入境卫生检疫岗位工作人员集中封闭管理。全年累计封闭13批次，357人次。编写封闭管理工作指南，制定管理纪律、个人防护、就餐管理、学习培训、考勤管理、每日例会等8项管理制度；严格落实封闭管理“四必须”“五件套”“六个不”和安全防护“六严禁”“十必须”要求，刚性执行“两点一线”“一天一检”等防控措施；严格居家监测，签订居家健康监测承诺书，建立每人次健康管理档案，督促接种加强免疫，确保100%落实到位。因时因势调整防控要求，刚性落实各项防疫要求。坚持体温必测、口罩必戴、二维码必扫、通信大数据行程码必查等“四必”措施，全年累计核查外来人员3,215人次。建立“应检尽检”“应接尽接”“日清、周查、月复核”工作机制，全年累计组织干部职工核酸检测2.1万人次，占比武汉关区39%。严格分类分级、及时高效开展新冠样本、“非冷”货物样本、口岸卫生监督样本送检工作，全年送样800余批次，往返里程约5万千米，未发生任何安全事故。从严办公场所消毒，严格出差出行审批，坚持健康监测“日报告”“零报告”等内部防控措施，加强个人安全防护和防疫物资储备，保障口岸疫情防控需要，阶段性实现“零感染、零遗漏、零投诉”的目标。

（撰稿人：尤明浩　刘小娟　汪　磊
杨润飞　林　敏　胡　火
胡婷婷）

武汉新港海关

【概况】武汉新港海关（新港海关）是在武汉海关原现场业务二处基础上，湖北检验检疫局港口办事处管理职责和队伍划入后，于2019年1月2日设立的口岸型海关，辖区范围为阳逻港、花山港、中远海码头及武汉新港空港综保区阳逻园区。辖区内共有5个水运海关监管作业场所（阳逻港一期、二期、三期、花山港、中远海码头），1个海关集中作业场地（阳逻港集中查验中心），2个海关指定监管场地（进境粮食指定监管场地、进境肉类指定监管场地），2个铁水联运业务现场（铁水联运一期和铁水联运二期）。内设办公室（党委组织宣传部）、法制内控科、综合业务科、查验科、口岸监控科、技术检查科、阳逻港园区监管科7个科室。

2021年，新港海关以“强监管、优服务、争第一、创一流”为目标，统筹旗帜鲜明讲政治、千方百计保安全、一心一意促发展、积极稳妥推改革、聚精会神抓建设5项重点工作，全关上下团结一心、步调一致，攻坚克难、奋勇争先，圆满完成各项重点工作任务。受理进出口报关单11.3万票，货值87亿美元，税收入库22.9亿元，监管进出口集装箱53.3万标箱，进出口货运量770万吨。

【政治建设】2021年，新港海关将学习贯彻习近平新时代中国特色社会主义思想、习近平总书记重要讲话、重要指示批示精神和党中央重大决策部署列为党委理论学习中心组学习、党委碰头会、党总支（支部）“三会一课”的“第一议题”，完善抓落实工作机制，把学习融入日常、抓在经常。将学习贯彻十九届六中全会精神作为首要政治任务，用全会精神武装头脑、指导实践、推动工作。党委带头学、支部跟进学、党员自主学、集中辅导学，层层叠加巩固学习效果。组织开展“五个一”活动，即一次主题党日、一次专家讲座、一次学习测试、一篇心得体会、一块宣传展板，确保学深悟透，学用结合，融会贯通。落实党内各项法规制度，压紧压实意识形态工作责任，一体推进总署巡视整改、专项巡察整改、“现场监管与外勤执法权力寻租”专项整治，不断巩固整改成效。

【党风廉政建设】2021 年，新港海关履行全面从严治党主体责任，落实“一岗双责”，签订党风廉政建设责任书，每季度召开党风廉政例会，开展常态化提示谈话，推动党风廉政建设责任落实落地，增强“不想腐”的自觉。开展廉政警示教育，扎实开展警示教育月、廉政宣教月活动，结合总署集中通报的违法违纪典型案例和武汉海关近年通报的违纪违法案例，以案正风、以案肃纪。开展“现场监管与外勤执法权力寻租”专项整治，查找短板弱项，排查廉政风险 9 条，制定问题整改措施 16 条、风险防控措施 17 条。常态化开展业务运行监控，全力支持配合派驻纪检组工作，主动接受监督，构建“业务科室自控+法制内控监控+派驻纪检组监督”的立体监督体系。

【党史学习教育】2021 年，新港海关在党史学习教育中打造“线上+线下”学习平台，原汁原味学好“四本书”，开通“党史上的今天”特色微课堂，组织参加党史知识竞赛、征文比赛，联合综合保税区园区支部开展“党史学习教育专题辅导”，聆听武汉市委党校朱玲琳副教授“以正确党史观看中国共产党百年历史”为题的现场辅导，与口岸监管处党支部，湖北大学通识教育学院行政、学工党支部联合开展主题党日，营造学习氛围。组织参观武汉海关关史荣誉展厅、江汉关博物馆、八七会址等，踏寻红色足迹，传承革命精神。开展建党 100 周年系列庆祝纪念活动，认真学习“七一”讲话重要精神，唱红色歌曲、看红色电影，激发爱党爱国爱关热情。开展“我为群众办实事”实践活动，在压缩通关时间、优化营商环境上办实事，制定集体、个人项目清单 46 项、重点民生项目清单 20 项，46 名党员干部全部完成下沉任务。

【“强基提质工程”】2021 年，新港海关加强党支部、支委班子建设，按规定及时完成增补选工作，明确职责、合理分工。运用智慧党建平台规范组织活动，对照“四强”支部要求和党建工作自查整改清单，开展对照检查，及时补齐短板。执行“三会一课”制度、组织生活和民主评议党员制度，从制度层面和执行层面加强党建基础工作，从源头强化党建与业务的双向结合，推动基层支部由“建起来”向“强起来”转变。将重点工作融入品牌创建，在疫情防控、改革攻坚等工作任务中，支部引领、党员带头，持续深化“国门之眼”“长江之心”等支部品牌。查验科党支部被评为关区“四强”支部、湖北省直机关先进基层党组织。

【国门安全】2021 年，新港海关把疫情防控当成头等大事，锚定“零遗漏、零感染、零投诉”目标，抓好入境人员的卫生检疫，从严做好高风险入境货物的检疫，顶格实施工作人员的安全防护。全年监管进出境直航船舶 62 艘次，核酸采样 124 人次，检疫总人数1,111人。开展冷链食品采样 25 票、511 个样品，非冷样品采集作业2票，预防性消毒处理监督4批次。严格实施封闭人员管理措施，派出直航封闭人员10批、20人次，冷链封闭人员7批、15人次。制定武汉新港海关危险品监督管理相关岗位操作指引、新港海关监管区内超期存储危险品清理工作联系配合实施细则，从申报、查验、处置、应急、场所管理等环节作出规定并落实到位。贯彻落实总体国家安全观，查获固废2批，266.7吨，查获涉濒危物种2批，不合格危化品2批，不合格出口防疫物资23批。查获检疫性有害生物14种，75种次，其中白带长角天牛和大小蠹2种为关区首次检出。查获进口不合格食品6票，退运销毁377.4吨。开展饮用水供水单位监管6次，口岸病媒生物监测工作44次，捕获病媒358只。

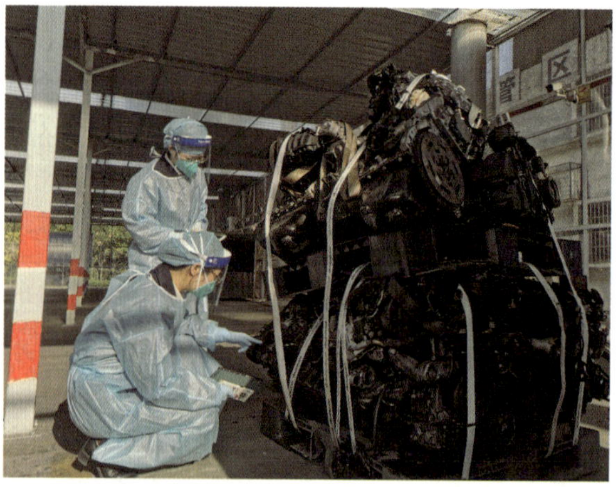

▲2021年10月25日，武汉新港海关关员查获一批进口固体废物

【改革创新】2021年，新港海关探索开展“进口海运国内段运费扣除”，对25家企业的74票货物从完税价格中扣除运抵境内输入地点起卸后的境内段运输及其相关费用168.3万元，为企业减免税24.4万元。积极参与H2018（3.0版）推广，指导企业处理系统升级过程中的各类新问题，探索建立协调跨关区联合出证举措，及时解决上线初期，实施目的地检验的海关无法出具进境棉花品质证、重量证等问题。创新“提前申报+转关单提前核销”监管模式，不断总结操作经验，优化流程，将水运转关报关单平均时效从375小时压缩至210小时。试点“提前申报+直提直装”通关模式，成功试点中日直航货物采用“提前申报+船边直提”模式，实现港口提货作业的零延迟、零等待；成功试点出口危险货物抵港直装，满足企业大批量出运需求，提高通关效率，降低港口危险货物堆存风险。开展出口“抵港直装”6批次32标箱、进口“船边直提”4批次20标箱。提升信息化应用水平，配合完成水运辅助系统切换，阳逻港一期、二期和花山港监管作业场所的水运辅助系统切换至3.0版本，解决直航业务无法申报、一期码头对接等问题，新增预警、通知、提醒功能，减少人工审批数量。

【优化营商环境】2021年，新港海关推广便利化措施，指导企业使用“提前申报”“自报自缴”“汇总征税”“两步申报”“两段准入”等通关模式，主动推介宣传直航船运输方式。设立专岗实施监控，对通关时间较长的货物逐票跟踪，主动服务企业疏通难点堵点。2021年12月进口通关时间130小时，同比2020年12

月压缩11.6%。结合送“服务包”活动，发扬“店小二”精神，深入企业走访调研，主动解决疑难问题、引导便利通关。落实“企呼关应”和通关应急处置机制，收集企业意见建议，解决群众急难愁盼，提升企业获得感。全年通过两项机制解决问题1,622个。创新通关模式，先后打通“铁水联运”“中日直航”“过境贸易”等通关模式，打造“日本—武汉—欧洲、蒙古国”国际物流新通道，助推“武汉港—韩国釜山港”航线开通，降低进出口企业物流运输成本。

▲2021年10月27日，武汉新港海关关员监管“武汉港—韩国釜山港”直航首航

【综保区发展】2021年，新港海关做好“事前”政策宣讲，精准施策，送策上门；加强“事中”联系配合，指导企业规范申报，提升业务办理效率；用好“事后”跟踪分析，深入企业走访调研，促进政策惠企利企，推动园区向货物物流和服务加工并举的转型升级。宣讲区港联动、分类监管、简单加工等新业态，整合“区港联动+两步申报”流程，优化卡口服务功能，满足“两步申报”货物在园区卡口自动抬杆放行，节省企业通关时间。扩展“仓储货物按状态分类监管”业务，阳逻港园区实施“分类监管”企业9家，物流进出7,518车次，产业规模不断扩大。精准帮扶促进保税维修再制造业务，办理首本保税维修账册。拓展棉花仓储、塑料分拨等业务，促进园区新业态发展。

【法治建设】2021年，新港海关开展业务小课堂提升办案能力，推演办案流程，完善细节规范。办理《中华人民共和国行政处罚法》和《中华人民共和国海关办理行政处罚案件程序规定》修订施行后武汉关区首起快速办理程序案件，就更新审批表填制、法律文书制发等作出范本示例，与兄弟海关开展远程交流，线上指导办案。落实“谁执法、谁普法”责任制，开展“4·26”知识产权宣传周进口岸联合宣讲，传达“法治是最好的营商环境”理念，开展“青春与法同行”普法教育进校园，弘扬宪法精神，宣传海关执法理念。

【监管项目建设】2021年，新港海关完成阳逻港一期辐射门光纤对接集中查验中心工程，跟进阳逻港三期H986设备和配套设施建设，推进铁水联运二期场内辐射探测门选址，提升H986设备应用效能。加强业务指导，推进原木指定监管场地申报（备案）事宜，完成预验收考核。强化科学管理，对粮食进境指定监管场地开展全面核查，督促完善整改。进境粮食（玉米、大豆、大麦等）325 标箱，7,213吨，同比增长 152%、225%。逐条逐项梳理海关监管作业场所设置要求，有序推进铁水联运二期项目，保障顺利开港。在企业与相关政府部门间搭建沟通桥梁，推进查验中心项目尽快验收启用。

【队伍建设】 2021 年，新港海关严格落实教育培训规定动作，全员培训完成率 100%。自主开展专业技能培训，积极参加岗位练兵比武，全面提升业务水平。派员参加总署、总关集中工作，录制“武关博苑”小课堂，着力培养专家型队伍。设立党员示范岗、“直航专窗”、“楚才卡”服务专窗，落实“首问负责制”，提升群众“满意度”。开展经常性交心谈心，及时了解掌握干部职工思想动态，强化教育引导、规范管理。推进新办公楼建设及搬迁工作，研究制订文化宣传建设方案，着力营造良好的工作、生活环境。

（撰稿人：王　莹　吕洁文　陈　仪
张　明　黄文峰）

武汉邮局海关

【概况】武汉邮局海关（邮局海关）前身是2015年8月设立的武汉海关驻邮局办事处（副处级），2016年10月总署批准为正处级派驻机构。2018年机构改革后，湖北出入境检验检疫局邮检办事处管理职责和队伍划入，2019年1月2日正式成立。承担武汉关区进出境邮件、快件（不含D类）和跨境电商（9610）的口岸通关监管业务。内设办公室（党委组织宣传部）、法制内控科、综合业务科、查验科4个科室。

2021年，邮局海关坚持以习近平新时代中国特色社会主义思想为指导，深入贯彻党的十九大和十九届历次全会精神，锚定"强监管、优服务、争第一、创一流"目标，以厚植党建文化、涵养队伍政治素养和战斗力为着力点，以提高队伍综合素质和优化"邮快跨"渠道营商环境为落脚点，较好地完成了全年各项工作。监管进出口邮件1,061万件，同比（下同）下降6.55%。其中，进口92.77万件，下降17.64%；出口968.23万件，下降5.33%；监管进出口快件149.5万件，增长44.28%，货值3.89亿元，增长48.29%；验放跨境电商（9610）进出口清单5,120万份，增长441.07%，货值37.76亿元，增长414.97%。查验科获评2021年全国"扫黄打非"先进集体，1人获评湖北省脱贫攻坚先进个人。

【政治建设】2021年，邮局海关建立健全第一时间贯彻落实习近平总书记重要讲话、重要指示批示精神和党中央重大决策部署机制，系统学习习近平新时代中国特色社会主义思想，开展党史学习教育专题学习和十九届六中全会读书班，组织开展党委理论学习中心组学习23次，研讨8次。开展党总支党史学习"每周一课"，通过党委理论学习中心组引领学、支部集中学、教育基地实践学、线上线下相辅学、党史读书班研讨学、共建互助学等，建立起"每日自学、每周领学、每月集中"的学习机制；鼓励关员向党组织诉说自己的内心想法和感动，递交心得体会62篇，组织"七一"唱红歌、观影等，引导党员念党恩；认真开展"我为群众办实事"实践活动，制定任务清单30条，组织党员积极下沉社区，开展“邮我随行 普法宣传下社区”活动，下沉社区198次，计490.5小时。对照武汉海关贯彻落实总署党委第八巡视组巡视反馈意见举一反三整改清单，制定任务清单，明确责任领导、责任人、责任科室、完成时限以及督办科室，建立起“部署—整改—落实督办”整改闭合链条；对2项整改事项制定8条整改措施，全部整改完成；通过“勤学+反思+整改+回看”的方式举一反三，对涉及其他隶属海关的39条整改事项制定17条细化举措。按照“现场监管与外勤执法权力寻租”专项整治工作要求，把握时间节点，从责任科室和实施流程入手，制定“查、谈、学、议”四步工作法，结合业务特点和实际，从实查找各岗位、环节和流程的风险点，梳理出重点问题29条，确立重点廉政岗位人员7人；针对查找问题，制定3条细化措施。

【队伍管理】2021年，邮局海关新一届党委成立后，及时调整班子分工，健全党委决策和运行机制，修订完善22项内部管理制度；制定年度普法规划和责任清单，开展宪法、安全生产法等专题学习，党委听取法治工作专题汇报2次。完善组织架构，配足配齐基层支部班子，严格组织生活，认真落实“三会一课”制度，开展党建共建活动，先后与邮政公司、武汉天河机场海关围绕学习党史和十九届六中全会精神开展共建，就疫情防控、后勤保障、政务综合、业务等开展交流。开展党务培训和“随堂考”，把抓好党建工作作为支部书记“邮你开讲”第一课题，以教促学，提高党务工作者能力水平。建立处科两级处置问题机制，科室问题经党委研究后，分管领导跟进督导，通过日常谈心谈话及时了解人员所思所想所需，防范化解风险隐患。开展“警钟长鸣强震慑，清正廉洁做表率”警示教育月活动，集中学习总署政治部驻署纪检监察组有关违纪违法和问责典型案例，以案说法，强化全员纪律意识，树牢底线红线。支持配合派驻纪检组工作，及时报告反馈存在的风险隐患，配合派驻纪检组开展监督执纪问责等各项工作；外聘8名特约监督员，公布举报电话、邮箱等，畅通外部监督渠道。围绕打造“政治坚定、业务精通、令行禁止、担当奉献”的准军事化海关纪律部队建设要求，扎实开展“内务规范强化月”活动，每月开展纪律作风检查和内务督察，对考勤、工作纪律和关容关貌进行抽查和通报，加强作风养成。

【海关监管】2021年，邮局海关执行邮件、快件、跨境电商“双随机、一公开”监管制度，落实进口邮快件原则上100%机检查验的要求，对高风险邮件、快件、跨境电商货物100%开箱查验，实现快件机检图像与报关单信息同屏对比；扎实开展“国门利剑2021”及“蓝天2021”联合专项行动，严厉打击毒品、枪爆、象牙、“洋垃圾”固废走私等，查获毒品和精神药物98起，枪支零部件6起，濒危野生动植物及其制品 102 起（其中象牙 19 起，蟒蛇皮 5 张），电信诈骗通讯器材 6 起。配合“龙腾行动 2021”，办理侵权物品4,432件，案件 34 起，占武汉关区办理总量99%以上。加强办公大楼、监管场所的安全自查，认真进行监管场所、卡口巡查，督促监管场所业主方切实履行场所安全职责。

▲2021 年 5 月 10 日，邮局海关关员查获进境劳力士侵权手表

【优化营商环境】 2021 年，邮局海关召开企业座谈会 4 次，解决企业急难愁盼问题 8 个，出台优化措施 6 条。帮助中外运敦豪国际航空快件有限公司湖北分公司完成中港直通车测试。协调邮政减免邮件代理费，统一关邮对外咨询口径，制定邮递物品通关监管操作指引。优化快件申报，提高邮快件通关时效。支持邮政企业 12 月正式开展跨境电商（9610）邮件出口业务，开展跨境电商业务的企业增至 4 家。

▲2021 年 10 月 1 日，邮局海关关员加班验放国际邮件

【风险防控】 2021 年，邮局海关建立“一般风险”和“高风险”收件人库，分类提请预警、布控、移交等后续处置。加强外部协同，重点强化与濒管办等单位联系，解决查获物品认定难、处置难等遗留问题。开展内控自查 4 次，查找问题 102 个。应用 HLS2017 系统开展数据监控，积极向总署、总关建言献策，帮助完善监控分析系统查询模块功能及非贸数据纠错。

【政务综合】 2021 年，邮局海关以“强化基础、规范作业、提升效能”专项活动为契机，制定管理制度 3 个，修订制度 11 个。开设“邮你开讲”讲堂，轮流讲授党务、政务、业务等工作方法和技巧。开展重点岗位培训，参加商检、监管条线岗位练兵，互教互学，以考促学，提高整体业务水平。建立重点事项督办和问题清零两张清单，梳理重点事项 27 项，问题 38 个，办结重点工作 5 项，清零问题 27 个。建立专职信息员队伍，开展信息宣传培训，培养“日常+专题”信息人员，建立信息量化考核机制。

【家园建设】2021 年，邮局海关顺利完成新办公大楼整体搬迁，2021 年 8 月 2 日起在新址对外办公。打造“书香邮关”，做好职工之家建设，提高干部职工获得感。

【疫情防控】2021 年，邮局海关制定《武汉邮局海关新冠肺炎疫情防控管理办法》《武汉邮局海关新冠肺炎应急处置预案》等 7 个文件，完善科室防疫职责、日常监督和应急处置流程。结合最新防护要求，开展处科两级培训、应知应会测试。建立疫情防控台账，实现“可溯源”倒查。严格内部防控，确保人员“应检尽检”，疫苗“应接尽接”，场所“应消尽消”，物资“应存尽存”，健康状况“应报尽报”。实现海关办公区域人员全闭环管理，严格出差出行审批，外来人员访客登记，进入办公场所“四必查”。组织开展疫情防控应急演练，提高了应急处置能力。

（撰稿人：王　静　巴　黎　乔　亮　张　伟）

汉阳海关

【概况】汉阳海关前身为1996年成立的武汉经济技术开发区海关。2018年，湖北局武汉经济技术开发区办事处管理职责和队伍划入后，调整更名为汉阳海关。业务辖区范围为武汉市（长江以北地区）、武汉经开综合保税区、孝感市的各项海关业务，以及承担武汉市各业务现场集中验估工作、武汉关区部分非贸易业务等属地集约业务。内设办公室（党委办公室）、人事政工科（党委组织宣传部）、法制内控科、综合业务科、孝感现场业务科、集中验估科、企业管理科、查检科、经开综保区监管科9个科室。

2021年，汉阳海关以习近平新时代中国特色社会主义思想为指导，深入学习贯彻党的十九大和十九届历次全会精神，扎实开展党史学习教育，紧密围绕“强监管、优服务、争第一、创一流”目标，聚焦旗帜鲜明讲政治、千方百计保安全、一心一意促发展、积极稳妥推改革、聚精会神抓建设五项重点工作，稳步推进“三大工程”“十件实事”。征收税款22.8亿元，监管进出口货运量87.6万吨。

【党的建设】2021年，汉阳海关严格落实“第一议题”制度，打造理论、视听、体验3个课堂，扎实开展党史学习教育，引导党员干部不忘初心来路，开展“我为群众办实事”实践活动项目60余个。进一步规范“三重一大”决策程序，结合实际调整党委议事清单，完善党委请示报告制度。深化与纪检组的会商通报机制，研究形成汉阳海关关于加强政治建设的意见、“关长谈心日”制度等，经常性开展谈心谈话，进一步严明政治纪律和政治规矩。深入21家企业调研，推动送“服务包”工作走深走实。将主题党日与传统节日、重要节点相结合，与辖区企业、结对社区开展共建活动11次，以联合联动提升活动效果，以党建交流促进业务帮扶。综合业务科党支部被复核为湖北省直机关“红旗党支部”和武汉海关“四强”支部，稽查科党支部被复核为总署培育品牌。

【专项整治】2021年，汉阳海关在“现场监管与外勤执法权力寻租”专项整治工作中，确定自查、整改、验收、长效机制建设4个环节，13项重点扎实推进。在自查中发现卫检和动植条线存在“事前事中事后”监管未分离、集中在同一个科室的问题后，汉阳海关迅速研究整改，调整职责分工，将各阶段的监管职责分别划入企业管理科、查检科、稽查科3个科室，从机制上防范业务廉政风险，相关整治工作经验在驻署纪检监察组网站上刊登。排查高风险岗位和人员105个，梳理廉政风险点5个，明确重点关注对象5个、重点关注单位6个，并与巡察、审计相结合，将整改成果转化为推动工作开展的动力。

【队伍建设】2021年，汉阳海关开展党风廉政教育活动，以案明纪、以案促廉；用好监督执纪“四种形态”，邀请家属参与发挥“八小时外”的监督作用，全年未发生不廉洁情事。扎实推进全员学习培训，封控期间组织开展3期“快充训练营”主题学习，参与武汉海关业务人员共享工作，多人次参与总署稽查条线改革课题研究和专项工作，干部能力素质得到锻炼提升。以危包检验监管资质考试和岗位练兵为契机，内部挖潜充足资质人员，34名干部取得危包监管资质，占总人数的60.71%。

【税收征管】2021年，汉阳海关加强税收预测和动态监控，走访调研辖区重点税源企业，优化属地纳税人管理，稳步推进税收进度。加强税收要素审核，1—10月承担武汉海关80%的集中验估作业，指导解决各现场的通关疑难问题，验估处置及时率100%；成立集中验估科后，承接武汉市内集中验估工作，高效处理疑难问题，进一步增强税收风险防控能力。精简减免税审批流程，支持企业依法享受税收优惠，为辖区航空维修龙头企业——武汉航达减免税款700万元，集中办理地铁集团进口设备退税近2,000万元。推广“单一窗口”系统运用，发挥“智能审核+自助打印”作业优势，为企业签发出口原产地证2.21万份，助力企业享受进口国关税优惠1.68亿元；线上线下多渠道宣传RCEP原产地享惠政策，引导企业抢抓RCEP机遇，不断提高企业优惠贸易享惠度。

【安全监管】2021年，汉阳海关牢固树立安全生产理念，深刻汲取重大安全事故教训，全面排查管理漏洞和风险隐患，压实企业主体责任，妥善解决综保区内液氨存储问题。为辖区重点粮食进口加工企业——中海粮油解决生产断料危机，保障国家进口储备粮食顺利入库。承接进口食品目的地事中查验，查获进口固体废物2批。重点加强涉危监管，对辖区涉危企业进行摸底，梳理企业信息、出口危险品类别、检验要点等数据，建立风控档案并动态管理，全面掌握辖区危险货物监管情况。探索实施专业人才项目化管理模式，组织取得监管资质的干部轮流到孝感跟班作业，解决驻外科室人员长期固化的问题，从制度上防范业务和岗位风险。

【企业管理和稽查】2021年，汉阳海

关加强高级认证企业的政策宣传和培育力度，聚焦省市重点扶持企业、生物医药等新业态企业、“一带一路”关联企业等，分批次选定培育对象，一对一指导帮扶，扩大企业认证规模。开展企业高级认证 9 家，辖区高级认证企业达 26 家，占武汉海关高级认证企业总数的四分之一以上。选派业务骨干参与武汉海关企业认证中心工作，协助随州海关开展辖区高级认证企业培育认证，对武汉关区整体企业认证工作给予支持。扎实开展送“服务包”活动，主动对接企业定制个性化服务措施，打通企业问题反馈渠道，建立问题解决机制。活动开展以来，调研企业 21 家，解决疑难问题 19 个。引导 3 家重点蜂蜜和蜂蜜产品生产企业对沙特阿拉伯注册，支持湖北特色农产品远销海外的举措被《中国国门时报》头版报道。

2021 年，汉阳海关在武汉关区首次通过稽查查发进口固体废物情事，首次核查查发跨境电商渠道无证进口含濒危成分商品情事，有力打击走私违法行为。引导企业办理主动披露 24 起，依法为企业减免滞纳金 205 万元，助力企业充分享受诚信守法红利。1 条报署行业性稽查建议被总署采纳并组织全国专项稽查行动，为近年来武汉关区首条，并在全国专项部署会上交流经验；2 篇稽核查案例作为中西部海关代表入选全国案例汇编。稽查有效率 93. 33%。

【创新服务举措】2021 年，汉阳海关推广通关便利措施，“两步申报”“提前申报”应用率分别达到 18% 和 36%；党委专题研究通关时间问题，对内压紧各作业环节结合部，对外协调对接口岸海关，及时处置异常情况，全链条提升作业效率，确保报关单当日结、复杂问题不拖延。进、出口通关时间分别为 75. 16 小时和 0. 48 小时，较 2017 年全年分别压缩 75. 12% 和 94. 47%；较 2020 年全年分别压缩 65. 52% 和 49. 47%。

帮扶国家新能源汽车检验中心落地享惠，对辖区重点车企实施“大企直通车”帮扶措施，开辟 7×24 小时预约通关模式，助力湖北汽车产业链接世界。主动联系洋山海关，将京东方进口危险品由口岸转至汉阳海关进行属地查验，保障企业急需货物快速通关，支持“光芯屏端网”项目发展。

2021 年，汉阳海关办理武汉关区首票报关企业“许可改备案”业务，减少行政审批事项，降低企业制度性成本；率先试点企业集团加贸监管模式，简化业务办理手续，提高企业货物周转效率；研发留学生购免税车线上监管模式，为行政相对人提供便捷高效的服务；创新远程视频查验举措通过总署备案，查验效率提升 3 倍，解决企业查验“排队”等待问题；作为武汉关区“智慧核查”的试点单位，参与系统开发和规程编写，推进关区远程核查的改革项目。

【综保区发展】2021 年，汉阳海关配

合推进经开综保区内基础设施建设，指导武汉心之怡仓储服务有限公司 2.4 万平方米的新仓落地验收，完善区内仓储物流基础。加大宣传指导力度，推动省政府促进综保区高水平开放高质量发展的措施落实落地，扩展区内内销选择性征收关税试点成效。推进解决经开综合保税区内武汉唯冠科技有限公司破产案件，依规处置该企业存放于综保区内的货物资产。加强正面监管，扎实推进跨境电商进口走私“断链刨根”专项整治行动，规范压实企业主体责任，支持跨境电商新业态健康发展。联合地方主管部门赴杭州海关和阿里公司调研跨境电商业务，了解行业前沿趋势，交流学习跨境电商监管服务经验。支持保障电商大促的关键节点，充实监管力量，开展服务器数据压力测试，制定分流分压措施，全方位做好工作预案和配套保障。

▲2021 年 11 月 1 日，汉阳海关关员监管跨境电商进口商品

【政务管理】2021 年，汉阳海关以“强化基础、规范作业、提升效能”专项活动为契机规范内部管理和业务运行，制定和修订文件 8 个。作为武汉关区首个整体绩效评价试点单位，同步纳入财务司和湖北省财政厅试点范围，进一步完善预算绩效管理制度体系，并为武汉关区提供参考示范。依法依规注销原武汉经济技术开发区海关机关服务中心，规范事业单位管理。开展三级值带班工作，完善值班室的工作生活设施，开展值班培训，编制值班应知应会手册，确保值班应急工作万无一失。制定《公务用车管理办法》，完善用车管理制度，探索兼职驾驶员的管理模式，坚持线上平台审批派车并定期公示，保障关区业务及应急工作用车需求。对机构改革后符合报损报废条件的闲置资产（重点对原开发区海关 1996 年开关以来资产）进行全面清理、现场核实，并按规定开展固定资产报废审批、处置及账务处理工作。加强档案安全管理，整理交接机构改革期间原现场业务一处的档案 2.9 万册，销毁 1.18 万册，归档 1.72 万册，严防档案损毁泄露。

2021 年，汉阳海关从队伍组建、工作制度等方面着手加强信息宣传工作，组建汉阳海关信息员队伍，加强信息点的梳理和约稿，挖掘盘活信息资源，及时反馈武汉海关报署信息约稿。撰写的《海关信息》得到多位省领导批示；结合关区特点组织报送新闻稿 23 篇，被《中国国门时报》、湖北卫视、“学习强国”平台等采用。

【后勤保障】2021 年，汉阳海关对院区地面完成硬化刷黑改造，规整美化工作生活环境；推进孝感办公点搬迁，改善驻外科室办公条件；改造优化篮球场，修建休闲走廊等惠民工程落地。

【疫情防控】2021 年，汉阳海关根据武汉市新冠疫情防控指挥部 2021 年 1 号通告，自 2021 年 8 月 2 日起，将武汉经开沌口街道划定为中风险地区，地处中风险地区的汉阳海关施行封控管理。汉阳海关全体在关干部令行禁止、驻扎一线、原地坚守，第一时间组织全员核酸检测，成立应急处置工作专班，确保应急指挥体系 24 小时畅通，及时向武汉海关指挥部汇报请示，紧密与地方疫情防控部门的联系配合。梳理交接一线业务，统筹人力确保线上业务不断档，支持中风险地区企业复工复产；充实后勤生活保障，成立女同志关爱小组，加强对聘用人员、服务外包人员的管理，疏导缓解干部职工压力。封控期间，牢牢守住“零遗漏、零感染、零投诉”目标。根据武汉市新冠疫情防控指挥部 2021 年 5 号通告，自 2021 年 8 月 24 日起，将武汉经开区沌口街道调整为低风险地区，汉阳海关解除封控。

▲2021 年 8 月 2 日，汉阳海关连夜召开疫情防控领导小组会议

（撰稿人：王曈彤　孙　晨　代生云　李美云　沈伊亮　汪群挚　张　亮　潘　玮）

武昌海关

【概况】武昌海关前身为武汉东湖新技术开发区海关，2007年7月批准成立，10月开关。2018年机构改革后，成立武昌海关，业务辖区范围为武汉市（长江以南地区）、中国（湖北）自由贸易试验区武汉片区、武汉东湖综合保税区、咸宁市的各项海关业务；承担关区部分属地集约业务。内设办公室、人事政工科、法制内控科、综合业务科、咸宁现场业务科、减免税集中作业科、加工贸易集中作业科、企业管理科、查检科、自贸区和综保区监管科10个科室。另设东湖缉私分局，承担武昌海关、汉阳海关、黄石海关、鄂州海关4个隶属海关辖区内的打私和处置工作。

2021年，武昌海关围绕“政治建关、改革强关、依法把关、科技兴关、从严治关”的建设要求和“强监管、优服务、争第一、创一流”的目标，统筹抓好疫情防控和促进外贸稳增长工作，各项业务平稳运行。辖区共有在册企业5,210家，其中高级认证企业32家，占武汉海关近三分之一。进出口货物报关单（已结关）16.02万份，同比（下同）增加43.5%。监管进出口货运量20.06万吨，开展货物查验6,455批。税收入库89.54亿元，增长51.1%。被湖北省总工会授予湖北五一劳动奖状，获评“2020年度东湖高新区绩效管理综合考评立功单位”。武昌海关党总支通过全国海关党建示范品牌复核认定。武昌海关综合业务一科被评为第20届全国青年文明号。

【政治建设】2021年，武昌海关全面落实“第一议题”制度，先后召开党委会、党委碰头会64次，发挥党委理论学习中心组龙头作用，党委理论学习中心组开展集中学习30次、集中研讨5次。通过“三会一课”、主题党日、“微信群天天学”等多种方式，贯通“四史”和海关史教育。开展“党史微影院”、“升国旗唱红歌”、主题演讲、红色书画征集等多种活动，庆祝中国共产党成立100周年。完成关党委、各科室、全体党员三个层面2+9+56项“我为群众办实事”项目，与121家辖区企业建立“服务包”工作机制。党委班子成员带头下沉科室支部抓堵点、解难题，开展科级领导班子和干部队伍纪律作风整顿，将纪法教育、警示教育纳入常态化学习。坚持党风廉政建设和反腐败工作例会、全面从严治党工作专题会和派驻纪检组会商制度。对照总署党委第八巡视组对武汉海关巡视反馈的42项整改事项，对直接点明涉及武昌海关的问题立行立改，制定立行立改措施42条；对其他问题举一反三，制定长期坚持措施42条，挂图作战确保整改到位；对照武汉海关党委第三巡察组向武昌海关党委反馈的4个方面10个主要问题，以“回头看”的方式对69项整改措施落实情况和相关成效进行评估，全面检视整改落实情况，巩固整改成效。

【队伍管理】2021年，武昌海关将强化纪律作风建设与党史学习教育、常态化疫情防控工作结合起来，开展内务规范、会风会纪、政风行风建设、疫情防控等相关工作落实情况督导检查，落实领导带班轮巡周检查制度，加强对现场监管与外勤执法人员、对外服务窗口的日常管理。组织执法一线科室全体44人参加总署2021年进出口危险品及其包装检验监管岗位练兵和技能比武，选派4名同志结合自身特长录制“工作小技巧”视频并在“武关博苑”播出。扎实做好“现场监管与外勤执法权力寻租”、跨境电商“断链刨根”和“9·17”案件专项整治，开展党风廉政建设宣传教育月活动，党委带头学习系列典型案例通报，组织集中观看廉政警示教育片，讲授纪律党课，切实防范廉政风险。

【通关监管】2021年，武昌海关统筹压缩整体通关时间，定期清理未结关、未放行报关单并及时进行处置。每日分析进出口时间最新动态，发现异动及时跟踪查找原因。针对“光芯屏端网”企业进口的超精密仪器无法在口岸开箱和过机查验的难题，多次与口岸对接协调，及时反馈口岸无法开箱导致的查验异常货物信息，实现到货后“零等待”现场查验，每批货物节省时间成本3~5天。全年进口整体通关时间35.48小时，出口整体通关时间0.98小时，较2020年实现进一步压缩。查获固体废物1批，依法监督企业退运。查获不合格商品60余批，首次检出进境服装纤维含量标识和标签不合格。新开检出口生物材料（猴源性成分检测）、进境药用大豆

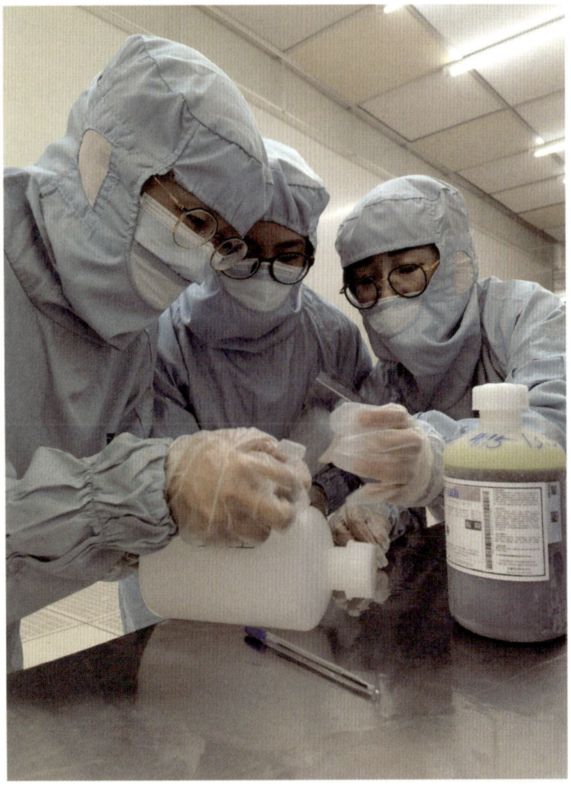

▲2021年4月23日，武昌海关关员在高新技术企业无尘车间开展取样作业

油、进境绿豆等多种商品，量体裁衣制定查验方案。加强涉新冠特殊物品后续监管，开展进境疫苗受试者人体血清样本后期监管累计7批、11.3万份。做好危化品监管工作，走访辖区进出口危化品企业，签订安全责任承诺书，督促企业切实履行安全生产主体责任；开展国门生物安全监测，实施实蝇监测布点、供港蔬菜抽样、进境粮食后续监管以及杂草监测等，对红火蚁、“加拿大一枝黄花”等外来入侵物种开展普查监测与防除。

【税收征管】2021年，武昌海关加强政策研究和税收监测分析，确保税款“应收尽收”“应免尽免”。对标总署量化考核指标，全面落实属地纳税人管理，开展企业规范申报率源头式核查及管控，发现错误举一反三及时纠正整改。充分运用系统进行数据分析，结合内控工作机制，重点对提前申报汇率适用、汇总征税按期缴纳、同名异号核查以及担保处理及时性等数据进行分析研判。主动作为，加强联系配合，积极推动国库武汉市东湖新技术开发区支库完成国库退款工作，涉及报关单1,147票，为两家集成电路企业共计退税6,242.79万元。

【企业管理】2021年，武昌海关办理企业注册903家，企业注销286家，辖区在册企业达5,210家。摸清一般认证企业存量，组织政策宣导，实施高级认证企业“个性化”信用培育，对出口食品类企业给予重点指导。优先为高级认证企业办理海关手续，推广“中国海关信用管理”微信平台，提供信息服务和帮扶培育，实施“一企一策”，加快新申请企业认证工作进程。全年新增高级认证企业12家，高级认证企业总数突破32家，占武汉海关高级认证企业总数的近三分之一。深刻吸取跨境电商相关走私案件教训，督促综保区管委会将视频监控平台扩容升级，完成跨境电商仓库摄像头接入。加强电商企业资质管理、场所和账册管理、税收和担保管理、现场日常监管，提升正面监管效能。开展打击跨境电商进口走私“断链刨根”专项整治行动，核查8家仓储企业保税情况。筛查清理“存量企业”资质合规准入异常数据近200条。

【稽查缉私】2021年，武昌海关创新稽核查作业模式，加大“智慧核查”应用力度，应用远程作业支撑平台对辖区5家定期管理类（可应用远程类核查）进行视频核查，海关核查工作效能大大提高。办结稽查作业33家，超额完成年度稽查考核任务数。专项稽查有效率78.79%。核查企业152家，办结148家。办理“两简案件”以及“涉检案件”的简易程序案件17起，完成任务数的170%。

2021年，武昌海关开展“国门利剑2021”系列专项行动，打击各类走私违法犯罪行为。刑事立案11起，行政立案38起（涉检案件5起）。坚决落实总体国家安全观，重拳出击开展打击香烟、雪茄走私，打击“水客”代购走私，打击涉枪支走私，打击淫秽物品走私等专项行动。

【优化营商环境】2021 年，武昌海关举办线上“海关政策宣讲暑期班”8 期，组织执法一线业务骨干针对企业普遍关注、反映较多的问题进行线上释法送策，共 300 位企业代表参加。召开集成电路企业线上政策宣讲会，平稳应对集成电路政策类《征免税确认通知书》增长。开展知识产权保护宣传活动，引导企业规范出口行为，提高自检自控能力。鼓励企业主动寻求知识产权海关保护，助力企业做好品牌维权、推广，指导辖区内 6 家企业在总署知识产权备案系统备案商标及专利百余项。深入嘉鱼、通城茶叶基地解决规范难题，扶持地方特色产业发展；服务国家紧急储备措施，协助辖区 4 家企业紧急调运粮食 3.8 万吨，指导企业完善接卸、运输、存放等环节防疫措施；一对一帮扶指导企业出口新冠试剂盒，抢占国际市场。高效推进减免税和加工贸易集约化改革，确保人员按时调整到位、办公场所设施调配到位、对外公告宣介到位，业务不断不乱、高效有序。积极承担总署原产地以及减免税智能审核相关系统试点任务，为系统在全国正式上线贡献“基层力量”。在辖区企业推广多元化担保业务，实现武汉海关首家集团财务担保落地，为企业节约成本约3,700万元。在东湖综保区内全面实施企业自主备案、合理自定核销周期、自主核报、自主补缴税款，简化业务核准手续，提升贸易便利化水平。大力支持区内企业开展委托加工、保税维修、融资租赁等业务，助力合规企业提高效益扩大产能；指导武汉金宇综合保税发展有限公司开展跨境电商“网购保税+线下自提”，经营面积从5,000平方米扩充到 3 万平方米，成为湖北省内唯一线下自提店。根据总署对全国 134 个综合保税区发展绩效评估结果，武汉东湖综保区 2020 年绩效评估全国排名提升至第 21 位，评定类别由 B 提升至 A。在中西部综保区中排名提升至第 6 位，评定类别由 A-提升至 A。

▲2021 年 11 月 3 日，武昌海关关员调研“光芯屏端网”企业，了解向“一带一路”沿线国家和地区出口情况

【政务管理】2021 年，武昌海关开展“强化基础、规范作业、提升效能”专项活动，梳理关本级制度性文件 99 份，提出修改意见、建议 8 条；信息宣传、政务服务、机要档案、科技信息化建设、财务资产管理等工作均平稳有效推进。

【疫情防控】2021 年，武昌海关第一时间传达学习各级疫情防控文件精神，及时调整内部防控应急处置措施，开展疫情防控应急演练；强化办公场所日常管理，严格落实“应检尽检”“应接尽接”要求，落细落实干部职工及院内外包人员个人防护。

【后勤保障】2021年，武昌海关发挥工会职能作用，慰问全关就地过年和坚守岗位的干部职工，开展暖心“双送活动”，增强干部职工归属感；承接落实关区“三大工程”“十件实事”重点项目，认真做好“我为群众办实事”实践活动；开展为期1个月的“爱车护车规范月”活动，进一步强化车队管理，提升司机安全意识；进一步优化食堂采购流程，严格执行“采管分离”，防范非执法领域风险。

（撰稿人：万　宇　邓　晗　李　咏　余炜烨　朱宏驰　朱　轶　肖俊杰　韩　菲）

汉口海关

【概况】汉口海关于2019年1月设立，属偏口岸综合型海关。业务辖区横跨武汉市东西湖、黄陂两个行政区，共有4个监管作业场地（中铁联集海关监管作业场所、武汉新港空港综合保税区东西湖园区、湖北整车口岸监管场地、汉口北海关监管作业场所）。2021年12月，新增稽查业务，该业务辖区包括武汉、孝感、咸宁、鄂州、仙桃、天门和潜江7地，工作半径达100多千米。内设办公室（党委组织宣传部）、法制内控科、综合业务科、车站监管科、东西湖园区监管科、汉口北监管科、稽查一科和稽查二科8个科室。

2021年，汉口海关围绕“强监管、优服务、争第一、创一流”的工作目标，统筹发展和安全，强化监管优化服务，持续抓好疫情防控和促进外贸稳增长，深入推进“政治建关、改革强关、依法把关、科技兴关、从严治关”建设。进出口货值44.05亿美元，税收入库10.12亿元；监管中欧班列（武汉）411列、3.9万个标箱，同比分别增加91.2%、91%，保障中欧班列28条运行线路稳定开行；受理跨境电商网购保税进口（1210）清单货物6,215.25万元，办理分类监管6,106批次，监管进口整车1,066辆；市场采购出口值30.6亿美元。车站监管科党支部被评为第四届湖北省直机关“红旗党支部”，支部工作入选全国海关《支部书记“百问百答”》。

【党的建设】2021年，汉口海关坚决落实“第一议题”制度，以高度的政治自觉和行动自觉贯彻落实习近平总书记重要讲话、重要指示批示精神和党中央国务院重要决策部署，开展“学思想、编专栏、讲党史、忆初心、创品牌”等活动，多方位多角度系统推进党史学习教育。党总支下沉社区工作经验、车站监管科党支部先进事迹分别被总署《金钥匙》杂志刊发。通过落实特约监督员制度、开展警示教育活动等形式，增强政治定力，营造风清气正的基层政治生态。“现场监管与外勤执法权力寻租”专项整治工作全覆盖零遗漏，排查风险隐患13个，全部完成整改。

【国门安全】2021年，汉口海关从严、从紧、从实狠抓各项疫情防控措施落实，建立日常检查制度，落实疫情防控各项举措，确保疫苗接种全覆盖，核酸检测无遗漏，人员管理有方法，健康监测每日查。关领导轮流每周深入口岸带班督导，集中优势力量保障铁路口岸“非冷”作业，及时更新和完善各类应急预案和方案，确保出现紧急情况时能够迅速应对，及时处置。将缉私工作纳入全年重点工作，制定完善汉口海关案件审理工作规程和行政处罚案件办理操作手册，办结行政处罚简易程序案件、简单案件7件。严格进境商品检验检疫，坚守国门生物安全防线，有效防止不合格或高风险商品流入国内市场。2021年，共查获2批未获准入进口动物油脂，2批包装破损进口纯牛奶，1批含有来自疫区动物源性成分的宠物罐头食品，完成红火蚁、实蝇和林木害虫等监测。

【优化营商环境】2021年，汉口海关创新机制压缩通关时间，“企呼关应”提升服务质量，进一步优化营商环境，提升企业获得感。研究形成13条措施压缩通关时间，努力克服铁路口岸多为转关货物导致通关时间较长等实际困难，压缩每一环节作业时间，每日对“超48小时未放行报关单”进行监控，及时处置。通过“提前申报”、缩短后续处置时间、建立约谈机制、加强未结关报关单清理等措施，进一步压缩出口通关时间。全年进、出口整体通关时间分别压缩32.1%、58.4%。高质量开展“我为群众办实事”实践活动，为进出口企业送“服务包”，高效处置反馈企业诉求，为企业解决问题10个，办结企业通关环节需求40余条。结合关区业务特点，积极宣传中欧班列国内段运费扣除政策，详细讲解通关模式、税收政策，简化申报随附资料，提高通关放行速度，累计为企业扣除中欧班列国内段运费15万美元，切实为企业节省经营成本。制定《汉口海关2021年普法计划》，结合“8·8”海关法治宣传周、“12·4”宪法宣传周等特殊时间节点，组织开展各类普法宣传活动13次。

【支持中欧班列发展】2021年，汉口海关支持中欧班列增量扩线，推动形成湖北省“联通欧洲、覆盖中亚、衔接日韩、连接东盟”的国际多式联运服务网络。5月20日保障首列“武汉—阿拉木图”中欧班列顺利发运，11月1日保障“武汉—钦州—东南亚”铁海联运班列首发。全年，中欧班列（武汉）共有28条稳定运行线路，其中新增中亚线路3条，监管中欧班列（武汉）411列、3.9万个标箱。积极落实“中欧班列+N”改革，2021年5月27日实现中欧班列（武汉）加跨境电商出口海外仓（9810）业务功能叠加，保障700件宠物推车搭载中欧班列出口欧洲；6月22日，通过中欧班列（武汉）出口54万个新冠病毒检测试剂盒，助力全球抗疫；10月13日，保障中欧班列（武汉）沃尔沃整车进口专列入境，推动整车进口口岸开放功能逐步完善。

▲**2021年5月20日，汉口海关监管中亚班列首发武汉—阿拉木图班列**

【服务整车进口】2021年，汉口海关依托新港空港综合保税区东西湖园区（以下简称“园区”）实现汽车保税存储业务跨步发展。充分发挥园区毗邻武汉整车进口进口口岸的区位优势，拓展整车进口口岸监管范围至园区。主动介入沃尔沃整车进口项目，成立工作专班，聚焦企业关切，“量身定制”方案，优化业务流程，解决企业多次运输、申报烦琐等痛点，大幅提高通关效率。自2021年10月13日第一批沃尔沃车辆抵汉以来，全年完成1,066辆整车上线检测、入区保税和检验查验等业务。推动落实省政府促进综合保税区高水平开放高质量发展若干措施任务试点，开展平行进口整车入区保税试点业务，全年完成66辆平行进口车上线检测出区。

▲**2021年10月19日，沃尔沃整车进口抵达东西湖区综合保税园区**

【助推外贸新业态发展】2021年，汉口海关推动跨境电商、市场采购等外贸新业态高质量发展，保障京东跨境电商项目在综保区落地，针对“双十一”“双十二”业务高峰，提前摸底，研究方案，合理排班，科学调配，实现24小时通关。保障跨境电商网购保税进口（1210）6,215.25万元。开展打击跨境电商进口走私“断链刨根”专项整治，强化已备案企业管理和新备案企业实际验核，加强对重点商品、转人工审单的清单审核和处置，持续净化跨境电商业务发展环境，推动实现高质量发展。持续推动汉口北市场采购贸易快速增长，开展市场采购报关质量提升工作，建立“日监控、周汇报、月总结”制度，与地方主管部门、汉口北市场采购贸易综合管理平台企业形成多方监管合力，严防价格高报和不实贸易风险。督促并配合地方政府完善市场采购贸易综合管理系统功能，增加价格审核模块，实现申报价格“前置审核”。2021年，汉口北市场采购贸易实现量质齐升，出口值突破30亿美元。

【队伍管理】2021年，汉口海关加强准军事化纪律部队建设，通过督察、抽查、检查等形式严格内务规范管理。结合自身业务特点，分析研判信宣工作重点，分解各个信息载体要点，不断寻求突破，获评“政务信息工作十佳单位”“互联网信息工作五强单位”，3人分别获评“政务信息工作先进个人”“互联网信息先进个人”“外事信息工作先进个人”。通过新海廉系统应用“送教上门”、进出口危化品及其包装检验能力“跟班作业”，万人争先“岗位练兵”等方式开展教育培训工作，扩充培训载体，创新培训方式，增加受训人员范围。全年开展“汉关小讲堂”19期。定期开展操作指引审核会议，按照“一岗一指引”的目标制定16项涵盖各业务类型的操作指引，增强执法规范性，提高执法精准度。

【政务管理】2021年，汉口海关建立疫情防控日常检查制度，不定期开展疫情防控日常抽查，每月组织一次疫情防控工作人员安全防护自查，关领导轮流每周前往口岸带班督导，确保作业现场和个人防护的规范性；指定专人承担排查人员、报送台账等一系列疫情防控工作，确保宣传人人知晓，排查人人精准；落实疫情防控各项举措，核酸检测无遗漏，人员管理有方法，健康监测每日报。梳理规章制度、操作指引、管理办法、指导意见、应急预案、工作规则等各类文件规定28个，制定1个，废止1个，修订1个。全面查找党建工作、安全生产、队伍建设、业务建设、疫情防控、优化营商环境、党风廉政等方面存在的突出问题和风险隐患共计13个，提出改进措施17个，全部完成整改。完善值班室、档案库房管理。

（撰稿人：卢松玉　李双双）

襄阳海关

【概况】襄阳海关原名襄樊海关，于1993年4月批准设立，1998年3月正式开关，2011年4月更名为襄阳海关。2018年4月，襄阳出入境检验检疫局管理职责和队伍划入襄阳海关，辖区为襄阳市全境。内设办公室（党委组织宣传部）、法制内控科、综合业务科、查检科、稽查科、自贸区和保税监管科6个科室。

2021年，襄阳海关坚持以“强监管、优服务、争第一、创一流”为工作目标，坚决落实“讲政治、保安全、促发展、推改革、抓建设”五项重点工作，统筹推进疫情防控和促进外贸稳增长。受理进出口报关单8,837票，同比（下同）增长35%；监管进出口标箱9,674个，下降2.45%；进出口货运量1.31万吨，增长55.27%。检验检疫1.04万批次，增长71.8%。税收入库2.99亿元，下降39.1%。办理企业注册233家，增长5.91%；设立加工贸易手册40份，核销手册123份。签发原产地证4,193份，增长29.06%；签证金额4.23亿美元，增长53.4%。

【党建工作】2021年，襄阳海关扎实开展党史学习教育，创新学习形式，制作党史学习教育“记忆卡牌”案例被总署“党史学习教育”专栏、湖北省党史办《简报》刊发。制定“我为群众办实事”实践活动工作方案，完成集体项目2件，个人项目39件，重点民生项目29件，其中《创新“新箱+货物”组货出口通关模式助力企业“降本增效”》和《聚力乡村振兴促保康百峰坪村增收致富》2件项目入选武汉海关“我为群众办实事100项优秀案例”。

2021年，襄阳海关推动“强基提质工程”，召开“三会一课”和主题党日活动，推进“四强”支部建设。指导党建品牌创建，形成具备襄阳特色，结合业务特点的党建品牌。开展唱红歌、节目演出等庆祝中国共产党成立100周年系列活动。履行党员“双报到”责任，组织下沉社区开展交通执勤、反欺诈宣传、入驻“红色驿站”等活动420余人次。购买扶贫产品21,500元，向所在社区捐款5,150元，圆梦社区困难群众“微心愿”。

【党风廉政建设】2021年，襄阳海关

严格落实重点事项请示报告制度，疫情防控坚持“日报告、零报告”制度，落实武汉海关党委关于请销假、外出报告工作要求。坚持民主集中制，制定并严格落实襄阳海关党委工作规则、“三重一大”决策制度实施办法及党委议事清单。认真召开季度党风廉政建设和反腐败工作例会，以“警钟长鸣强震慑，清正廉洁做表率”为主题，开展2021年警示教育月活动，廉政微视频《蚁穴》被总署政工办和中国海关门户网站刊发。

2021年，襄阳海关全面落实“现场监管与外勤执法权力寻租”专项整治工作，张贴公示海报12张，设置举报箱2个，递送《公开信》68封，畅通信访举报渠道。在业务工作全链条、全周期、全环节中深挖细查，组织开展个人申报41人。全面开展业务数据核查，查询纸面和电子资料1,621份，建立《问题整改清单》和《廉政风险防控清单》，实行挂图作战，完成10个问题整改项和5个廉政风险防控项。

【服务发展】2021年，襄阳海关着力压缩进口整体通关时间，聚焦影响通关时间难点、痛点、堵点，多措并举、综合施策，建立高效应急处置机制，有序推进“提前申报”“两步申报”，缩短审批办理时间。全年进口整体通关时间为48.45小时，较2017年压缩86.39%；出口0.38小时，比2017年压缩81%。举办送“服务包”活动宣讲会，实地走访企业24家；推广原产地智能审核、宣传RCEP政策、培育4家企业通过AEO高级认证。落实7×24小时预约通关政策，践行“宁愿人等货，不让货等人”的服务承诺。支持襄阳机场国际区改扩建，持续跟进改造进度，同年9月，襄阳机场作为一类航空口岸纳入《国家“十四五”口岸发展规划》。

▲2021年11月9日，襄阳海关关员监管一批新造集装箱搭乘“襄西欧”班列出口海外

【国门安全】2021年，襄阳海关积极防范动植物和外来物种入侵，密切关注境内外植物疫情动态，开展外来物种和病虫害监测，加强进境高风险动植物及其产品检疫后续监管，对关区涉危化品企业“精准画像”，强化源头管控。检验检疫7,482批次，检出杂草48种次，完成3家企业4个动物源性饲料安全风险监测工作，及160份牛口蹄疫等动物疫病监测工作，妥善处置并排除2起疑似一类动物传染病疫情。针对30家涉危化品企业开展安全排查，召开安全生产座谈会，签订安全责任承诺书，提高企业安全意识。

【特殊监管区域管理】2021年，襄阳海关围绕地方外向型经济发展需求，发挥襄阳保税物流中心（B型）优势，加强政策宣传，落实“企呼关应”机制，协调解决通关难题，支持进口芝麻、棉花和出口轻卡、纺织品等新业务，实现优势发展和辐射带动。受理进出口报关单5,852份；监管进出口货运量15.23万吨，货值24.59亿元。

2021年，襄阳海关持续加强跨境电商1210模式政策宣传和业务指导，支持经营主体拓展商品种类。加强电商正面监管，通过上门走访、盘库核查、验证抽核等多种方式，开展风险分析研判。同年8月，武汉海关批复襄阳市正式开展跨境电商业务。全年验放进口清单2.32万份，货值519万元，销售货值579万元。

【改革创新】2021年，襄阳海关积极探索自贸区制度创新，创新海关监管模式，支持“襄阳造”集装箱本地结关，推行“新箱+货物”组货通关，对接“襄西欧”班列。出口集装箱7,210个、货值2.86亿元，其中“组货出口”集装箱150个、“箱货”总值5,536万元，为企业节省费用约865万元。该创新案例得到中国海关门户网站、《湖北日报》等媒体广泛报道，并入选湖北省自贸试验区第六批创新实践案例、《武汉海关支持中小企业发展措施》。

2021年，襄阳海关全力支持综合保税区申报建设，襄阳综保区于2021年1月15日获国务院批复同意设立，规划面积2平方千米，于2021年11月9日通过武汉海关会同湖北省发展改革委、财政、自然资源、商务、市场监管、税务和外汇相关部门开展的预验收。历时9个月，襄阳综保区已完成口岸作业区、保税加工区、保税物流区及保税服务区核心功能建设，区内基础设施已全部建设完毕，实现“当年获批、当年建成、当年预验收”的工作目标。襄阳保税物流中心成功拓展升级成襄阳综合保税区。

▲2021年11月9日，襄阳综合保税区通过预验收

【稽查核查】2021年，襄阳海关切实履行稽核查后续监管职责，稳步推进“多查合一”工作，落实主动披露政策；依托远程作业支撑平台实施“智慧核查”，进一步提高核查率。完成核查作业88起，同比增长175%。

【打击走私】2021年，襄阳海关扎实推进“国门利剑2021”联合行动以及进口冷链食品专项整治、打击冻品走私等专项行动。组织召开襄阳市反走私综合治理工作会议，扩充襄阳市打击走私综合治理工作领导小组成员单位至15家。加强企业信用管理，实施联合激励和惩戒措施，加强案件线索查发和“两简案件”办理，大力推动查办案件力度，办理“简快案件”6起，案值2,674万元。

【政务管理】2021年，襄阳海关认真开展“强化基础、规范作业、提升效能”专项活动，梳理2014年以来制发的各类文件322份，明确制度性文件30份，在落实“三重一大”决策制度、档案和印章管理等方面，新制定文件2份，修订文件5份，废止文件15份，保留文件11份。

2021年，襄阳海关创新运用“一表一册一清单”构建“三位一体”内部管理体系，将武汉海关重点要点工作、襄阳市政府职能目标等进行责任分解，形成“挂图作战一张表”；对各科室共性工作和个性工作进行梳理，形成“科长手册”；对所有在职关员、协管员的岗位职责、工作量进行梳理，形成“岗位工作清单”，有力推动各项工作规范有序进行。

2021年，襄阳海关成立非执法领域审计监督小组，完善建设工程项目、采购项目制度建设。开展严格的全流程、全方位、全周期内部监督管理。

【家园建设】2021年，襄阳海关积极落实“三大工程”“十件实事”，完成三级监控指挥中心建设并投入使用，加快推进办公用房清理及维修改造、机房设施设备改造、职工食堂设施设备改造，改善全体干部职工的办公环境，提高工作、学习、生活保障水平。

2021年，襄阳海关提升信息化应用水平，完成互联网专线及无线覆盖改造，满足干部职工在线工作学习需求；进行信息化资产管理清查，针对关检合并时废旧资产多、存放地点分散等问题，组织专班进行认真清查，做到物尽其用。

2021年，襄阳海关落实“过紧日子”要求，压减非急需、非刚性支出，优先保障基本民生、疫情防控所需经费。编准编实预算需求，积极争取中央、地方财政支持。加大力度推进闲置资产整合利用工作，闲置办公用房盘活利用完成率达到100%。

（撰稿人：马雪伟　王金安　田辰月
刘　文　苏家亮　赵一舟
赵顺东　赵　建　查道胜
顾　丹　彭宏志）

宜昌海关

【概况】宜昌海关前身为1877年设立的宜昌关，1949年解体。1993年，国务院批准设立宜昌海关（正处级），1996年10月16日正式开关。业务辖区范围为宜昌市和神农架，辖区区域面积2.4万平方千米。2018年，宜昌出入境检验检疫局管理职责和队伍划入宜昌海关。内设办公室、综合业务科、查检科、稽查科、法制内控科、自贸区和保税监管科6个科室。

2021年，宜昌海关以“强政治、强监管、优服务、严治党”为重点，不断深化“政治建关、改革强关、依法把关、科技兴关、从严治关”，统筹推进疫情防控和促进外贸稳增长，各项工作取得新成绩。受理进出口报关单1.42万票，同比（下同）增长13.2%；监管进出口标箱26,263个，下降11.4%；监管进出口货运量215.9万吨，货值16.7亿美元，分别增长9.6%和60.6%；税收入库2.47亿元，增长0.9%；检验检疫1.28万批次，增长5%；签发原产地证7,058份，签证金额5.35亿美元，分别增长11.2%和62.1%。2021年宜昌市进出口总值338.5亿元，增长64.2%。

【党的建设】2021年，宜昌海关持续深化政治建关，认真履行管党治党责任，不断完善党委工作规则，制定贯彻落实“三重一大”决策制度实施办法、向武汉海关党委请示报告工作办法、党委议事清单，严格落实“三重一大”议事制度。制定全面从严治党重点工作任务清单，认真完成隶属海关38条全面从严治党主体责任清单任务。党委书记认真履行“第一责任人”职责，每半年召开1次党委会议专题研究全面从严治党工作，主持会议部署推进全面从严治党工作；党委与派驻纪检组定期会商，建立全面从严治党形势分析机制，推进形成监督合力。

2021年，宜昌海关结合实际制定党史学习教育活动方案，推进学习教育三个阶段各项任务取得实效：49名党员下沉社区，以实际行动为企业群众解难题；54件办实事清单任务全部完成；2个集体和1个个人项目获选武汉关区“我为群众办实事100项优秀案例”。

▲2021 年 5 月 31 日，宜昌海关党员代表在宜昌市反腐倡廉警示教育基地开展党史学习教育

2021 年，宜昌海关持续开展“亮品牌、创特色、树典型、比贡献”基层党建活动，优化 8 个党支部设置，配齐了支部班子。8 个党支部提炼总结形成 8 个“峡江”系列党建品牌及支部工作法，综合业务科党支部和查检科党支部分别被评为武汉海关“四强”支部示范品牌和培育品牌。

2021 年，宜昌海关建立以制度执行为基础、日常自查为手段、季度内控检查为补充、廉政例会和半年全面从严治党专题会议为主要会商处置平台的风险管控工作机制，研究提出内部管理措施和风险防控措施 58 条。结合“强化基础、规范作业、提升效能”活动完成 67 项制度性文件“立改废”工作，构建系统完备、科学规范、运行有效的制度规范，切实消除廉政风险隐患。

【法治建设】2021 年，宜昌海关重视执法一线队伍建设，深化加大法治教育培训，39 名一线执法人员取得行政执法资格。落实落细“三项制度”，开展 3 次行政行为法制审核工作。联合地方司法局、知识产权局和中级人民法院等部门共同开展“8·8”海关法治宣传周、国际禁毒日、“12·4”宪法宣传周等法制宣传活动。

【税收征管】2021 年，宜昌海关深化综合治税，加强验估、稽核查补税，防范税收风险提升税收征管质量，税收入库 2.47 亿元。

【卫生检疫】2021 年，宜昌海关严格落实总署、武汉海关加强新冠肺炎疫情安全防护各项措施，持之以恒开展“人、物”同防同控，及时更新内部防控工作指引，建立常态化监督机制检查各项防控措施落实情况。

【动植物检疫】2021 年，宜昌海关开展实蝇、红火蚁、检疫性杂草等有害生物监测，完成 98 个监测点任务。无害化填埋销毁检疫不合格非种用黄大豆一批。

【食品检验检疫】2021 年，宜昌海关严格食品安全监管，出口食品安全监督抽检检出 1 批白菜泡菜出血性埃希氏菌超标，作禁止出口处理。严格进境粮谷后续监管，保障国家粮食储备任务顺利完成。

【商品检验】2021 年，宜昌海关检验出口危险化学品1,052批，重量 4.12 万吨，实施出口危险货物包装使用鉴定1,063批，性能鉴定 59 批，检出不合格 23 批。

【监管业务】2021 年，宜昌海关监管

进出口货运量215.9万吨，其中进口31.08万吨，出口184.82万吨；退运涉嫌逃证进口旧电瓶叉车1批；强化知识产权保护，获2020年度湖北省打击侵权假冒工作先进集体荣誉。

【口岸营商环境】2021年12月，宜昌海关进出口通关时间分别为26.42小时和0.31小时，相较2017年分别压缩92%和99%，实现“进口整体通关时间优于全国平均水平、较2020年压缩30%”的关区目标。指导猇亭区、点军区通过湖北省优化营商环境“概要申报、完整申报的进口货物申报模式”先行区验收。为52家重点企业一企一策送“服务包”，将海关惠企措施169条编印成“一本通”，深入各县市区开展政策宣讲，帮助企业解决问题63个。指导宜昌市5家企业通过AEO高级认证，累计达到11家。参加宜昌市政协知情明政通报会，主动宣介海关工作，推动关地合作共同营造良好营商环境。

【开放平台建设】2021年，宜昌海关支持发展宜昌枢纽港多式联运，配合地方政府做好“一城一港一主体”建设。做好三峡机场国际航站楼规划指导，确保海关监管场所、设施设备、技术要求落实到位。宜昌综保区封关运营，全年进出口总值36亿元。三峡保税物流中心（B型）一线进出口值9亿元。

【制度创新】2021年，宜昌海关指导企业采用综合保税区“提前适用政策”提前办理进口设备安装、调试，大幅压缩投产时间，相关做法入选总署《2021年综合保税区入区项目典型案例》。宜昌海关与宜昌自贸片区管委会共同申报的《加快综保区建设“三先”模式》入选湖北自贸试验区第六批实践案例。“船边直提、抵港直装”顺利开展，压缩了货物滞港时间，提升了贸易便利化。原产地自助打印种类增加至20种，签证份数和金额分别增长12%和71%。

【贸易新业态发展】2021年，宜昌海关注册备案跨境电商企业达40余家，所有跨境电商经营模式在宜昌均具备开展条件，跨境电商B2B出口6亿多元，网购保税业务完成首单测试。三峡物流园市场采购贸易正式运营，全年出口3.6亿元。采取飞机“形式申报”进境、发动机“外发维修”监管方式，首架待维修飞机顺利入境标志着区外保税维修业务在宜昌正式开展。

▲2021年4月28日，湖北省首单海关特殊监管区域外保税维修飞机顺利落地

【队伍建设】2021年，宜昌海关荣获武汉关区进出口危险品及其包装检验监管岗位技能比武竞赛第一名。严格准军事化纪律部队建设各项要求，每月定期进行内务规范检查通报。

【政务及后勤保障】2021年，宜昌海关荣获“宜昌市2019—2020年最佳文明单位”称号。宜昌市人大议案、政协提案办理满意度100%。海关政务服务“好评率100%。新闻宣传和信息工作质效提升。全面实施预算绩效管理，各类预算按进度执行完毕。完成食堂改造、倒班宿舍、关史荣誉室、“职工之家”、防水维修工程等基建项目。

（撰稿人：孙芙蓉）

黄石海关

【概况】黄石海关于1997年开关。2018年，黄石出入境检验检疫局管理职责和队伍划入黄石海关。辖区范围为黄石市、黄冈市，现有对外开放口岸1个（黄石新港口岸），待验收开放口岸1个（武汉新港黄州港区）。监管作业场所（场地）3个：黄石新港监管作业场所、黄石新港进境粮食指定监管场地、黄石棋盘洲保税物流中心（B型）。内设办公室、法制内控科、综合业务科、黄冈现场业务科、查检科、稽查科和棋盘洲综保区监管科7个科室。

2021年，黄石海关贯彻落实总署“政治建关、改革强关、依法把关、科技兴关、从严治关”总体要求，统筹发展和安全，以“强监管、优服务、争第一、创一流”为目标，聚焦旗帜鲜明讲政治，千方百计保安全，一心一意促发展，积极稳妥推改革，聚精会神抓建设五项重点工作，统筹抓好疫情防控和促进外贸稳增长。征收税款18.57亿元，同比（下同）增长42.1%；监管进出口货运量228.5万吨，增长20.3%；进出境集装箱1.61万标准箱，下降16.4%；审核进出口报关单2,338份，下降36.2%；检验检疫完成2,535批次，签发产地证4,357份，金额3.03亿美元；保税物流出口货运量3.62万吨，货值4,001万美元。获评黄石市履职尽责绩效考核优秀单位、黄石市平安建设优胜单位等荣誉。黄石市委市政府授予黄石海关集体二等功一次。

【党史学习教育】2021年，黄石海关精心组织安排党员干部开展党史学习教育。关党委班子带头讲党课6次，开展1次专家专题讲座，举办2期专题读书班，组织15次党委理论学习中心组学习，安排38人次的交流发言。各支部讲党史专题党课12次，撰写心得体会76篇。赴英山长征精神体验园、黄石党史展览馆、黄石工运史馆开展教育，开展“我为群众办实事”实践活动，聚焦“急难愁盼”，列出重点民生项目8项、具体措施13条、个人项目清单37个，完成率100%。

【党建工作】2021年，黄石海关提高政治站位，深化巡视整改成效，着力提升支部组织力。落实巡视整改责任，抓实整改巩固，提升“四强”支部创建质量。深入举一反三，从6个方面规范“三会一课”开展，促进党组织生活全面规范、全面过硬。聚集党建热力，以创建带动中心工作，与职能处室支部开展组织联建、支部联学、工作联推活动，增强党建势能，攻坚重点工作，破解“两张皮”难题。抓好支部委员会建设，强化履责意识，增强抓党建促发展能力。以“现场监管与外勤执法权力寻租”专项整治工作营造良好政治生态。抓好组织发动，畅通举报渠道，按照要求进行违规事项个人申报。全面深入开展自查，落实到位17项问题整改措施、18项廉政风险防控措施。融合纪法教育、警示教育月、廉政宣教月活动，促动以案为鉴、知畏知止的思想自觉，筑牢反腐防线，营造良好的政治生态。

【税收征管】2021年，黄石海关紧盯税收征管水平考核指标，摸清辖区税源企业及税款底数，重点对验估指令按期反馈率、担保处置及时性等指标加强管控。严格执行审价工作机制，加强一般贸易进口矿产品的价格审核以及加工贸易内销料件完税价格的审核。

2021年，黄石海关以查发问题为导向，加强自主分析，提升精准打击能力。完成稽查作业16起。大力推广“智慧核查”，提高核查效率，减轻企业负担，开展4起智慧核查，2起跨部门核查，构建监管合力，提升核查效能。积极宣传政策，多渠道解读“主动披露”政策。发布典型案例，引导企业主动披露8起，依法免除滞纳金4.7万元。

2021年，黄石海关坚持构建反走私综合治理工作体系，推动黄石、黄冈两市召开打私工作会议。

【强化监管】2021年，黄石海关加强大宗矿产品检验监管，从矿产品主含量、有毒有害元素含量及贸易合同中双方约定成分等多个维度开展检测，查获铅超标矿2批。加强重点敏感商品检验，在对进口的机电产品检验中，查获旧机电产品5类16件，对其依法实施退运。加强包装适用性检查和现场使用方法鉴定，查发出口危险货物包装使用鉴定不合格21批次，3,061件。做好非洲猪瘟等动物疫情疫病防控，采集血样尿样送检24次，确保960头活猪、1,520头活羊、40头活牛安全供港。严密进境粮食全链条各环节监管，监管进境玉米39.2万吨、大豆30.9万吨。加强国门生物安全风险监测，开展外来杂草、实蝇及“加拿大一枝黄花”监测，严堵外来物种入侵通道。新冠肺炎疫情防控监督精准，排查风险隐患8项，堵塞漏洞8个。开展黄石新港口岸入境船舶疫情期间登临查验推演、非冷链集装箱采样应急演练、职业暴露处置应急演练，实施口岸应对重大疫情卫生检疫设施项目。强化监管场所安全生产工作联防联控，密切口岸各部门协作机制，督促落实安全管理主体责任。承办口岸监管环节化学涉恐突发事件应急处置实战演练，提升安全处突水平。

【通关服务】2021 年，黄石海关攻关压缩大宗矿产品通关时长关键领域，指导企业叠加运用“两步申报”“先放后检”等便利化措施，强化送样检测双向联动，力推铜精矿从取样到出具报告的时长压缩一半。进一步完善运抵、申报、通关、查验、放行环节衔接机制，大力压缩整体通关时间，2021 年 12 月进口整体通关时间 42.61 小时，同比压缩 39.7%；出口整体通关时间 0.18 小时，同比压缩 33.3%。开展为企业送“服务包”活动，深入企业察实情，共征集企业意见建议 18 条，综合运用预裁定、减免税、信用培育等政策问题，叠加应用“企呼关应”等柔性服务，解决企业问题 21 个。制订辖区外贸企业信用建设强基计划，精准培育 AEO 企业，实行“一对一”专题辅导，通过“企业画像”系统评估、线上培育等方式，培育高级认证企业 5 家。支持“光芯屏端网”产业强链，助力重点招商引资企业晶芯半导体加速建设，支持宏和二期 5G 用高端电子级玻璃纤维布生产项目落地。减免生产设备税款2,005万元。助企抢抓 RCEP 新机遇，帮助企业用好“纸黄金”享便利，全年签发产地证4,357份，金额 3.03 亿美元，企业减免进口国关税约1,100万美元。积极推广“两步申报”，优化“抵港直装”监管模式，适配黄石新港作业特点，港口作业效率大幅提高，为武汉关区进一步拓展应用范围进行了有效探索。充分释放特定矿产品“先放后检”红利，检验进口铬矿 9.05 万吨。全力支持减免税、加贸业务集约化改革，做好协调对接服务。

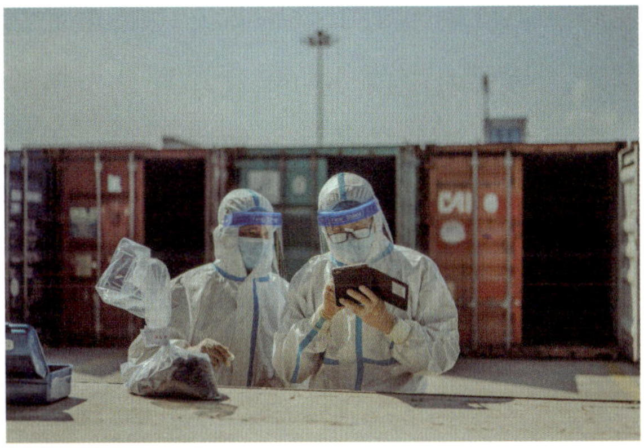

▲2021 年 7 月 31 日，黄石海关关员开展进境铜精矿查验

【对外开放】2021 年，黄石海关推动黄石棋盘洲综保区的设立和建设，及时协调解决有关问题，2021 年 8 月，国务院批复设立黄石棋盘洲综合保税区。协调职能部门加大对综保区建设指导力度，推动建设单位对照验收标准组织施工。服务地方政府培植综保区产业发展优势，优化招商引资布局，深度融入国内国际双循环发展新格局。强化黄石开放平台功能叠加。促进综保区、棋盘洲一类水运口岸、跨境电商综合试验区、进境粮食指定监管场地、多式联运 5 个开放平台形成良性互动发展格局，推进贸易港建设。提升黄冈市开放水平，协调推动黄冈唐家渡港区建设，协助完善口岸设计方案，关注建设进度，推动如期申请验收。保战略资源矿产品供应链安全，对进口大宗散货铜精矿叠加“汇总征税”“提前申报”等便捷措施，助力

企业快速通关。支持大冶有色公司采用集团财务公司担保“扩容升级”，扩大适用担保企业范围，提高担保额度。做好40万吨高纯阴极铜清洁生产项目生产设备通关保障。与黄冈市商务局联合开展县市区外贸发展状况调研，扶持特色农产品、中药材产业发展，助推英山茶叶、中药材出口。扩大地标优品竞争优势，麻城福白菊首批入选中欧地理标志互认产品。助推生物制药产业发展，按需施检保障原料药出口满足海外抗疫需求。督促供港活羊养殖场建立严格的防疫体系，支持企业持续增产扩大市场份额，黄冈市出口黑山羊已占据香港市场份额九成以上。

▲2021年11月10日，黄石海关关员在麻城福白菊生产基地进行日常监管

【法治建设】2021年，黄石海关依托法宣在线、“学习强国”平台、网上庭审等多种方式学法普法。落实“三项制度”，提升一线关员执法办案规范性。办理“两简案件”5起，罚没0.76万元。

【政务管理】2021年，黄石海关开展“找差距、查短板、防风险、抓整改”活动，自查发现问题和风险隐患7项，研究提出整改措施8条，切实提升应对风险能力。在“强化基础、规范作业、提升效能”专项活动中，“立改废”文件共9个，完善内部管理制度4个，补齐管理制度短板。落实“过紧日子”要求，在人员、公用经费及项目经费缩减情况下优先保民生、保运转，推进预算有序执行，强化基本建设全过程管理，落实管建分离制度，办理结算审计手续，完成财务决算，4个项目按期完工。从严审核采购方式，规范采购流程。完成扶贫采购任务、养老保险清算。开展业务技术用房、篮球场维修改造，抓好办公场所安全水平提升，重点对燃气管路、供电供水设施等部位进行全覆盖检查，及时消除安全隐患。升级机房、档案室灭火设备，提升防灾减灾能力。

（撰稿人：冯　洁　刘丛丛　汪　芳
张照江　徐　喆　潘永红）

十堰海关

【概况】十堰海关于2005年7月正式开关，2018年，十堰出入境检验检疫局管理职责和队伍划入十堰海关。负责十堰市境内所有海关业务，内设办公室、综合业务科、查检科、稽查科4个科室。

2021年，十堰海关以“强监管、优服务、争第一、创一流”为目标，保持定力，迎难而上，以党建为统领，不断优化营商环境，严守国门安全，加强自身建设，助力地方高水平开放。全年征收税款31.23万元，同比（下同）减少99.31%；新注册企业144家，增长39.8%；检验检疫受理1,136批，增长98.6%；签发出口原产地证书790份，增长36.8%；进出口货物查验235批，增长143%；出具单证878份，增长89%；危包企业由2家增长到5家，进出口食品生产产业备案8家，种植场备案9家。

【党建工作】2021年，十堰海关坚持以习近平新时代中国特色社会主义思想为指导，深入开展党的十九届六中全会专项学习，通过组织参观红色教育基地、观看党史纪录片、赴包联社区开展党建联建活动等多种形式，强化党建活动效果。开展党史学习教育和庆祝建党100周年系列活动，开展支部书记讲专题党课、读书会分享学习体会，组织全体关员参加党史学习教育线上测试，定期通报“学习强国”分数排名和自学内容完成情况，以考促学、以学补短。开展组织生活会2次、民主评议党员1次，不断增强党员政治觉悟。落实党员“双报到双报告”制度，结合“我为群众办实事”实践活动，党员下沉社区92人次400小时。

2021年，十堰海关定期召开党风廉政建设和反腐败工作例会，邀请第四纪检组列席党委会、班子会和关务会，对廉政工作实时监督。开展警示教育月活动，党委委员讲廉政专题党课，观看廉政教育片，向全体关警员家属发放廉政家书，营造风清气正的政治生态。

【队伍建设】2021年，十堰海关紧紧围绕党史学习教育、纪法教育、专项整治、疫情防控四个专题，举办“晨读半小时”学习活动27期，增强学习主动性和自觉性；强化业务交叉学习，3名同志顺利通过进出口危险货物及其包装检验岗位资质考核，10名同志参加危包岗位练兵，4名同志参加口岸支援梯队培训，全面提升干部队伍政治素养和业务能力。坚持内强素质，外树形象，着力打造践行作风优良、纪律严明的准军事化纪律部队。一手抓理论认识，深化学军认识，进一步建设准军事化纪律部队；一手抓实际成效，扎实开展队列训练，结合内务规范督察，规范关容风纪和办公秩序，夯实外树形象成果。

2021年，十堰海关开展“现场监管与外勤执法权力寻租”专项整治、“找差距、查短板、防风险、抓整改”“强化基础、规范作业、提升效能”专项活动。配合派驻纪检组对2家企业“二对一”谈话，发放调查问卷52份，广泛听取进出口企业和社会各界的意见反映。组织17名干部职工完成个人申报，开展谈话10人次，围绕10个业务条线的33项重点内容自查，查询纸面和电子资料820份，实现人员、业务全范围覆盖。紧盯巡视巡察回头看反馈意见，充分运用上级点、群众提、集体议的方式一隅三反，确保各项工作取得实效。

【法治建设】 2021年，十堰海关发挥“中国海关信用管理”微信平台功能，开展线上培育工作，对符合条件的优质企业加大培育力度。制定“龙腾行动”和“品牌强市”工作方案，摸底调研辖区外贸企业品牌建设情况，对3家地理标志使用企业、1家驰名商标使用企业重点培塑。通过“十堰普法”微信公众号开展进口食品安全宣传，提高普法工作的实效性和针对性。加强与税务、市场监管等部门的联系沟通，建立企业监管结果共享机制。开展法制集中宣传3次，公职律师讲法律专题讲座3次，通过1个知识产权权利人备案。

【税收征管】 2021年，十堰海关加强属地纳税人管理，开展2次税收摸底，强化综合治税工作；加强规范申报指导，通过合规引导、差别化管理、精准服务等方式深入开展属地纳税人管理，从源头上帮助企业守法自律、降低通关成本，积极应对国际贸易摩擦和新冠肺炎疫情带来的影响。落实减税降费政策，支持十堰辖区企业和科研机构扩大先进制造设备、高端科研装备进口，开放绿色通道为农夫山泉丹江口（均州）饮料有限公司、芙丝（湖北）饮品有限公司等先进制造企业和东风商用车有限公司技术中心、湖北医药学院等科研单位预约办理减免税业务，指定业务骨干开展“一对一”帮扶，提供从项目

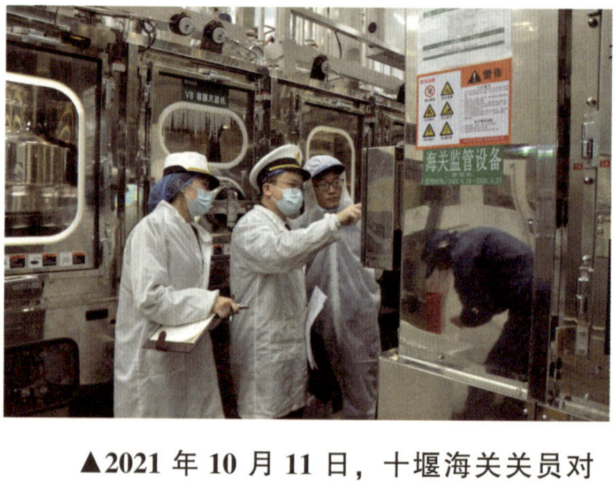

▲2021年10月11日，十堰海关关员对农夫山泉减免税设备开展后续监管

确认、出具《征免税确认通知书》到减免税设备报关进口的一站式服务，对符合条件的高新产品进口予以减免税，为辖区企事业单位减免税款977.42万元。

【检疫监管】2021年，十堰海关加强正面监管，做好重点敏感商品检验监管，严格落实进出口危险化学品及其包装检验要求，商检条线累计查验102批。加强进境水生动物检疫，主动采用智慧动植检远程作业平台对鱼卵养殖、隔离场的日常管理进行实时监管，解决现场路途遥远、监管周期长等难题，2021年监管进境鱼卵32万枚。严格执行武汉海关进境粮食检疫监管操作指引，结合工作实际，提炼出进境粮食工作法，监管进境粮食2.5万吨。同时，有效预防“加拿大一枝黄花”等外来物种入侵，确保国门生物安全。

▲2021年9月28日，十堰海关关员监管新能源汽车企业进口零部件

【稽查核查】2021年，十堰海关根据统一部署，自主研判，开展企业风险分析，对辖区内“固体废物、检疫商品、减免税、加工贸易内销、出口激增”等风险企业进行排查，梳理企业名单，分析进出口数据，有重点地开展专项稽查。办结稽查企业5家，其中常规稽查2家，专项稽查3家，常规稽查双随机100%；接受核查指令18家，完成率100%。

【查缉走私】2021年，十堰海关坚持全链条作战打击走私，有力推进反走私综合治理。十堰市市场监督管理局和公安局联合移交一起疑似保健品走私线索，实现刑事案件线索零突破。

【优化营商环境】2021年，十堰海关加强认证培育，建立宣传制度，引导企业标准管理。通过座谈会、网络宣传、“腾讯课堂”直播课程等形式开展信用认证宣传；加强在企业申请认证前指导，为新申请认证的重点企业配备专员，指导做好规范改进工作，“点对点”地指导帮助企业发现问题、提出整改意见。完成2家申请高级认证企业初审。

2021年，十堰海关认真贯彻落实《湖北省商务厅、武汉海关关于促进跨境贸易便利化若干措施的公告》《武汉海关支持中小企业发展措施》等文件精神，研究确定十堰海关2021年优化营商环境十大行动。积极落实“证照分离”改革，鼓励辖区企业通过“多证合一”渠道办理海关注册登记，不断提高企业办理海关业务便利度。持续压缩整体通关时间，落实“企呼关应”机制、通关应急处置机制。与地方相关部门联合建立优化跨境贸易营商环境工作机制，合力提高通关效率。助力十堰市获评为“2021 年度全省优化营商环境标杆城市”。

2021 年，十堰海关全力支持十堰市航空口岸开放，主动组织市直相关单位召开联席会议。联合业务专家开展需求调研和政策辅导，推动保税物流中心（B 型）申报工作。动员全关骨干开展优化跨境贸易营商环境系列专题调研，撰写并报送十堰市外贸分析文章和专题调研报告 50 余篇，帮助发掘十堰外贸经济新增长点。

【安全生产】2021 年，十堰海关根据疫情防控形势，修订完善防控方案，做好核酸检测、物资采购、院落消毒、出入人员“两扫一测”等，实现疫情防控“三个零”目标。认真落实安全生产三年行动方案，及时开展隐患排查整治工作，在十堰市“6・13”事故发生当天，第一时间排查办公区域水电消防安全隐患，联合第四派驻纪检组对院落内燃气阀门开关、消防设备、配电设施、电子围栏进行拉网式排查，实现安全生产零事故。

【文明创建工作】2021 年，十堰海关积极跟踪创建工作目标及动态，积极参加志愿者服务活动，开展文明志愿活动 220 人次，2 次荣获红榜单位通报表扬；获“十堰市 2021 年档案达标先进单位”荣誉称号；连续第六年通过审查获评“省级文明单位”“档案省特级单位”。坚持健康向上的文化建设导向，举办干部职工喜爱的文化活动。组织开展体检、节假日慰问、健步走比赛等活动。1 名同志获省部级荣誉，1 名同志获关区嘉奖，推荐的论文和征文分别获学会征文比赛三等奖、党史比赛优秀奖。

（撰稿人：丁　燕　王　玥　李婴姮
黄　星　钟　璞　崔　强）

荆州海关

【概况】荆州海关前身为1896年设立的沙市海关，1946年撤销。1993年4月经国务院批准沙市海关复关，1995年12月正式开关，1997年9月正式更名为荆州海关。2018年，荆州出入境检验检疫局管理职责和队伍划入荆州海关。辖区范围为荆州市全境，设有2个监管作业场所。内设办公室（党委组织宣传部）、法制内控科、综合业务科、查检科、稽查科5个科室；另设荆州海关缉私分局、武汉海关技术中心危险品包装检测实验室（荆州）等。

2021年，荆州海关坚持以习近平新时代中国特色社会主义思想为指导，贯彻落实党中央、国务院重大决策部署，严格落实总署、武汉海关党委工作要求，以党史学习教育为抓手，推进政治建关、改革强关、依法把关、科技兴关、从严治关，严格常态化疫情防控，持续深化业务改革。征收税款0.97亿元；完成出入境货物及危包检验监管6,453批次，检出不合格11批次；监管集装箱1.63万个，监管货运量21.6万吨、货值4.02亿美元；对外签发各类检验检疫证书3,579份，签发原产地证书3,696份，签证金额2.63亿美元，为企业减免进口国关税1,025.7万美元；完成加工贸易备案56份，金额3.64亿美元；接受企业主动披露4次，办结3家；开展企业核查83次，查发问题35次；企业稽查13家，办结10家，发现有问题企业4家；办理“两简案件”5起。

【党史学习教育】2021年，荆州海关落实习近平总书记重要讲话、重要指示批示精神，组织党委理论学习中心组“第一议题”学习12场次，开展交流研讨3场次，举办十九届六中全会精神专题宣讲7场次，撰写学习心得体会96篇。集中收听收看中国共产党成立100周年庆祝大会，专题学习“七一”重要讲话6场次，开展支部主题党日活动33场次，支部书记带头讲党课10场次。参加党史学习教育知识竞赛，开展咏诵红歌、观看红色电影、手抄红色书信、征集建党100周年主题作品、瞻仰革命烈士纪念园等沉浸式教育。召开党史学习教育专题组织生活会，查摆问题34个，制定整改措施39项；开展“我为群众办实事”实践活动，推进为企业送

“服务包”活动，走访调研企业18家，召开座谈会14场，为企业和群众办实事31件。

【从严治党】2021年，荆州海关抓实党风廉政建设和反腐败工作，开展廉政警示教育月活动，学习反面典型案例，集中观看正风反腐警示片，参加党风廉政法规知识线上测试。邀请关员家属召开家庭助廉座谈会，发放助廉倡议书32份，廉政微视频《倒带》被总署门户网站收录。对办公用房使用、违规投资企业和在企业兼职、“裸官”等情况进行全面清查。发挥派驻纪检组驻点优势，以“现场监管与外勤执法权力寻租”专项整治为契机，深入查找风险隐患，发现问题6个，制定整改措施17条；梳理廉政风险点5个，制定防范措施21条，各类问题全部整改。持续落实巡视巡察整改，对总署第六巡视组反馈意见中的问题及时整改，针对巡视反馈指出的问题，举一反三类比自查，发现整改事项27项，制定64条整改措施，对27项问题立行立改，整改完成率100%。

【疫情防控】2021年，荆州海关统筹抓好常态化疫情防控，制定完善内部疫情防控方案和工作流程，规范建立各类管理台账10余种，严格落实防疫“三件套”，进出办公大楼严格执行“四必”要求，做好进出人员监测和登记工作；严格工作人员出差出行管理，非必要不出辖区，强化往返高中风险区域管控；严格实行错峰就餐，控制每桌就餐人数，避免聚集扎堆；严格落实核酸检测和疫苗接种要求，开展8轮全员核酸检测和500余次个人核酸检测，均为阴性。严格按节点开展疫苗接种工作，每日完成大楼内部2次规定消杀。强化“人、物”同防，做好进口高风险非冷链集装箱货物及冷链食品预防性消毒，落实一线查验岗位人员核酸检测要求。组织开展疫情防控技术和个人防护用品穿脱培训，制定监管作业现场突发事件应急预案，开展口岸监管环节疫情防控突发事件应急演练，督促监管作业场所经营企业落实疫情防控主体责任。

【国门安全】2021年，荆州海关抓好安全生产专项整治工作，对海关监管作业区开展安全生产专项检查和涉危专项排查，开展口岸监管环节疫情防控突发事件应急演练和化学涉恐突发事件应急处置桌面推演。落实进出口危化品及其包装逐批检验和持证上岗、双人执法要求，检验监管出口危化品1,024批，检出不合格1批，出具危险品包装使用鉴定证书1,281份，检出不合格14批次，出具不合格通知单7批次，技术整改合格7批次，与辖区20家进出口危化品生产企业签订安全生产责任状。加强出口蛋品检验监管，完成国家抽检及日常检测56份，风险检测残留监控22份，保障1,600余批、3,500余万美元出口蛋品安全。做好非洲猪瘟防控工作，监装供港活猪105批，采集各类组织血液样品55批、共计772个样品，实现安全供港活猪1.36万头。抓好国门生物安全监测，完成实蝇监测布点35个，收集各种实蝇及昆虫360只，开展外来杂草监测5次，监测点150个，监测发现各类杂草180种次、25科，其中有检疫意义的杂草长芒苋2种次、假高粱2种次。

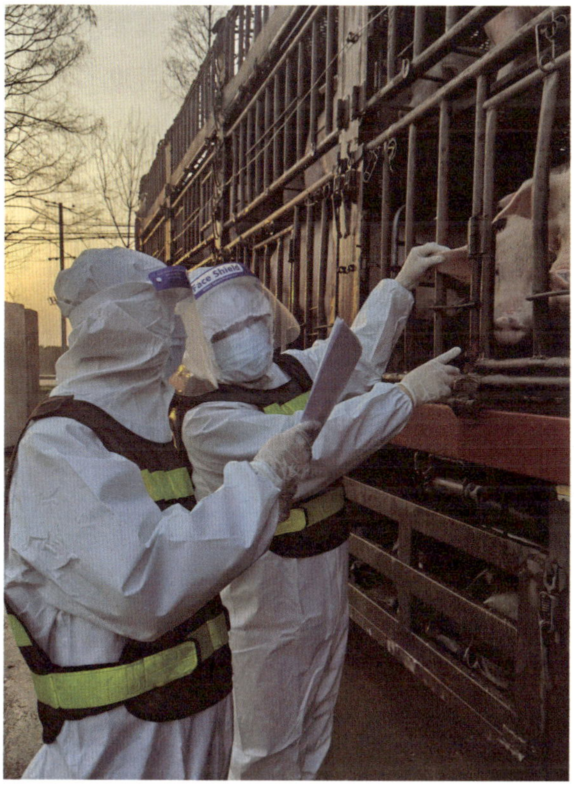

▲2021年7月28日，荆州海关关员监管出口生猪

【监管业务】2021年，荆州海关推动加快对外开放平台建设，加强对松滋车阳河港区日常运营指导，扩大监管作业场所辐射带动功能。对照综保区申报考评指标，有针对性地出台支持举措，持续发力找差距补短板，加强落后指标的追赶反超。开展加贸业务培训3场次，编制全流程操作指南，建立近40家企业的加贸手册监管台账，完成14家新设立手册企业的概要摸排，精准指导10家重点加贸企业，发现并处理潜在风险5条，1家企业主动披露擅自外发加工情事。开展加工贸易发展现状调研。

【优化营商环境】2021年，荆州海关持续优化口岸营商环境，加强“单一窗口”应用，落实24小时预约通关制度，压缩整体通关时间。2021年12月，进口整体通关时间32.12小时，较2017年压缩93.44%。开展“大调研、优服务”活动，实地和线上调研企业120余家，组织各类业务宣讲培训6场次，征求意见建议24条。完善“企呼关应”问题解决机制，收到各类咨询问题136条，办结率100%。推动AEO认证企业培育，了解企业认证诉求，收集疑难问题30余条，举办5次政策课堂，送教上门10余次，惠及企业100余家。1家自主培育企业通过高级认证。

【税收征管】2021年，荆州海关加强重点税源企业调研工作，完善关企联系沟通机制。强化税收征管质量管理，落实进口税收优惠政策，出具《减免税货物担保通知书》16份。开展税收征管风险排查，提高税收风险防控效能。提升关税政策研究能力，报送各类税则税政建议17条。加大税收政策宣传力度，开展各类税政宣讲解读10余次，撰写税政宣传新闻稿件10篇，1篇被总署门户网站采用，9篇被省市级媒体采用。

【查缉走私】2021年，荆州海关开展“国门利剑2021”行动，推动召开荆州市打私办工作会议，发挥打私办平台作用，强化科室联动、关警联动、关地联动，聚焦象牙等濒危野生动植物及其制品、“洋垃圾”、冻品、重点涉税商品，保持对打击走私的高压态势。联合市场监管局、商务局等地方部门开展打击冻肉走私专项行动，对4家商户、4个冻库开展突击检查，增强企业防疫意识，保障市民餐桌食品安全。

【风险管理】2021年，荆州海关加强内部控制和风险管理制度建设，明确工作职责和运行机制，提高内控意识。发挥HLS2017内控平台科技控权主阵地作用，加强内控节点岗位清单管理，使内控节点岗位清单分解到科、落实到人，推动内控节点下沉工作全领域，贯穿工作全过程。建立经济合同法律审核制度。开展工程事项审计4项，经济合同法制审核5项。

【海关统计】2021年，荆州海关发挥统计分析决策辅助作用，梳理业务统计项目，整合业务统计板块，定期报送业务统计数据信息。明确各业务科室在各业务环节中的统计数据质量管控责任，加强统计数据质量管控。

【业务改革】2021年，荆州海关深化“放管服”改革，推进“双随机、一公开”、“多证合一”、“证照分离”、注销便利化等改革举措平稳推进。推动行政审批事项网上办理，落实行政审批时限“零超时”，实现行政审批标准化。宣传推广“提前申报+两步申报”通关模式，完成提前申报报关单223单、两步申报报关单76单。支持到货前单证审核，概要申报后直接提离货物，对符合修撤条件的报关单实行“先放行，后改单”，办理报关单修改203票、报关单删除15票。全面推广原产地证书自助打印，构建“居家申领+多点自助打印+窗口寄证”三合一的原产地证书申领一体化模式，可以进行自助打印的16种证书全部开放自助打印功能。

▲2021年5月27日，荆州海关关员办理首票报关企业审批改备案业务

【财务及后勤保障】2021年，荆州海关落实“过紧日子”要求，严格财务管理，出台机关节能和制止餐饮浪费措施20条。开展资产管理清查，盘活闲置资产。解决人员经费缺口。完成养老保险实施准备期清算结算工作。强化法治宣传，新建法治园地，干部学法考法通过率100%，参加“诵读民法典 同声法治梦”诵读活动，1人获二等奖，单位获组织奖；参与武汉海关行政复议答复书竞赛活动，获二等奖；抓实抓细文明创建、综合治理、档案管理、机要保密、海关学会等基础性工作；更新关史陈列室，建成200平方米文

体活动室，综合保障能力进一步提升。

【队伍建设】2021 年，荆州海关落实中央八项规定精神，持续纠治“四风”，杜绝酒驾醉驾行为。深化队伍建设综合管理平台应用，加强考核考勤管理，加大内务检查通报力度。坚持好干部标准，强化优秀年轻干部、执法一线科长培养、管理和使用，加强党员干部分级分类培训，组织参加上岗资质考试和各类技能比武，在武汉海关危包岗位练兵技能比武中进入 8 强。抓好内务规范强化月活动开展，常态化加强监督检查，高标准开展队列训练和升国旗仪式，干部队伍作风建设持续改进。

（撰稿人：古　薇　刘国华　李晶鑫
汤　波　余慧芸　肖世青
龚　江　操　策）

荆门海关

【概况】荆门海关于2018年12月成立，2020年7月1日正式对外办理海关业务，辖区范围为为荆门市全境。内设办公室、法制内控科、综合业务科、查检科、稽查科5个科室。

2021年，荆门海关围绕“政治建关、改革强关、依法把关、科技兴关、从严治关”建设要求和“强监管、优服务、争第一、创一流”目标，统筹抓好疫情防控和促进外贸稳增长，持续增强发展动力，各项业务平稳运行。荆门市外贸进出口总值134.5亿元，同比（下同）增长49.1%。荆门保税物流中心（B型）进出口总值9.34亿元，增长276.1%。2021年进口通关时间23.86小时，出口通关时间0.35小时，在2020年基础上压缩30%以上。

【党的建设】2021年，荆门海关落实“第一议题”制度，坚持党委带头学，党员大会集中学，各党支部深入学，推进深钻细研、学以致用，用实际行动践行“两个维护”，组织党委理论学习中心组学习16次，研讨11次。召开党委（扩大）会和党委理论学习中心组（扩大）学习暨党的十九届六中全会精神专题读书班，深入学习贯彻党的十九届六中全会精神，撰写心得体会19篇，党委书记讲授党课。开展党史学习教育专题学习18次、“学史·铸魂”红色讲坛活动5次、现场教学2次、读书班2次，班子成员带头绣党旗、唱红歌，在武汉海关党史学习教育主题演讲比赛中获组织奖，1人获优秀奖。推动巡视巡察整改，完善整改工作责任链，压实党委书记第一责任、班子成员分管责任、科室主要负责人直接责任。一套机制统筹两项整改、一张汇总表融合两个清单，同步推动巡视巡察整改工作。对照武汉海关巡视整改方案开展类比排查确定整改事项26个，制定整改措施54项；根据巡察反馈意见制定党委整改措施22项、主要负责人整改措施23项，全部完成整改。

【队伍建设】2021年，荆门海关贯彻落实对“一把手”监督的实施意见和细化方案，强化主要负责同志的表率引领作用，班子成员分工协作，不断提升整体合力。健全党委决策和机关运行机制，推动重要工作事项决策科学规范运行。领导班子对专项整治、巡视巡察、经济责任审计以及纪律作风方面发现的问题带头开展检讨分析，从细化分工、完善管理体制等方面入手强力整改。强化执法一线科长培养、管理、使用，及时掌握思想动态和工作情况。11 人参加危险品检验监管岗位练兵，整体成绩进入武汉海关 8 强。3 人取得打火机检验监管资质、5 人取得危险货物及其包装检验监管资质，为坚持“一盘棋”模式调配人力资源，跨科室、跨专业调动人力打下基础。围绕打造“政治坚定、业务精通、令行禁止、担当奉献”的准军事化海关纪律部队建设要求，扎实开展内务规范强化月活动，每月开展纪律作风检查和内务督察，不定期抽查考勤情况和工作纪律，切实加强队列训练和作风养成。干部职工自觉遵守“就地过年”“应检尽检”“应接尽接”等一系列疫情防控措施。

2021 年，荆门海关开展“现场监管与外勤执法权力寻租”专项整治，采用“自查互查结合”的方法，用“全参与”的方式开展交叉检查“大起底”，做到业务条线全覆盖，并结合内部审计问题开展“大摸排”，运用新一代查验管理、出口货物电子底账、海关通关作业辅助等多个系统、调取1,600余份单证资料，排查发现 10 个风险点，逐条制定整改措施，全部整改完成。

【监管业务】2021 年，荆门海关妥善做好疫情封控期间通关服务，在 8 月 5 日至 9 月 1 日荆门中心城区实施 27 天严格封闭管控期间，果断做好处置应对，统筹做好疫情防控和各项重点工作，实现“零遗漏、零感染、零投诉”目标。多渠道强化后勤保障，维持业务办公秩序。通过“网上办、邮寄办、预约办”等不见面方式办理通关、稽核查业务，一般查检业务实施远程视频查验，危包检验、供港活猪检疫穿着全套医用防护装备实施下厂查验。封控期间签发出证 590 份、窗口寄证 388 份，核查作业结案 1 起，指导企业主动披露 1 起，视频查验 12 批次，实地查验危包 55 批，检疫供港活猪 5 车 600 头，进口目的地实地查验 1 批次。相关工作情况被《人民日报》《经济日报》《湖北日报》宣传报道。

2021 年，荆门海关持续开展安全生产专项整治，对 3 个保税监管场所开展全覆盖安全生产检查 15 次，约谈企业负责人 3 次，下达整改通知书 2 份，整治安全隐患 10 余个。组织 21 家进出口危险品企业签署安全责任承诺书，进行拉网式排查发现处置风险隐患 2 起。完成危险货物包装使用鉴定1,132批，检出不合格 14 批。危险货物包装生产企业周期监管 26 次，检出不合格 4 次。与荆门市直相关部门建立联防联控机制，对危险货物的生产、储存、包装、运输和废弃物处理等全流程进行监控。

【税收征管】2021 年，荆门海关监管进出口货运量 2.29 万吨。充分发挥原产地证书“纸黄金”作用，推行海关出口签证智能审单模式，构建“居家申领+自助打印+窗口寄证”三合一的原产地证书申领模式，审核原产地证2,906份。全面推广“两步申报”“提前申报”通关模式，两步申报率、提前申报率分别达到61.67%和70%，为荆门市格林美新材料有限公司等重点企业量身定制“一保多用”“两步申报+汇总征税”等便利措施，帮助企业减少资金占用2.15亿元，节约融资成本600万元。支持荆门综合保税区申建，主动汇报荆门申报建设综保区的总体情况和存在问题，争取总关党委对综保区申建给予支持，先后5次与荆门市商务局等单位研究推进综保区申建工作，先后2次按照设立综保区指标评估体系进行初步评分，及时向相关单位通报评分结果。成立工作专班对照分析综保区申报评估指标，联合市、区两级商务部门组织开展培训授课，宣传加工贸易政策，新增加工贸易手册52本，助力荆门补齐加工贸易业务指标短板。督促荆门B保等单位落实口岸收费阳光价格。复制推广汇总征税、“先出区、后报关”、“区间保税货物流转”通关环节一体化担保等自由贸易区创新举措和“分送集报”模式，提高荆门B保通关便利化程度，为综保区申报打牢根基。

【检验检疫】2021年，荆门海关严格实施年度国门生物安全监测工作，设置23个实蝇监测点，对非洲猪瘟监测采样1,520份、其他疫病监测采样220份，安全风险监控采样48份。严格进境粮食后续监管，对运输、加工过程和杂草、下脚料处理等情况开展10次现场监管。以“4·15”国家安全教育日为契机，与荆楚理工学院开展国门生物安全教育宣传活动。牵头完成武汉海关关级课题《属地国门生物安全属地型海关提升国门生物安全治理能力的具体体现及探索研究》及《海关在总体国家安全观中的历史使命与责任担当》等论文报送工作。结合荆门进出口食品特点，组织实施进出口食品安全监督抽检和风险监测计划，完成15批次蜂蜜产品的抽样检测和辖区蜂产品质量分析报告。全程指导湖北钟祥牧原养殖有限公司做好香港食物环境卫生署探访迎检和新增养殖场申建工作。推动荆门黄颡鱼远销韩国、小龙虾出口英国、食用菌和蛋品精深加工、蜂蜜等农产品出口“零延时”。探索实施属地查检业务改革，对5家竹木草制品出口企业试点远程视频检查。优化供港活猪检疫监管模式，推动荆门市在湖北省首开活猪供澳的新通道，检疫监管供港澳活猪

▲2021年6月2日，荆门海关关员监装供澳活猪

9,362头，相关情况被《人民日报》、《湖北日报》、“学习强国”平台等权威媒体报道，被武汉海关推荐参评湖北省优化营商环境第三批典型经验。

【企业管理和稽核查】2021年，荆门海关新增注册进出口企业79家。精准实施海关高级认证（AEO）企业培育，配备“服务专员”对6家重点企业开展信用培育全程指导，通过高级认证企业2家，辖区AEO企业总数达到4家。全面推广“互联网+稽核查”工作模式。从“实地”走向“线上”，开展非接触式稽核查，借助电话、互联网等无接触手段拓展稽核查方式，通过远程支撑平台对6家企业开展视频核查。完成610家企业注册地海关变更、198家企业注册编码更新。对涉检业务开展联合风险研判和同步稽核查，联合武汉海关企业管理和稽查处对原产地证和申报价格开展专项稽查。办结稽查作业4家，办理主动披露1家。核查作业45家，完成率100%，查发问题企业20家。

【优化营商环境】2021年，荆门海关积极开展“两高”（注：“两高”系湖北省商务厅、武汉海关联合推行的服务湖北高水平开放高质量发展措施）系列措施调研宣讲，推动新一轮便民惠企举措落地见效。推动党中央“六稳”“六保”和优化口岸营商环境稳外贸稳外资等重大决策部署落实落地，为24家主要进出口企业开展送“服务包”活动，“一对一”送出惠企措施121项，帮助企业解决实际困难29个，做实“我为群众办实事”实践活动，通过“企呼关应”工作机制解决企业群众急难愁盼问题52个。《荆门市人民政府关于支持外贸产业高质量发展的实施意见》采纳荆门海关多项政策建议，对利用中欧班列的企业按相关政策给予补贴，对获得AEO资质的企业给予10万元人民币奖励等措施。牵线搭桥，推动荆门通用航空产业园与荆门B保对接，指导通用航空相关企业充分利用荆门B保软硬件优势做大做优做强。主动对接、提前介入为荆门亿纬动力电池生产线、神地绿色养殖加工、沙洋海莲食品罐头等重点项目提供政策支持，指导推动落地投产。全面推行“双随机、一公开”，与荆门市场监管、税务等部门积极开展联合抽查。提前制定周期监管清单，荆门疫情封控期间推行“预约加集中”方式提升查验效率，帮助湖北亿纬动力有限公司等重点企业克服疫情影响，扩大生产规模。指导企业健全产品验收使用、溯源管理等制度，完善电池能效标识，做好新产品危险特性分类，提升应对

▲2021年8月13日，荆门海关关员对危险品包装进行使用鉴定

技术性贸易壁垒措施能力。荆门市新能源新材料相关企业出口总额29.3亿元，增长118.7%，占荆门市出口总额的30.65%。

【政务管理】2021年，荆门海关推进“强化基础、规范作业、提升效能”专项活动，全面清理制度性文件，及时修订党委议事清单、贯彻落实“三重一大”决策制度实施办法、案件审理委员会工作规程等重要制度，完成业务、行政、内控、后勤、安全、防疫等系列内部管理制度的“立改废”，共计新制订8个、审定保留20个、修订9个、废止1个。各党支部“三会一课”制度落实质量不断提高，台账记录逐步完善；进一步强化领导带班巡查、消防设施巡查、疫情防控台账检查、档案室环境巡查等工作制度。不断提高按文件办事、依规定执法的自觉性，做到工作有依据、留痕迹。结合财务独立核算做好财务管理制度建设和人员培训，制定物资管理办法，从制度层面做好风险防范。针对采购、基建等重点环节成立采购小组，规范采购程序，加强采购管理，防范廉政风险。利用HLS2017（海关内部控制与监督）系统共发送118条处置单，对144条异常数据进行处置。对非执法领域142个内控节点进行穿行测试，发现3个问题并立行立改 。

2021年，荆门海关抓实常态化疫情防控，落实“应检尽检”“应接尽接”，根据不同岗位确定不同检测频次人员名单，专人督促确保无遗漏。干部职工进入办公楼前扫码、测温、登记并坚持“日报告、零报告”。根据疫情形势变化及时调整人员外出管控措施，落实“非必要不出差、不出行”要求，坚决杜绝先出行后审批现象发生。对巡察和安全检查先后发现的内部人员管控不严、测温设备调校不规范等问题认真整改；采取“四不两直”方式对办公场所消毒、人员进出管理、防疫物资储备等情况进行检查，及时消除风险隐患。

【家园建设】2021年，荆门海关积极争取荆门地方财政支持。通过加强学习培训，不断提升财务管理水平、财务人员业务能力。提升物业服务水平，完善安保设施，为干部职工营造安心舒适的办公生活环境。完成三级监控指挥中心整改验收。生活用房、门卫房、职工书屋、健身房、球类运动室、文化活动室等建设采购项目主体工程全部完成，硬件水平和文体功能显著提升。打造党建宣传栏、党史学习长廊、精神文化长廊、廉政主题长廊等文化阵地，进一步营造浓厚文化氛围。成立游泳、羽毛球等多个协会，参加湖北省直机关和武汉海关体育比赛，开展夏季“送清凉”、慰问“送温暖”和健步走等活动，持续丰富干部职工文化生活。

【打击走私】2021年，荆门海关推动荆门市成立反走私工作领导小组，部署荆门反走私综合治理重点工作，严厉打击“洋垃圾”、象牙等濒危物种及其制品、重点涉税商品、农产品、冻品等走私，推进反走私综合治理。协调组织荆门市打击走私综合治理工作领导小组成员单位开展各类市场清查行动300余次，检查各类经营场所1,200余次，排查重点进出口企业60余次，查发案件6起，案值共计1.22亿元。

（撰稿人：毕　昊　邵娟娟　周　伟
郭天男　童　彤）

鄂州海关

【概况】鄂州海关前身为1999年成立的鄂州出入境检验检疫局，2018年，出入境检验检疫管理职责和队伍划入海关，统一以海关名义对外开展工作，同年12月，鄂州海关成立，辖区范围为鄂州市全境。内设办公室、法制内控科、综合业务科、查检科4个科室。

2021年，鄂州海关坚持以习近平新时代中国特色社会主义思想为指导，深入学习贯彻党的十九大和十九届历次全会精神，紧密围绕“强监管、优服务、争第一、创一流”目标和“旗帜鲜明讲政治、千方百计保安全、一心一意促发展、积极稳妥推改革、聚精会神抓建设”重点工作，深入优化营商环境，服务鄂州市高水平开放高质量发展，及时跟进花湖机场各区域建设进度，持续开展快件智能分拣监管模式创新研究，指导鄂州花湖机场海关指定监管场地申建，为机场口岸建设提供海关专业意见。签发各类原产地证书1,303份，货值3,418.4万美元，受理出境检验检疫申请287票，签发各类检验检疫证书125份，入境货物检验检疫证明3份。

【政治建设】2021年，鄂州海关认真落实党史学习教育系列部署要求，党委理论学习中心组开展集中学习23次，赴鄂南抗日根据地指挥中心旧址进行现场教学1次，举办读书班1期，主要领导干部讲党课4次；深入开展“我为群众办实事”实践活动，制定部门清单、个人清单、民生项目清单，31件实事全部完成。领导班子把深入学习贯彻十九届六中全会精神作为重要政治任务，坚持先学一步、深学一层，以主题党日、集中学习、撰写心得等多种方式，切实把党的百年奋斗重大成就和历史经验转化为强大精神动力，不折不扣贯彻落实到工作全过程各方面。持续深化“强基提质”工程，配齐配强支委班子，切实抓好“三会一课”、主题党日、集中学习、民主评议等制度的落实，充分利用“智慧党建”平台，对照年度4批次党建问题清单和各项党建工作提示，抓好问题整改和细化落实。组织青年党员和入党积极分子参加机关团委“建言献策青年说”获组织奖，1人获一等奖，3人获三等奖。

▲2021 年 4 月 14 日，鄂州海关关员到鄂州市实验小学开展“国门生物安全进校园”活动

【从严治关】2021 年，鄂州海关切实履行管党治党主体责任，积极配合派驻纪检组工作，将党风廉政工作与业务工作同安排、同落实、同检查，围绕“现场监管与外勤执法权力寻租”专项整治工作，全面梳理业务流程、排查风险隐患。对照总署党委第八巡视组反馈意见整改清单中涉及隶属海关层面的 42 项问题举一反三，细化措施；对照武汉海关党委第一巡察组巡察反馈意见指出的 4 大类 10 个方面 21 个问题，研究制定整改措施 40 项，实行销号制度，确保整改问题件件有着落；扎实推进“找差距、查短板、防风险、抓整改”和“强化基础、规范作业、提升效能”专项活动，彻底清查现行制度性文件，审定保留 24 个，针对性修订制度 2 个，结合搬迁新址，新制定内部管理办法 9 个。抓细抓实纪法教育，深入开展警示教育月专题活动，不断深化纪律作风建设，落实中央八项规定精神，高标准推动准军建设，严肃督导检查，结合定期内务规范督查和通报问题整改，扎实开展内务规范强化月活动，强化日常作风养成。积极运用常规谈心谈话、提示谈话、“第一种形态”等多种手段，强化监督引导，在关键时间节点做好教育提醒，一体推进不敢腐、不能腐、不想腐“三不”建设。未发生不廉洁情事，未出现酒驾醉驾等违规违法情况。

【队伍建设】2021 年，鄂州海关持续筑牢基层基础，在确保顺利完成现有业务情况下，选派人员赴武昌海关、汉阳海关、邮局海关等兄弟海关跟班作业，学习单证、税费、验估、货物检查、转关运输管理、加工贸易等知识，积极参与动植检能力提升、疫情监测、进出口食品风险信息监测相关工作，对接重点企业，摸清业务底数，为全面开办业务夯实基础。坚持内部挖潜，以干代训，全面提升队伍能力素质，9 人获岗位相关资质，22 人次入选 2021 年度关区业务人员共享库；相关经验做法被总署政工网、“金钥匙”微信公众号各采用 3 篇，《海关编译参考》3 篇，涉海关信息监测 176 条，《海关监管实务与研究》1 篇，“悦读武关”微信公众号 3 篇，地方媒体 13 篇。

【疫情防控】2021 年，鄂州海关严格执行总署疫情防控“五有”要求和武汉海关具体措施，从人员管理、出差出行、办公场所、个人防护、应急处置多方面细化疫情防控举措，储备足量防疫物资，健全规范相关管理制度。对照疫情防控专项督查情况通报，举一反三自查风险隐患，对自查督查发现的问题及时整改。认真组织开展疫情防控应急演练，提升应急处置能力。积极选派7名青年干部支援天河机场海关配合做好口岸疫情防控，总计借调工作时长15个月。

【业务建设】2021年，鄂州海关签发各类原产地证书1,395份，货值3,749.9万美元；受理出境检验检疫申请324票；签发各类检验检疫证书144份；行政审批事项受理2份，行政相对人资质受理2份，木质包装热处理310批，出具合格凭证494单；完成20个检疫性实蝇监测点和杂草监测的年度国门生物安全监测工作。

2021年，鄂州海关组建工作专班主动作为，召开沟通协调会20余次，持续推动口岸建设申报和海关监管场所及设施的规划设计、方案研究等工作；结合常态化疫情防控需要，不断优化机场口岸快件集中查验区布局和功能规划，完善前置拦截区设计，全面加强口岸核心能力建设；多措并举支持鄂州花湖机场海关指定监管场地申建，为机场口岸建设提供专业意见。持续开展快件智能分拣监管模式创新研究，结合业务场景进一步梳理业务流程，积极参与花湖机场转运中心信息化建设，完善转运中心业务展示系统。

2021年，鄂州海关积极参与鄂州市关于空港综合保税区规划和建设专题会议，在总关职能部门指导下研究鄂州综保区项目申报评估得分情况，指导完善申报材料，对最终规划提出建设性意见。围绕产业需要，参与针对鄂州空港综保区入区项目（湖北国际物流核心枢纽保税航油）的海关监管政策创新相关前瞻性研究。积极助推UPS鄂州航空转运枢纽项目落地，多次派员参与同UPS公司就该项目可行性研究中涉及海关的7大类议题开展研讨，并就监管场所功能布局以及国际转运货物机坪直转海关监管模式提出建议；参与鄂州市重点项目推进会，就UPS公司提出的进口设备免税问题提供翔实解答。领导班子带头为进出口企业送“服务包”，深化“企呼关应”互联互通机制，及时回应企业需求并解决有关问题23个。

▲2021年9月10日，鄂州海关关员开展国门生物安全监测工作

【家园建设】2021年11月8日，鄂州海关整体搬迁至新址办公。从党建阵地打造、法治文化宣传、廉政文化建设、平安综合治理建设多方面着手，推进机关文化建设，积极营造浓厚氛围；与地方政府深入沟通合作备忘录签订事宜，持续推进机场海关现场业务用房建设，细化整体方案，多次调整缉私办案区、缉私犬舍、准军训练场地设计，做好业务增长准备。

【服务地方】2021 年，鄂州海关严格落实党员“双报到”制度，积极参与疫情防控、社区治理、普法宣传等多项志愿服务工作；携手包保社区，积极开展“敲门入户”、爱国卫生大扫除等活动，助力鄂州争创全国文明典范城市；聚焦乡村振兴，助力包保临空区燕矶村乡村振兴工作；加强与地方政府相关部门的沟通联系，建立长效工作机制，跨部门联合开展“双随机、一公开”执法检查工作，在“4·15”国家安全教育日、“质量月”活动、“12·4”宪法宣传周等关键时间节点组织形式多样的宣传教育。

【财务管理】2021 年，鄂州海关以深化国库集中支付改革、部门预算改革为主线，积极抓好财务基础、会计核算、财务管理等工作，严格执行财务“收支两条线”的规定，严肃财经纪律，狠抓增收节支，开源节流。

（撰稿人：吕　骤　华　芳　向　宇　周志程　胡　珩）

随州海关

【概况】随州海关前身为1997年9月成立的随州出入境检验检疫局，2018年，出入境检验检疫管理职责和队伍划入海关，统一以海关名义对外开展工作，同年12月，随州海关成立，辖区范围为随州市全境。内设办公室、法制内控科、综合业务科、查检科4个科室。于2021年5月9日搬迁至新办公楼综合楼，6月8日全面开办海关业务。

2021年，随州海关以“强监管、优服务、争第一、创一流”目标，持续优化营商环境，助推随州外向型经济高水平开放高质量发展。外贸进出口总值105.6亿元，同比增长31.9%，其中出口总值100.4亿元。进口通关时间29.4小时，出口通关时间零小时（均为提前申报）。获评省级文明单位、档案达标省一级单位、随州市平安建设优胜单位、随州市优化营商环境先进集体。

【党的建设】2021年，随州海关深入学习贯彻习近平新时代中国特色社会主义思想和党的十九大以及十九届历次全会精神，深刻认识“两个确立”的决定性意义，增强“四个意识”、坚定“四个自信”、做到“两个维护”。以党要管党、全面从严治党为主线，严肃党内政治生活，严格执行新形势下党内政治生活的若干准则，坚决走好“两个维护”第一方阵。采取“线上+线下”、党委书记讲党史专题党课、重温入党誓词、唱红歌、观红影、走红地、献红心及庆“七一”文艺汇演等多种形式开展党史学习教育；党史学习教育经验被总署、武汉海关和随州市政务信息采用21篇次；推动教育学习与实践相结合，积极开展“我为群众办实事”实践活动和为进出口企业送“服务包”活动，培育3家企业通过AEO高级认证。严格落实总署“将支部建在科上、强在科上”的要求，根据机构设置成立四个党支部并凝练成“编钟先锋”“初心炎炎”等4个支部品牌和工作法。对照巡察反馈意见指出的3个方面9个问题21个整改事项，研究制定具体整改措施89项全部完成。深化政治监督，推进专项整治扎实有效，确定4个重点岗位和13个重点关注对象，发现问题9个，采取14条措施全部完成整改。开展干部作风整顿专项教育，全员思想动态情况分析。开展警示教育月和党风廉政宣教月系列活动，制作廉洁家风和廉政寄语小视频，推进法治机关示范单位创建，通过省级绩效实地考核，荣获省级“七五”普法先进单位。

【队伍建设】2021 年，随州海关加强全能型人才培养，6 人次取得危包检验资质，练兵比武进入武汉海关 6 强，1 名同志在总署岗位练兵中挺进百强。筑牢疫情防控防线，出台应急处置方案，开展疫情防控内部演练和实操培训，参与地方冷链环节疫情防控工作组集中工作，派出 7 人次支援武汉天河机场海关一线工作。组建三级安全防护监督员队伍。严格落实准军事化纪律部队建设要求，强化号令意识，注重仪式教育，坚持纪律作风常态化检查和不定期抽查，灵活组织队列训练，全员训练时间均达 16 小时；严格报关大厅管理，畅通服务热线等意见反映渠道，用好海关特约监督员外部监督等力量，持续开展窗口作风治理。

【综合业务】2021 年 6 月 8 日，随州海关全面开办海关业务。随州市进出口总额 105.6 亿元，同比（下同）增长 31.9%。其中出口 100.4 亿元，增长 33%，农产品出口 61.15 亿元，增长 17.92%；进口 5.2 亿元，增长 13.8%。征收税款 508.7 万元，受理出入境检验检疫货物 5,936 批，货值 81.33 亿元，分别增长 19.61%，43.16%。签发各类原产地证书共计2,540份，签证金额 40.68 亿元。新增出口食品生产企业 9 家，审核出境粮食加工注册登记单位 1 家，出口食品原料种植场备案 35 家。

▲2021 年 5 月 9 日，随州海关关员办理搬迁新大楼后首单业务

【法治建设】2021 年，随州海关建立推进法治建设职责任务清单，落实中心组定期学法制度，定期听取法治建设工作情况汇报，专题研究部署防范执法风险、创建法治文化示范机关、公职律师作用发挥、谋划“八五”普法方案等工作。

2021 年，随州海关认真落实普法责任制，根据年度普法工作计划和责任清单，将全年普法责任任务细化到科、责任到人。在国家安全教育日、知识产权宣传周、食品安全周、实验室开放日、质量月、海关法治宣传周、艾滋病日、民法典实施周年、宪法宣传周等重要时间节点，多种形式开展法治宣传。注重运用新媒体做好普法宣传，打造《编钟播报》微视频普法品牌，全年播放 24 期，累计观看 5,000多人次。针对进出口企业法人推送宣传“进出口企业法人应知应会”知识图文 180 余条。建设“法治花园、法治长廊，法治楼道、法治书屋”等法治文化场所。法治建设经验在全市作交流发言，《随州日报》法治建设专版刊登《依法把关 服务发展》经验文章。

2021 年，随州海关加强制度建设和内部管理，结合“强化基础、规范作业、提升效能”专项活动，全面梳理完善制度，建立健全党委工作规则等 34 条规章制度，做到按制度管人管事，在重大决策和对外签订合同前实施法制审核。

2021 年，随州海关严格按照武汉海关业务操作指引，按规定权限和程序执法。所有海关业务全程做到进系统、留痕迹、可追溯。行政审批严格落实“一个窗口”对外，实现“一网通办”，实施无纸化办公。严格落实外出执法双人、随机选派制度，执法过程全程录像并实时上传到系统。严格落实执法监督告知和反馈制度，在大厅显著位置张贴评价举报二维码，接受社会公众监督。

【食品检验检疫】2021 年，随州海关落实食品安全“四个最严”要求，推动地方政府落实食品安全属地责任，加大监管力度，形成监管合力。通过“多查合一”加强食品企业的监管，做好出口食品的检验和风险监测，全年未发生进出口食品安全事件。规范开展进出口食品抽检工作，抽检食用菌制品、蛋品、供港蔬菜、腌制菜等样品 46 个，未检出不合格情况。开展现场检验和企业核查，监督企业严格落实原辅料、添加剂进货查验、生产全过程控制、出厂检验、产品追溯等管理制度，规范企业原料采购、生产加工、仓储运输等环节的食品安全，推进出口食品原料基地备案，强化水质、栽培介质中有毒有害物质监测，规范农药使用管理，以“企业+合作社+基地+农户”形式开展标准化种植。在执法过程中持续向出口食品企业宣传食品安全相关的法律法规，提高企业守法意识。利用网络平台、微信工作群等方式及时向企业宣传海关新政策、新要求，提高企业的认识和管控能力。

▲2021 年 12 月 7 日，随州海关关员在香菇种植基地指导香菇规范种植

【动植物检疫】2021 年，随州海关开展进出口动植物及其产品的检疫，做好国门生物安全监测，进口粮食后续监管等工作，严防动植物疫情传入传出和外来物种入侵。做好 4 家进口粮食企业的后续监管，加强对装卸、运输、加工、存储以及下脚料处理等环节的监管，防止粮食在装卸过程和运输途中撒漏，保证粮食加工过程中杂草种子全部灭活，下脚料全部进行无害化处理。做好进口种鸡的隔离检疫，通过“押运和视频检查相结合”开展路途监管，严格控制种鸡从机场到随州隔离场的运输过程。开展驻场监管，现场监督运输车辆的消毒、进境种鸡的卸离、样品的采集及免疫等关键环节。通过视频监管对进境种鸡进行日常检查，监测种鸡的健康状况，完成8批次约13万只进境种鸡的隔离检疫。开展有害生物检疫性实蝇监测，在7个乡镇的果蔬种植基地，设置监测点23个，定期做好诱捕器的维护和实蝇收集，共诱捕实蝇1,180头。加强对进境动植物产品、机电设备、集装箱、木质包装等的目的地检疫，严格防止国外动植物疫情从货运渠道传入。开展现场检疫42批，未发生疫情传入和物种入侵的异常情况。

【商品检验】 2021年，随州海关开展安全生产专项整治，加强进出口重点敏感商品、进出口危险化学品等高风险产品的检验监管，严厉打击固体废物和“洋垃圾”入境、企业“伪瞒报、逃漏检”等违规行为。查检进出口商品78批，处罚违规企业1家，监督不合格企业整改。严格落实出口商品产地检验、进口商品目的地检验要求，规范开展审单、现场检验、取样送检、证单签发、不合格处置等执法活动。落实出口危险化学品及其包装批批现场检验的要求，认真开展现场查验，保障出口危化品的安全生产。组织一线执法人员和生产企业员工开展专题学习和在线宣讲，普及安全生产知识。开展重点企业安全风险排查，联合地方应急管理部门进行安全检查，与企业签订安全责任承诺书，落实企业主体责任，开展安全生产工作自查，研判危化品企业及其产品的风险点，消除安全隐患。加大进出口货物的现场查验力度，重点核对进出口商品的一致性，检查化工品的标识标签和安全技术说明书，进行重点商品抽样送检，严厉打击违规违法行为。

【政务管理】 2021年，随州海关开展“强化基础、规范作业、提升效能”专项活动，梳理内部管理制度34条。加大配套建设投入力度，完成三级指挥中心建设及验收，严格值班值守，落实三级值带班制度，定期组织开展值班工作培训，确保全员遇到重大突发事件正确应对。

（撰稿人：李　维　苏丹丹　程　相　曾广勇）

恩施海关

【概况】恩施海关前身为恩施出入境检验检疫局和武汉海关驻恩施临时工作组，2018年，出入境检验检疫管理职责和队伍划入海关，统一以海关名义对外开展工作。恩施海关于2019年5月16日挂牌成立，辖区范围为恩施土家族苗族自治州全境，2019年10月1日正式对外办理海关业务。内设办公室、综合业务科、查检科、稽查科4个科室。

2021年，恩施海关围绕“强监管、优服务、争第一、创一流”目标，坚决落实“旗帜鲜明讲政治、千方百计保安全、一心一意促发展、积极稳妥推改革、聚精会神抓建设”的重点任务，团结一心、克难奋进，努力实现新作为，取得新成效。受理出入境货物及包装报检532批次，受理报关136单，签发原产地证370份，出具检验检疫证单664份，进出口货物收发货人备案55家，出口食品原料种植场备案10家。

【政治建关】2021年，恩施海关落实“第一议题”制度，第一时间传达学习习近平总书记重要讲话、重要指示批示精神，集中学习武汉海关关区形势分析及工作督查例会精神，党委理论学习中心组集中学习13次，研讨7次。扎实开展党史学习教育，开展“听、读、唱、看、寻”系列活动，组织全员拍摄《唱支山歌给党听》MV，被总署“海关影像”栏目采用并在“学习强国”平台播放；编发2篇信息在“金钥匙”微信公众号刊载。扎实开展“我为群众办实事”实践活动，完成19件重点民生项目、3件集体项目和11件个人项目，其中1件集体项目和2件个人项目获评武汉海关百佳。加强警示教育和纪法教育，集中学习反面典型案例，教育党员干部知敬畏、存戒惧、守底线；严格执行党风廉政和反腐败工作例会制度。对照总署巡视组通报的问题，第一时间完成地方车辆退回。对照武汉海关巡察组指出的问题，制定84条具体整改措施，全部整改完成。推进“现场监管与外勤执法权力寻租”专项整治，自查1,716份单证，查摆问题隐患11个，《恩施海关运用“三四四五”工作法 推动专项整治工作取得实效》被驻署纪检监察组网站采用。

【队伍管理】2021年，恩施海关坚持以上率下，坚决扛起管党治党政治责任。党委书记认真履行“第一责任人”职责，班子成员坚持“一岗双责”；严格执行民主集中制，坚持“三重一大”事项集体讨论决策，践行民主决策和科学决策。发挥党员先锋模范作用，2名关员脱产驻村支持乡村振兴工作，2名关员长期支援口岸抗疫一线。围绕打造“政治坚定、业务精通、令行禁止、担当奉献”的准军事化海关纪律部队建设要求，全面提升队伍凝聚力、战斗力、执行力，做对党绝对忠诚的国门卫士，确保急难险重任务中“冲得出、干得好”。抓好知识、技能培训，干部职工轮流担任教员，举办15期“硒引力讲堂”集体学习活动；邀请业务专家现场指导，培养工作骨干。

【通关监管】2021年，恩施海关受理出入境货物及包装报检532批次，货值3,329万美元；出具检验检疫证单664份；审核签发原产地证书370份，签证金额4,233万美元，同比分别增长54.8%和51.5%；受理报关单136票；征收关税及进口环节税48.3万元；新增进出口货物收发货人备案55家，无进出口经营权加工生产企业2家；出口食品生产企业备案8家；出口食品原料种植场备案10家；出境竹木草制品生产加工企业注册登记5家；开展稽查作业4起，核查作业9起。为恩施州近10家符合标准的企业开展分级分类评估工作，将抽批查验比例由100%抽检大幅降低至3%~10%，提升通关便利性，减少企业负担；引导企业使用远程作业支撑平台实施远程查验，平均查验时间减少近4个小时。

【检验检疫监管】2021年，恩施海关制定非洲猪瘟防控应急预案，成立工作专班，加强对相关企业的监督管理工作；开展国门生物安全检测工作，到恩施州各县市出口茶叶基地开展实蝇监测，布点23处；在恩施许家坪机场口岸开展每月病媒生物监测，进行鼠类、蚊蝇、蜚蠊等病媒生物监测40余次。通过恩施航空口岸电子屏、海报、宣传册等多种形式宣传国门安全知识；在社区开展国门生物安全进社区、食品安全进社区等公益活动，发放宣传资料1,500余份，引导居民建立防范疫情传播意识，提高社区居民对国门安全的认知。落实“四个最严”要求，加强对食品原料基地及生产加工企业的监管，定期与企业交流沟通，对监管中发现的问题，及时督促企业规范整改；主动帮助企业整改达标、恢复出口资质；积极推进食品安

▲2021年4月13日，恩施海关关员开展国门生物安全进社区宣传活动

全新规宣贯，第一时间通过微信、QQ工作群等方式开展政策辅导，对企业提出的问题及时回应解答、释疑解惑。

【营商环境】2021年，恩施海关启动恩施州出口茶叶质量安全监测项目，检测114个样品2,508个项目，解基地管理方面的风险和隐患，全面掌握恩施州出口茶叶质量安全状况，惠及恩施州24家茶叶出口企业和32个出口茶叶基地；摸清企业需求和出口瓶颈，《关于出口农产品集装箱运费上涨的专项调研报告》被恩施州政府采用上报湖北省政府，《关于拓展恩施州中药材出口贸易的调研报告》获得恩施州领导重视。做好通关便利化措施政策宣传，举办3次企业培训宣讲会，65家次企业参加；深入推进“智能审核+自助打印”智慧签审新模式，原产地签证金额同比增长57.1%，证书自助打印比例约75%。建立“企呼关应”机制，实行台账管理，收集并解决企业提出的问题和难点131个；积极开展为企业送“服务包”活动。加强前期调研和指导，与武汉海关职能部门联系取得支持，就场所内规划布局、查检设施、信息化建设等方面的设计提出改进意见，帮助打通恩施进出口物流瓶颈，降低进出口企业成本；争取专项资金411万，完成恩施航空口岸旅检进出境通道改造项目，并通过验收；加强与恩施州各职能部门沟通协作，建立恩施航空口岸联防联控机制。落实总署和武汉海关领导现场调研要求，加大在人财物上对乡村振兴工作的支持力度。赴驻点村开展捐赠防控物资、走访慰问和法制宣传、“爱心妈妈”等公益活动。

▲2021年4月29日，恩施海关关员对出口茶叶种植基地开展日常监管

【疫情防控】2021年，恩施海关围绕“零遗漏、零感染、零投诉”目标，严格执行疫情防控要求，设置应急留观室，加强场所消杀，各类防疫物资储备至少满足3个月需求。严格外来人员管理，开展全员核酸检测和应急演练，落实“非必要不出行”纪律要求，疫苗接种应接尽接。

【政务管理】2021年，恩施海关推进“强化基础、规范作业、提升效能”专项活动，清理制度性文件19项，内容涉及工作规则、财务管理、内部控制、后勤保障、疫情防控和航空口岸管理等方面，制发9项制度规范；推进“找差距、查短板、防风险、抓整改”活动，自查发现问题和风险隐患20个，研究提出整改措施38条，全部整改完成。合理分配人力资源，成立9个工作专班，按照组长监督协调，副组长主抓主推，成员具体执行的工作机制，实行项目化推进，台账式管理，发掘内部潜力，最大限度实现人岗相宜、人尽其才，努力解决人力资源数量和结构的矛盾。强化内控节点岗位落实清单主体责任，通过节点关注进一步明确岗位内控职责，切实发挥好每个岗位防范执法、管理、廉政三大风险的作用。强化“海关内部控制与监督子系统”应用，充分发挥系统监控分析和组合查询功能作用，主动开展对业务执法行为的监控分析。

【家园建设】2021 年，恩施海关完成三级指挥中心、有声党建活动室建设验收，举办网球、篮球、台球、乒乓球、羽毛球等形式多样的文体活动；职工书屋获评湖北省省直机关职工书屋示范点。推动建设边关生活设施保障能力提升工程项目，推进二期干部交流用房建设，为干部职工营造安心舒适的办公及生活环境。

【打击走私】2021 年，恩施海关积极走访 18 家成员单位，协助召开恩施州 2021 年度打击走私综合治理领导小组会议，充分发挥各自职能优势，建立信息共享渠道，交流经验做法，深化齐抓共管、凝聚打私合力，抓好反走私综合治理。

（撰稿人：刘光耀　胡晓颖）

仙桃海关

【概况】仙桃海关前身为2015年设立的武汉海关驻仙桃办事处，2018年，出入境检验检疫管理职责和队伍划入海关，统一以海关名义对外开展工作。仙桃海关于2019年1月2日成立。业务辖区范围为仙桃市、潜江市、天门市，内设有办公室、法制内控科、综合业务科、查检科、稽查科5个科室。

2021年，仙桃海关坚持以习近平新时代中国特色社会主义思想为指导，发扬“马上就办、真抓实干”的精神，以“强监管、优服务，争第一、创一流”为目标，深入推进“政治建关、改革强关、依法把关、科技兴关、从严治关”。全年受理报关单1.38万票，同比（下同）减少4.7%；税收入库2.85亿元，增长141.5%；签发原产地签证5,049份，减少2%。监管进出口货值3.2亿美元，减少72.6%；监管货运量7.33万吨，减少13.3%；监管集装箱9,136标箱，减少24.3%。减免关税和环节税501.9万元；设立加工贸易手册35份、备案金额1.43亿美元。新增企业注册224家，辖区实有企业1,627家。获评2016—2020年全省普法工作表现突出单位，被评为仙桃市2021年度政绩目标管理考核优秀单位、平安建设（综治工作）优胜单位、优化营商环境工作突出单位。

【党的建设】2021年，仙桃海关把做到“两个维护”作为首要政治任务，加强对党员干部的教育引导，将专题学习习近平新时代中国特色社会主义思想、习近平总书记重要讲话精神作为党委会、党委碰头会的“第一议题”，推动学习常态化制度化。全年党委理论学习中心组学习20次，讲党课6次，交流研讨12次，撰写心得体会65篇。

2021年，仙桃海关全面落实“支部建在科上”，成立仙桃海关党总支及所属三个党支部，选优配齐党务工作人员，严肃党内政治生活，规范支部党务操作，建立健全支部工作台账，抓好党员发展教育，全年发展5名预备党员、4名入党积极分子，1名预备党员按期转正，党员占比由过去的62.5%提升至91.7%。

2021年，仙桃海关扎实开展党史学习教育，组织党委委员引导示范学、支部集中研讨学、党员自发主动学。以学习十九届六中全会精神为重点，通过研讨交流、撰写心得深化学习感悟。录制“保卫黄河”合唱视频在“学习强国”平台、总署政工办网站发布，拍摄“守初心践行动 奏响党史学习教育四重奏”建党100周年视频在荆楚网播放。开展“我为群众办实事”实践活动，党委委员走访36家重点企业送“服务包”，解决企业提出的口罩查验抽样送检时间过长、换证凭单有效期过短等30多个疑难问题。党员下沉社区开展垃圾清理、公益宣传、文明劝导等96人次。

2021年，仙桃海关落实全面从严治党主体责任，坚持“三重一大”议事制度和民主集中制。有序推进“现场监管与外勤执法权力寻租”专项整治工作，自查发现问题14个，制定整改措施19条，全部整改完毕。紧扣总署巡视提出的反馈问题，推动整改工作落地见效。每季度召开党风廉政例会，通过拍摄廉政微视频《底线》、编发家庭助廉倡议书等筑牢廉政意识防线。抓好内务规范督查，推动业务素养和关容风纪“双提升”。

【税收征管】2021年，仙桃海关改进综合治税手段，实现征管精准化。党委委员带队赴重点企业开展税源调研，每季度电话联系掌握企业实际进口情况，及时作出调整。做好税收征管监控，指派专人通过全景展示平台、事中及事后验估系统每日监控，杜绝超期处置。落实属地纳税人管理，以复审自查为抓手，组织现场关员对本地报关单开展100%复审，要求辖区企业每月对异地报关单数据开展自查，提高规范申报率。每日监控汇总征税数据，提前2个月掌握企业设备、原材料等进口计划，合理调整税收进度，确保达到税收预测吻合度。

【强化监管】2021年，仙桃海关利用信息化系统、视频监控系统和实地巡查相结合的方式，开展常态化安全风险隐患排查，监督经营单位做好新冠肺炎疫情防控。对口岸查验指令实施常态化监控，确保港口查验不过夜，对符合条件的货物查验开始后4小时内完成，做到口岸查验“零等待”、港口货物“零滞留”。实施事中查检457票。严格口岸查验，检出出口医用口罩带断裂强度不合格2起。

▲2021年6月15日，仙桃海关关员加班监管一批紧急出口医疗物资

2021年，仙桃海关对辖区26家出口危险品生产企业开展调研，健全辖区出口危险品企业档案。与辖区出口危险品企业签订安全责任承诺书，压紧压实企业主体责任。落实危险品安全监管联防联控机制，对排查出的企业风险隐患问题，第一时间通报地方相关部门。根据企业业务量、地理位置、信用等级等要素对企业进行分类，统筹安排现场检验工作，做到多个作业一次外勤，提高业务处置效率。全年受理检验检疫批次 7,430 批，增长 5.5%，其中出口危化品检验3,214批，出口危险货物包装使用鉴定2,037批，出口危险货物包装性能鉴定 256 批；检出危化品不合格 9 批次，检出危险货物包装使用不合格 24 批次、性能不合格 4 批次，辖区进出口危化品安全事故零发生。

2021 年，仙桃海关做好非洲猪瘟病毒防控，扎实开展进境粮谷有害杂草监测及进口粮谷后续监管，严格出境农产品安全风险监控。严格食用水生动物安全风险监控，在对某注册养殖场监测中检出禁用药物氯霉素；严格目的地查验，在进口棉花中截获死黄胸鼠。辖区无因质量安全原因被出口地区通报及负面舆情事件发生。

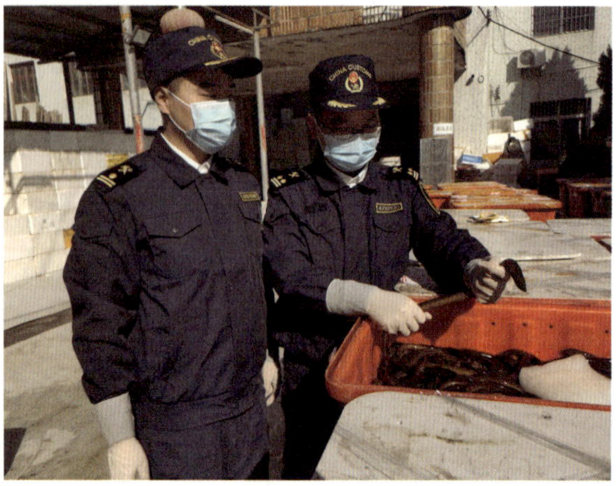

▲2021 年 11 月 2 日，仙桃海关关员监管出口鲜活黄鳝

2021 年，仙桃海关在武汉关区率先推广应用保税物流货物“触发申报”新模式，将原六步申报简化为一次申报，切实降低企业通关成本、提高通关时效。结合辖区蛋品出口频率高、批次多的特点，实施“进出口鲜活易腐食品抽样后放行”监管模式，缩短通关时限。

【稽查缉私】2021 年，仙桃海关突出重点开展专项稽查，结合辖区行业贸易特点，准确定位风险点。常态管理开展常规稽查，以企业内部控制、账册规范为重点，规范企业进出口行为。统筹开展定期管理类核查、风险类核查等多类型作业，发挥后续监管效能叠加的“乘法效应”。推进部门间联合抽查，与地方市场监管、税务部门开展联合抽查，实现“进一次门、查多项事”。指导企业用足用好主动披露政策，办理主动披露作业 3 起，免于行政处罚 2 起，有效降低企业纠错成本。全年新开稽查作业 6 家，办结 9 家；开展核查 49 个，完成率 100%。

2021 年，仙桃海关落实“国门利剑 2021”行动要求，组织召开仙桃市 2021 年打私综合治理工作会议，推动辖区三市调整打私综合治理工作领导机构，全年办理“两简案件”10 起。

【优化营商环境】2021 年，仙桃海关持续巩固压缩整体通关时间成效，加强关企协作，协调引导货运代理公司、船运公司以及进出口企业三方信息共享。建立“企呼关应”问题解决机制，安排专人专岗实时跟进每票进口报关单的各环节进展情况，指导企业提前申报。2021 年 12 月，进口整体通关时间 5.45 小时，出口整体通关时间 0.77 小时，均位列武汉关区各现场前列。

2021 年，仙桃海关作为武汉关区进口棉花监管量最大的业务现场，通过集中查验和分类放行，将检验流程控制在 96 个小时内完成，推动中棉集团将异地进口的棉花调整在仙桃进口清关，全年进口棉花检验 116 批次。支持民营企业开拓 RCEP 成员国新兴市场，协助拓宽鸡蛋、小龙虾等本地特色农产品销售渠道。加大企业信用管理力度，确定 6 家重点培育企业，成功培育 2 家 AEO 高级认证企业，实现辖区高级认证企业“零”的突破。指导 2 家企业提交知识产权海关保护备案申请，其中 1 家已通过总署审核。

2021 年，仙桃海关成立推进仙桃市综保区申建工作领导小组，在设立综保区指标评估过程中主动与武汉海关职能部门沟通，取得关键指标上的支持。提前介入综保区规划工作，面向地方相关部门及重点企业就综合保税区适合入区项目进行培训。发挥保税物流中心（B 型）保税、仓储功能，为中华棉、赛力德舒适家等企业减缓缴税数千万元，为康舒电子、唯美医疗等企业减少仓储成本百余万元。

2021 年，仙桃海关积极响应仙桃市“打造仙桃黄鳝品牌”发展规划，调研黄鳝出口企业，形成专题报告供地方参阅，为扩大黄鳝出口提供助力。组织线下、线上进出口企业 RCEP 政策宣讲，深入分析国际原产地规则变化带来的利弊，形成专题报告供地方参阅，帮助企业应享尽享协定优惠。

【政务管理】2021 年，仙桃海关深入开展“强化基础、规范作业、提升效能”专项活动，有序推动制度“立改废”工作（制度新增 14 个、修订 2 个、废止 2 个）。通过党委议事、后勤管理等制度的修订完善，进一步提高工作制度化、规范化。开展“改进工作作风”专项整治，经深入自查、关内交叉互审、问题整改销账，提升制度执行力。落实“谁执法、谁普法”主体责任，赴仙桃职业学院开展国门生物安全宣教活动，在现场执法中同步宣传《中华人民共和国海关法》和海关最新管理规定。开展省级法治文化建设机关示范点创建工作。每月组织“仙关小课堂”，通过培训个人防护实操、危险品现场监管要点、综保区建设等贴近工作的内容，助力全体人员在本职领域掌握更深、全关业务解更广。在武汉海关技能比武竞赛中获团体二等奖。

【疫情防控】2021 年，仙桃海关成立疫情防控安全防护工作领导小组，从严从细制定防控措施，逢会必强调疫情防控要求，安全防护措施覆盖全体人员、全过程、全时段。针对工地外来人员频繁流动的状况，专题研究管理措施，堵塞漏洞。开展疫情防控桌面推演，模拟内部工作人员疑似感染新冠肺炎应急处置演练，检验和锻炼应急队伍实战水平。邀请仙桃市卫健委和疾控中心对疫情防控工作开展联合检查。严格人员管理及办公场所管理。加强对居家隔离人员的关怀，在关员节假日不能回家时做好生活保障，及时送去组织的温暖。积极支援口岸疫情防控工作，4名关员驰援武汉天河机场海关口岸一线，向汉阳海关捐赠一批物资。

【后勤保障】 2021年，仙桃海关推进惠民利民工程，升级庭院绿化，改造活动室、健身房、职工书屋、员工餐厅、临时周转房，修建电动车棚及停车场、五人制足球场、室内篮羽毛球馆、多媒体电教室等。组织开展丰富文体生活，增强干部职工幸福感。圆满承办2021年关区队列指挥员集训、隶属海关法制内控科人员暨关区公职律师集中工作等。

（撰稿人：万威龙　王爱华　束远达
张　薇　徐　浩　徐　强）

第七篇

事业单位

武汉海关后勤管理中心

【概况】武汉海关后勤管理中心（后管中心）前身为1999年9月成立的“武汉海关机关服务中心”，2016年7月更名为后勤管理中心。2019年5月，根据总署关于武汉海关所属事业单位整合调整事宜的要求，将原湖北出入境检验检疫局机关服务中心和武汉海关后勤管理中心整合为武汉海关后勤管理中心。为二级核算单位，事业法人，财务独立核算。内设15个机构，分别为综合管理部、人力资源部、财务部、物业管理部、生活保障部、资产管理部、采购管理部、车辆管理部、督查管理部、事业发展部、植物隔离苗圃管理部、后勤保障一部、后勤保障二部、后勤保障三部、后勤保障四部。

2021年，后管中心按照“强监管、优服务、争第一、创一流”工作目标，推进精细化管理。从严从紧做好疫情防控，全年未发生行车安全、工程质量、餐饮卫生、廉政风险、职工群体性上访等责任事件，保证机关正常运转。

【党的建设】2021年，后管中心认真贯彻民主集中制，坚持集体决策、民主议事，定期组织召开党委会、主任办公会、民主生活会，督促开好“三会一课”。全年召开机关党委会12次，所属3个党支部举行支委会36次，主题党日活动36次，支部书记讲党课12次。积极配合关党委第四巡察组巡察工作，整改问题23项。参加党史知识竞赛、撰写心得体会、支部唱红歌、文艺汇演、学习培训，开展“我为群众办实事”活动和党员下沉社区活动。

2021年，后管中心开展警示教育月和党风廉政宣教月活动。签订党风廉政建设责任书和杜绝酒驾醉驾承诺书，结合中秋节、国庆节等重要节点，加强反“四风”教育；组织学习《武汉海关廉政纪律学习手册》《中国共产党党内法规汇编》，观看

▲2021年5月8日，后勤管理中心组织自查内务规范

警示教育片《正风反腐就在身边》。开展以案促改“回头看”，拍摄以“落实全面从严治党责任 强化后勤安全底线思维”为主题的《基层书记谈责任》廉政视频。

【后勤保障】2021年，后管中心做好车辆、就餐、政府采购、物业、安保、保洁、场地消毒等院区及大楼正常运维。完成政府采购106项。加强各类设备维护保养，以及对水、电、空调、消防、安防监控等各项设施设备的监督检查，处理各类故障1,047次。栽种新修水泥道路旁树木190棵，花草7,700余平方米，修建道路110米。

2021年，后管中心制定绩效管理办法及实施细则。完成总关主楼办公用房、业务用房、技术用房等房间面积统计和测量并绘制成图册，协助缉私局、医务室搬迁改造，完成汉阳办公区资产和物业人员的清查与移交。推进智慧后勤平台中公车、食堂、安防、人力资源、绩效等模块的研发。为公务车辆安装北斗导航定位系统，加强公务用车管理。开展节能宣传周和低碳日系列活动，对部分设施设备节能改造。加强项目生态准入等建设手续的办理工作，完善设计，做好项目招标等工作。

【创新服务】2021年，后管中心积极推进实施“三大工程”“十件实事”，完成职工休息室及便利店建设，完成电动汽车和电动自行车充电桩安装，统筹使用好干部交流用房、单身干部用房以及临时周转用房，完成民航宿舍、处级交流干部用房改造。完成总关院内排水管网及地下室防水维修改造项目，对院区绿化和环境重新优化布置，改造篮球、网球一体的运动场地。推进总关办公大楼公共区域及地下车库照明和关徽亮化改造项目。

【安全生产】2021年，后管中心定期对总关大楼内的总监控室、配电房、净水车间、厨房操作间、存货仓库等大楼内重点场所开展“拉网式”安全检查，对排查发现的44项问题及时整改，切实消除安全隐患。邀请湖北省应急管理厅专家对总关大楼电梯安全运行情况提供专业技术支持，排查出电梯运行等6个方面存在的隐患及问题，提出专业性处理意见。邀请湖北省市场监管局餐饮处和食品稽查局专家到食堂指导食品卫生安全工作，就总关职工食堂操作间空间布局、功能设置、工作流程、设施配置、食品安全管理等提出专业性指导意见。坚持开展日常安全巡查，结合重要节日节点，做好应急预案，定期举办消防演练，预防突发事件的发生。

【疫情防控】2021年，后管中心坚持“人、物”同防，持续加强内部安全防护工作。进一步加强办公区域疫情防控工作，制定后勤从业人员加强疫情防控工作管理办法，对办公区域实行半封闭管理，细化升级外来人员管控、食堂管理、车辆通行、个人防护等措施。落实主任带班检查制度，随机检查测温、核验健康码、核酸阴性证明、疫苗接种证明等信息登记和纸质接待来访审批单填报情况等。加强疫情防控就餐保障，实施分时错峰即餐即走，在食堂排队区设置洗手消毒区、“一米线”，设置6人隔断，指定服务员加强对“间距保持、口罩佩戴”等提示和监督，打好“舌尖上”的疫情防控战。做好总关大楼公共区域疫情防控采样和消毒评价工作，更换和增加红外热成像测温设备。

【聘用员工管理】2021年，后管中心结合工作实际，调整员工的工作岗位和工作量，定期研究核定聘用员工薪酬待遇；定期开展谈心谈话，征求员工意见建议，及时摸清和掌握聘用员工的个人思想状况和需求。加强人员培训，举办食堂从业人员岗位练兵和食品安全卫生知识培训，举行厨师技能比武大赛；组织重点岗位聘用人员开展财务知识培训；组织物业安保人员开展消防演练培训2次；组织开展疫情防控应急演练培训；组织驾驶员开展车辆故障处置和交通安全培训。定期邀请劳务派遣公司为聘用员工宣讲社保政策，解答员工关注的养老、工伤、生育等社会保险政策问题，分批次为聘用员工进行社保答疑宣贯制度。

▲2021年2月2日，后勤管理中心组织开展厨艺技能比武活动

【企业脱钩工作】2021年，后管中心认真学习领会总署文件精神，第一时间研究布置，制定脱钩细化实施方案，切实抓好宣贯实施。所属企业按照脱钩细化方案，相继开展清产核资、资产评估、股权清理、企业注销等工作。聘请会计师事务所开展所属脱钩企业财务审计，做到全过程档案留痕。加强与职能部门沟通联系和法律咨询，对脱钩企业聘用员工“一对一”做好思想工作和政策解读。10月中旬完成所属脱钩企业聘用员工的解聘和经济补偿工作，做到人员思想稳定，业务衔接平稳，未发生一起纠纷、闹访等舆情事件。后续股权清算转让等工作按时间节点顺利推进。

（撰稿人：赵　晨）

武汉海关技术中心

【概况】武汉海关技术中心（技术中心）前身为1999年10月26日成立的湖北出入境检验检疫局检验检疫技术中心，2018年4月转隶划入海关，为武汉海关所属公益二类事业单位。技术中心下设综合管理部、人力资源部、财务部、运营保障部、业务发展部、体系运行与培训部、科技管理部、食品化妆品实验室、动植物检疫实验室、工业品检测实验室、归类化验与鉴别实验室、食品农产品检测实验室（襄阳）、危险品包装检测实验室（荆州）、农产品检测实验室（随州）、食品及医用防护用品检测实验室（仙桃）15个内设部门。

2021年，技术中心聚焦“强监管、优服务、争第一、创一流”目标，不断强化政治机关建设，统筹推进常态化疫情防控和技术支撑服务工作，全力落实总署及总关各项要求、部署。建成新冠病毒核酸检测实验室2个，新取得消毒剂、防疫物资等多项检测资质；防控外来生物入侵，检出检疫性有害生物208项次；做好濒危动植物鉴定，鉴定出象牙、砗磲实物500余件，把好国门生物安全。

【疫情防控】2021年，技术中心建成移动P2+实验室、固定P2实验室2个生物安全二级实验室，取得湖北省生物安全二级实验室备案凭证，通过湖北省临床检验中心的临床基因扩增检验资质审核，被省新冠疫情防控指挥部批准为新冠检测机构。承担武汉海关重点场所环境新冠检测、消杀消毒效果评价任务。

2021年，技术中心紧扣“零遗漏、零感染、零投诉”目标，严格内部防控及实验室管理。保留唯一通道，设置电梯权限，安排专人承担监督员职责，落实口罩

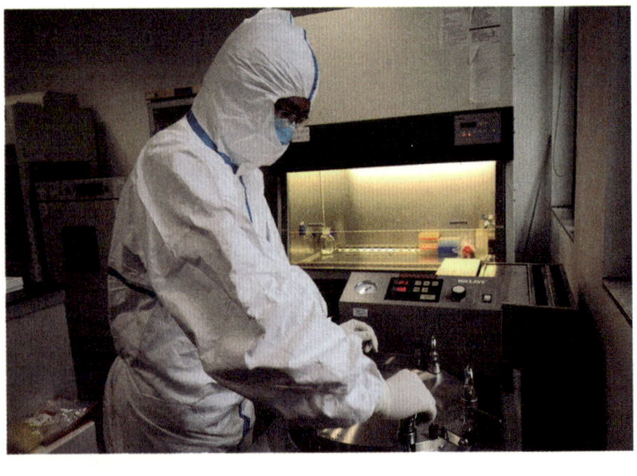

▲2021年5月 日，技术中心实验室人员进行核酸检测废弃物处置操作

必带、体温必测、健康码、行程码必扫、信息必登记要求，严格来访人员管理。落实实验室三级安全防护监督，严格装备穿脱及废弃物处置管理。设置核酸样本专用送样通道，设立专职安全员，做好一线检测人员个人防护监督检查。完成28次培训和总关组织的2次新冠检测实操考核。

【国门生物安全】2021年，技术中心防控外来生物入侵，把住进境动物疫情监测。实验室从水果蔬菜、稻谷大米、芝麻、棉花、南瓜、辣椒种子、土壤、木质包装、昆虫等各类法检样品中检出或鉴定阳性226项次，包括南部松齿小蠹、桔小实蝇、南瓜实蝇、白带长角天牛、云杉树蜂、三裂叶豚草、十二齿小蠹及木蠹象属、大小蠹属等多种检疫性有害生物。完成15个隶属海关实蝇鉴定工作，鉴定出检疫性南瓜实蝇、桔小实蝇11,909头，完成17家进口粮谷、饲料加工企业外来杂草疫情监测和鉴定工作，鉴定出假高粱、长芒苋等检疫性杂草。开展2批次进境种鸡的检测，检出1例禽白血病阳性，为养殖企业种用动物的进口保驾护航。完成7家供港猪场的全年猪伪狂犬病、口蹄疫、非洲猪瘟疫情监测任务。

【濒危动植物及其制品、固废】2021年，技术中心自主研制紫檀等濒危物种的分子生物学快速鉴定方法，建立象牙、砗磲、沉香、西洋参、抹香鲸、丽龟、红珊瑚、石珊瑚、紫檀等多种濒危动植物及制品的实验室鉴定能力。全年鉴定濒危物种37批次，1,788件实物样品，同比增长近3倍，其中首次鉴定出石珊瑚2个批次5个样品；首次鉴定出红珊瑚13个批次278.95克实物；首次鉴定出紫檀1个批次，697件实物；鉴定出象牙7个批次300件实物；鉴定出砗磲9个批次225件实物。首次开展固废检测鉴定，26批50项次。

【业务保障】2021年，技术中心检测法检样品41,590个，同比（下同）减少11.6%，163,005项次，减少13.4%，法检计费1,771.62万元，减少13.4%；市场委托样品79,254个，增长19.7%，221,307项次，增长17.3%，委托计费2,143.42万元，增长8.1%。

【检测时效】2021年，技术中心持续压缩检测时长，法检样品自检周期压缩42.63%，自检超期比例从5.63%下降至0.45%。制定武汉海关技术中心法检样品接检工作规范，完善样品受理信息，实现样品受理、检测、保存、处置全流程可追溯。严格落实法检周期日日检查，试验进程实时追踪，临期样品及时预警，超期项目立即通报的监督链条，持续压缩检测周期。针对影响检测周期时长的外送分包样品，采取就近分包、多方渠道联络分包单位建立分包协议，畅通分包渠道方式进一步压缩检测时长。针对法检送检存在的送检样品标识不清或无标识、无封条、无海关工作人员签字，少部分企业送检或企业直接邮寄法检样品以及随附资料不全、一线关员对海关实验室e-lab系统操作不熟情况，建立法检送检工作群，第一时间联系进行补样或补寄资料等相关处置。针对周期较长的钢材类、电器类、矿产品、固废鉴定等法检样品，多方寻找分包实验室，优先就地分包，批批加急处理，电器类分包时长由原来的15个工作日以上压缩至7天，铜精矿等敏感商品检测时限严格控制在72小时以内。

【对外服务】2021年，技术中心落实习近平总书记关于“降低港口、检验检疫等环节收费”的重要讲话、重要指示批示精神，开展新一轮价格调整，主动将中心主要优势检测项目对外收费标准下调近20%。免费提供检测报告增印、受理报告延期，免除加急服务费、报告邮寄费用，大幅提升企业的客户体验。针对疫情时期受影响较大企业，主动进行费用减免，解决企业困难。减免社会企业委托检测费200余万元。扩展检测资质，满足出口医疗物资及疫情防控相关消毒评价等检测需求，将出口医疗物资检测平台设在产业聚集地仙桃，实现从邮寄省外送检到省内检测、本地检测的转变，节省企业时间成本。建立技术中心无接触式样品受理流程，对外公布受理服务热线，专人点对点对接并条线跟踪，疫情期间实现随到随检。

【资质能力】2021年，技术中心围绕防疫物资出口、新精神活性物质筛查及食品市场抽检业务开展能力建设。完成湖北省资质认定（CMA）扩项评审2次，新增能力72类1,015项参数。对CMA、17025、17020标准、参数进行维护更新。新建设新精神活性化合物、精神管制类药品和环氧乙烷及代谢物2-氯乙醇等检测能力53项，第一时间在法检e-lab系统中设立维护，承接黄埔海关技术中心和长沙海关技术中心相关法检样品的检测委托，将优势检测项目转化为服务全系统的技术支撑能力。

▲2021年3月22日，技术中心移动P2检测实验室完成调试验收正式启用

【检测质量】2021年，技术中心广泛参与外部能力验证和实施内部质量控制活动，参与能力验证50次，涉及项目66个，实现检测领域全覆盖。内部质控注重覆盖新进人员、阳性率高的参数、检测量大的样品、不常用的标准。做好仪器设备计量，完成520台（套）设备计量工作，对计量不达要求的移液器、减压阀及标准光源，及时予以更换维修，有效预防对实验数据的干扰。

【专项活动】2021年，技术中心开展“现场监管与外勤执法权力寻租”专项整治，法检时长显著压缩，受理环节严格执行不分节假日1小时内送达实验室规定，严格执行检测周期过半“日提醒”、检测超期“必谈话”“必说明”规定，平均检测时长由一季度的442.32小时，持续压缩至四季度的104.29小时。

2021年，技术中心开展“强化基础、规范作业、提升效能”专项活动，梳理规章制度、操作指引、管理办法、应急预案、工作规范等，不断完善各项制度，优化流程，规范作业，治理效能全面提升，降低岗位风险。梳理制度性文件33个，更新及完善从法检样品接检到处置相关制度5项，增补涉及法检样品受理、传递、管理、处置、报告管理等全链条10个体系文件，增加各业务条线流转记录表格，做到固定动作有章可循，有法可依；部门衔接环环相扣，高效运转；内部流转一目了然，有迹可循。

【队伍建设】2021年，技术中心摸清干部队伍情况，细化岗位聘任方案和任职条件，有序推进专业技术岗位聘任工作。依据业务发展规划和实验室搬迁需求，对涉及食品检测领域人员、设备、业务和管理权限进行调整，通过整合检测工作小组、强化内部协调机制，落实互助支援工作模式，实现微生物等检测工作平稳过渡，优化技术人员队伍。

【开拓市场】2021年，技术中心瞄准“高端”业务，首次获得湖北省市场监督管理局“国转移”食品抽检业务，承检任务层级实现跨越。补齐资质短板，申报高新企业证书以及ISO14001环境管理体系认证、ISO45001职业健康安全管理认证，顺利获得通过。聚焦高校食品安全，拓展中南财经政法大学、中国地质大学、江汉大学等高校校园食品安全监测业务。发挥分支实验室支撑作用，与襄阳实验室配合完成十堰地区省转移食品抽检以及市本级食品农产品抽检任务。

（撰稿人：梁　昊）

湖北国际旅行卫生保健中心（武汉海关口岸门诊部）

【概况】湖北国际旅行卫生保健中心组建于1999年10月，2003年2月在国家事业登记管理局注册为具有独立法人资格的事业单位。根据2019年9月武汉海关关于所属事业单位“三定”规定，湖北国际旅行卫生保健中心（武汉海关口岸门诊部）（保健中心）为武汉海关所属公益二类事业单位。下设综合管理部、运营保障部、医务管理部、医学检验部、旅行医学部、预防接种部、宜昌工作部、黄石工作部、襄阳工作部9个机构。

2021年，保健中心承担口岸卫生检疫的技术支撑与保障工作，承办关区口岸疾病联防联控相关工作，受武汉海关委托承办《国际旅行健康检查证明书》和《国际预防接种证书》签发工作，是世界卫生组织国际旅行合作分中心、IAMAT（国际旅行者医疗救助协会）定点门诊。

2021年，保健中心围绕“强监管、优服务、争第一、创一流”目标，统筹抓好疫情防控和业务发展。圆满完成世界卫生组织中国消除疟疾认证迎检工作，得到世界卫生组织专家高度评价；在关区首次检出流感嗜血杆菌阳性病例，实现2021年度除新冠肺炎外其他阳性病例零的突破；在湖北省首次检出新冠奥密克戎变异株。

【政治理论学习】2021年，保健中心坚持把理论学习作为重要政治责任，将学懂弄通做实习近平新时代中国特色社会主义思想作为“第一议题”，组织党委委员集中理论学习10次，专题学习习近平新时代中国特色社会主义思想和党的十九大精神、习近平总书记关于疫情防控等重要讲话12次；党委委员、支部书记讲党课6次；运用“钉钉”等学习平台，强化党员“八小时外”的学习。

【党风廉政建设】2021年，保健中心认真履行全面从严治党主体责任，深入推进党风廉政建设和反腐败工作，持之以恒落实中央八项规定及实施细则精神，严格执行总署、武汉海关有关规定，严守政治纪律和政治规矩，坚决纠正“四风”突出问题。深化运用监督执纪“四种形态”，开展谈心谈话、提示谈话；每季度召开党风廉政建设和反腐败工作例会，开展日常纪律作风检查 12 次。

【巡视巡察整改】2021 年，保健中心按照“件件有着落，事事有回音”的要求，对总署党委第八巡视组反馈意见制定 4 项整改措施，并反馈整改落实情况 32 项，如期完成整改。2021 年 12 月 7 日巡察反馈会后，立即召开专题会议，成立巡察整改工作领导小组，针对巡察反馈指出的 7 个方面主要问题，研究制定 58 项具体整改措施，全部完成整改。

【党史学习教育】2021 年，保健中心开展党史学习教育，推进“我为群众办实事”实践活动，推出便民服务措施：在中部地区率先提供新冠病毒疫苗接种记录转签服务，实施微信公众号线上预约，增设业务咨询电话，人流高峰期中午延长半小时工作时间，为晚到顾客提供下班后延时取证服务，积极与海事局洽谈，努力实现船员体检“一检两证”一站式服务等工作，做到“民有所呼、我有所应，民有所呼、我有所为”。

【作风建设】2021 年，保健中心开展作风纪律建设专项整治、“纪律作风大讨论”活动，查找个人和单位作风虚浮等问题，撰写自查报告、建立整改清单，由纪委监督整改。严格内部管理，强化服务意识，加强文明窗口建设，坚持中心领导带班值守、首问负责等窗口服务制度，开展职业道德和业务培训，增强窗口服务使命感、荣誉感和责任感。

【疫情防控】2021 年，保健中心把疫情防控作为政治任务，重点抓好实验室检测及安全管理、院感防控、应检尽检等工作，及时根据属地政策要求，动态调整疫情防控措施，做到守土有责、守土尽责，全年未发生院感事件。

【传染病检测及预防接种】2021 年，保健中心受理出入境体检人员 33,765 人；签发《国际旅行健康检查证明书》14,940 份、签发《境外人员体格检查记录验证证明》2,299 人次；完成出入境人员接种疫苗 24,631 剂次，出具疫苗接种或预防措施国际证书 4,126 本、外文表格 3,100 份、新

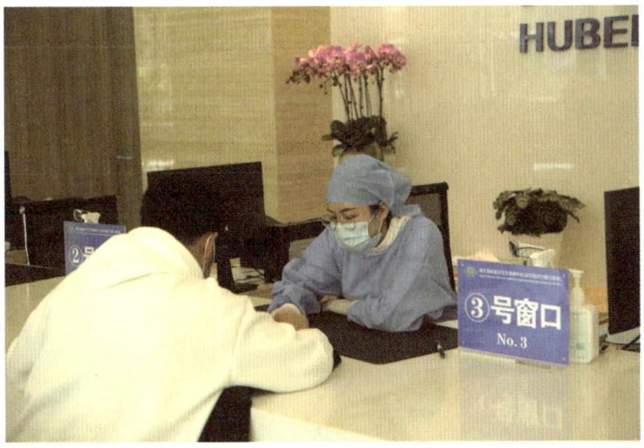

▲2021 年 11 月 8 日，工作人员在受理大厅向出境人员讲解体检注意事项

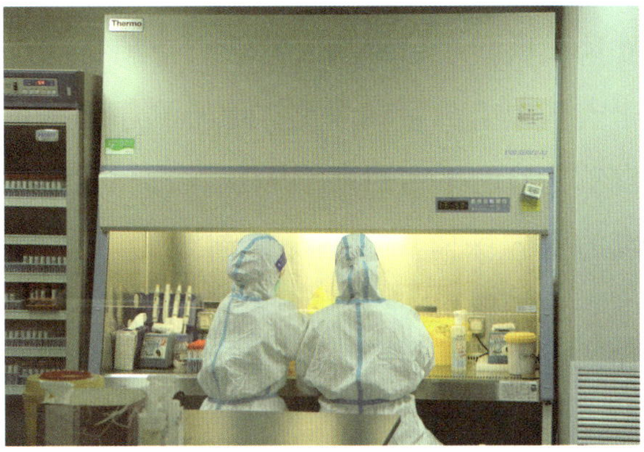

▲2021 年 9 月 8 日，实验室工作人员在分子生物学实验室进行新冠病毒检测

冠病毒疫苗接种历史记录3,800份。

【国际旅行健康咨询与宣教】2021年，保健中心通过重建疟疾实验室、组织迎检演练等充分的准备工作，圆满完成世界卫生组织中国消除疟疾认证迎检工作，受到总署专家组现场表扬。以“服务社会、服务大局、服务群众”为理念，做好预防接种咨询、健康宣教和疫苗接种工作，解答客户的问题和疑惑，督促自愿接种疫苗，及时解决接种过程中遇到的困难。

【企业脱钩】2021年，保健中心从讲政治高度迅速落实总署企业脱钩部署，两家所属企业于2021年9月1日停止与海关行政权力相关的全部业务，改为保健中心受理。与襄阳市政府、襄阳海关、企业合资方沟通协调襄阳口岸门诊部的后续工作，关停工作平稳有序。

【整体搬迁】2021年，保健中心办公地点从珞狮路453号整体搬迁至武汉海关综合实验楼。2021年11月8日在新大楼正式对外受理业务。

【科技工作】2021年，保健中心主持立项1项新冠检测相关总署科技项目《基于宏基因组测序和多重扩增子测序技术的自动化检测平台对新型冠状病毒和流感病毒的变异株监测和疫源地溯源》，是保健中心2021年度唯一获批主持的常规总署科技项目；参与1项总署科技项目《境外新冠疫情输入风险多点触发可视化预警系统研究》；与中国计量科学研究院等单位合作起草的《用于高通量测序的核酸类样本质量控制通用要求》，经国家标准化管理委员会批准发布，该标准为广泛应用于生物样本库运营、病原体精准检测等众多领域的高通量测序技术提供规范；参与总署新冠相关检测设备和新型冠状病毒肺炎口岸防控技术方案（第八版修订版）年度专项工作，特别是在防控技术方案中被指定为其附件《新冠肺炎病毒实验室检测指南》的联系人，参与编写、提供建议并被采纳，为海关卫生检疫工作作出贡献。

【能力验证】2021年，保健中心实验室于3月、4月、6月、8月、9月、10月和11月完成湖北省卫健委临检中心组织的2021年血清学、全血及尿液能力验证，成绩均为满意。9月中旬完成中国疾病预防控制中心性艾中心组织的全国艾滋病检测实验室血清学检测能力验证活动，有HIV抗体筛查（ELISA）、HIV抗体确认（WB）、HIV抗体快速（RT）、HBsAg筛查（ELISA）、HCV抗体筛查（ELISA）、梅毒非特异性抗体和特异性抗体及HIV抗体确认（判读）等8个项目参加，成绩均为100分。参加9次湖北省临床检验中心新冠病毒RNA检测室间质评，成绩均为100分。

（撰稿人：王　鹏　任　宁）

中国电子口岸数据中心武汉分中心

【概况】中国电子口岸数据中心武汉分中心（数据分中心）成立于2004年2月27日，是中国电子口岸数据中心设立在武汉的分支机构，同时为武汉海关直属事业单位，实行武汉海关和中国电子口岸数据中心双重领导，以武汉海关领导为主。属于公益二类事业单位，无所属经济实体。主要职能是承担武汉关区电子口岸应用项目及联网企业的技术支持、操作培训、热线服务，参与湖北省国际贸易“单一窗口”的建设和项目推广工作，承接海关外网信息化应用项目的环境建设、项目开发、信息安全、运行维护等工作。下设综合部、技术开发部、安全运维部、业务应用部4个部门。

2021年，数据分中心聚焦“强党建、稳基础、优管理、谋发展”等重点工作，电子口岸综合业务稳中有进，“关银一KEY通”项目应用推广成效明显，惠及省内3,081家进出口企业，新入网企业较上年大幅增加；数据交换平台二级节点报文处理能力大幅提升；新上线的“单一窗口”运维服务管理平台处理湖北电子口岸各类工单188份，中国（湖北）国际贸易“单一窗口”运维服务水平迈上新台阶。

【党建工作】2021年，数据分中心深入学习习近平总书记“七一”重要讲话精神和党的十九届六中全会精神，通过集中研学、个人自学、交流学习心得等方式不断强化学习效果。把开展党史学习教育贯穿全年，重点学习党中央指定的四本必读书，开展党史学习29次，主题党日活动12次，交流学习心得14篇，达到“明理、增信、崇德、力行”成效。

【党风廉政建设】2021年，数据分中心强化党章党规党纪的专题学习，增强全面从严治党永远在路上的政治自觉，把“一岗双责”落到实处。强化监督执纪“第一种形态”运用，加强党员日常教育、管理和监督，常态化开展谈心谈话和提示谈话。开展警示教育，用身边事教育身边人，发挥以案为鉴、以案促改的实效，做到举一反三、警钟长鸣。经常性开展纠治“四风”，严防各类“节日病”，杜绝酒驾醉驾情事发生。

【疫情防控】2021年，数据分中心制

定新冠肺炎疫情内部防控指引，明确电子口岸审批受理窗口疫情防控规范，做好赴电子口岸前台企业人员台账管理。坚持全员健康监测“日报告、零报告”制度，根据湖北省疫情防控指挥部紧急排查通知，在第一时间排查所有人员相关情况并及时上报。强化出差出行台账管理，教育引导全体人员做到“非必要不出行”。推进新冠病毒疫苗“应接尽接”和核酸检测“应检尽检”工作。

【综合业务】 2021 年，数据分中心为3,081家进出口企业制发“关银一 KEY 通”共享盾6,064个。联合湖北省建行在宜昌、襄阳、荆州、黄冈、仙桃等 5 个地市举办“关银一 KEY 通”项目推介会，向进出口企业代表宣讲惠企便企政策。在湖北省设立 18 家银行合作制卡代理点，将电子口岸服务“窗口”搬到企业“家门口”。电子口岸审批窗口受理进出口企业4,602家，制卡6,874张。客服热线受理电话18,040个。

▲2021 年 5 月 26 日，宜昌自贸片区跨境电商产业园“关银一 KEY 通”共享盾发放仪式

【“单一窗口”平台升级】 2021 年，数据分中心完成“单一窗口”平台二级节点的升级改造和系统扩容，更新 3 台服务器、1 台存储、2 台光纤交换机重构虚拟化平台，配合总署数据中心进行 2 轮实单测试和全链路测试，节点处理能力峰值能够达到1,000报文/秒，数据处理效率基本稳定在1,200单/分钟，比升级前提高至 10 倍，满足“单一窗口”数据交换平台报文处理量峰值需求。

【信息化运维】 2021 年，数据分中心提供武汉海关关区技术服务保障2,582次、电视电话会议保障 311 次。组织监控指挥中心例行巡查 246 次、信息中心机房实地巡查 496 次，实现故障问题 100%受理、100%处理的目标。

▲2021 年 6 月 15 日，工作人员在武汉海关信息中心机房开展实地巡查

【网络安全】 2021 年，数据分中心强化关区网络安全监控及运维，对两平台两系统（集中运行管理平台、网络安全联动监控平台、机房视频监控系统和北信源网络接入控制系统）远程监控 220 次、现场实地巡查496次，科技微信群等方式处置各类故障584次。下发病毒查杀通知书93封，封断客户端110台，协助发布《一周监控情况通报》54份及《武汉关区各隶属海关及事业单位机房每月巡检报告》12份。

【信息化应用项目集成服务】 2021年，数据分中心参与关区信息化应用项目管理，履行总集成职责，提升关区信息化项目快速交付和运维快速响应能力。定期请专业公司培训授课，讲解重点难点热点技术。定期与业务部门开展研讨会，听取项目建设意见，解决系统使用难题，研究互助联动机制；畅通与重点企业的沟通渠道，收集企业业务需求，做好突发故障响应。全年承接的科技应用项目10个，完成“武关归类”微信公众号、督查督办应用项目开发上线。

【制度建设】 2021年，数据分中心清理制度性文件37个。

【资产管理】 2021年，数据分中心在固定资产管理方面，实行“统一领导、归口管理、分级负责、责任到人”管理责任制，提高固定资产的使用效益。

【人才培养】 2021年，数据分中心建立有针对性、专业性、目标性的人才养成计划，参加数据中心“单一窗口”在线培训、骨干培训。参加TCSP（天融信认证信息安全）专业课程培训，获得天融信安全专业人员认证书。完成的科研项目《一种网络视频监控平台与视频会议融合系统》成功申请国家实用新型专利。

（撰稿人：付　强　卢诗毅　朱慧娟
李　涛　李艳琼　杜　文
汪　飞　宋　琳　张华曼
欧阳虎　易浩敏　熊　炜）

第八篇

人物荣誉

建党百年荣获总署、湖北省、武汉海关“两优一先”名录

湖北省“两优一先”

优秀党务工作者罗国炎。

省直机关“两优一先”

优秀党务工作者薛栋；优秀共产党员胡火；先进基层党组织新港海关查验科党支部。

武汉海关“两优一先”暨关区“四强”支部

优秀共产党员（共113名）

崔文犁　邹梦娟　王天强
蒋夏夏　杨润飞　李　晅
蔡晨毅　杨　婷　凌小力
王汉华　涂玲玲　赵梦洁
胡　婧　李　艳　栾　昌
姜　园　邹燕霞　郭　俐
唐　妍　张　璇　周　君
刘晓峰　董　博　竺蕴蕙
陶　芳　方瑜莹　侯胡伟
张光发　吕　欢　王　芳
范晓立　杨君毅　吴润君
白晓英　段媛媛　何晶晶
林　敏　刘　石　梅思寒
肖　楠　袁　剑　傅霖静
陈　仪　李汉军　刘　畅
张　尧　刘亚云　叶　青
张　伟　王涧钊　代生云
周　璟　潘　玮　徐　慧
罗华军　袁　兵　罗　超
项　竹　杨　楠（武昌海关）
叶　智　夏　欢　马石华
卢定俭　卢松玉　胡　俊
苏家亮　赵　建　周媛媛
刘毓松　乔爱林　周　敏
雷利华　闵　娜　陈怀友
王　松　许　诺　张令子
余　琛　肖　丁　刘丛丛
卢　慰　刘奕甫　崔　强
操　策　刘易晗　孔凡和
苏丕军　龚少高　李　夷
贺四华　向　宇　曾广勇
元永平　李　达　伍利刚

陈　超　涂雅斯　张云鹏
刘保明　曾　晨　王　帆
孙　俊　李　晶（技术中心）
王振华　曾少波　罗　静
黄　融　黄绍玖　罗光前
孙　霞　邓昌南　林来英
张道恒

优秀党务工作者（共70名）

方　翟　张　昀　段永强
曹　华　刘诗剑
杨　威（动植处）　黄斌锋
王　琴　曾　静　祝自力
吴　攸　胡　玲　燕　飞
张志伟　杨　虎　韩　帆
陈昆鹏　杨腾达　熊皖扬
饶汉斌　蔡　静　罗先俊
杨元爽　胡婷婷　余　卉
崔功辉　彭　成　李跃平
赵吉金　冯　静　王红伟
张　磊（汉阳海关）　周　强
田　琪　李文静　韩　菲
余炜烨　肖俊杰　李真涵
王进勉　王　凯　马雪伟
彭宏志　龚国祥　邓志宏
张　冰　马洪波　黄　伟
汪　芳　江小永　刘焕东
胡忠华　刘国华　刘雪松
倪雄武　刘大志　邓　青
王　政　张双想　罗万才
赵　晨　王　鹏（技术中心）
曾宪东　王　鹏（保健中心）
周　艳　刘中秋　朱新春
王　霓　舒先梅　王光婷

先进基层党组织暨关区“四强”支部（共24个）

办公室党支部、综合处党支部、关税处党支部、卫生处党支部、动植处党支部、监管处党支部、财务处党支部、督审处党支部、人教处党支部、政工办党支部、监察室党支部、武汉天河机场海关旅检三科党支部、新港海关查验科党支部、汉阳海关综合业务科党支部、武昌海关综合业务科党支部、汉口海关车站监管科党支部、襄阳海关稽查综合业务科党支部、宜昌海关综合业务自贸科联合党支部、黄石海关查检科党支部、荆州海关内控综合业务科党支部、恩施海关党支部、风控分局党支部、技术中心第二党支部、离退休第三党支部。

2021年度荣获总署、湖北省、武汉海关奖励、表彰名录

第20届全国青年文明号

武汉海关所属武昌海关综合业务一科

2016—2020年全国普法工作先进单位

武汉海关法规处

2021年全国“扫黄打非”先进集体

武汉海关所属武汉邮局海关查验科

湖北五一劳动奖状

武昌海关

第六批湖北省岗位学雷锋标兵

武汉天河机场海关口岸监控科科长胡火。

全省机关党建优秀调研成果二等奖

武汉海关课题组《新时代下政治机关建设研究——基于武汉海关视角》

2016—2020年全省普法工作表现突出单位和个人

随州海关、恩施海关、仙桃海关；法规处何畅、宜昌海关闵娜

复核通过的全国海关党建示范品牌

武汉海关所属武昌海关党总支——光谷红乐章

武汉海关所属武汉天河机场海关党总支——空港雄鹰

武汉海关所属汉口海关车站监管科党支部——长江号

复核通过的全国海关党建培育品牌

武汉海关风险防控分局党支部——风火轮

武汉海关所属新港海关查验科党支部——国门之眼

武汉海关所属汉阳海关稽查科党支部——车都前哨

全国海关机要保密工作先进集体

武汉海关保密办

全国海关机要保密工作劳动模范

武汉海关办公室王丽

2021 年年度考核先进集体和量化考核特别奖集体

一、集体三等功

办公室、卫生检疫处、人事教育处、机关党委（政工办）、武汉天河机场海关、汉阳海关、宜昌海关。

二、集体嘉奖

综合业务处、关税处、襄阳海关、后勤管理中心、商品检验处、离退休干部办公室。

2021 年年度考核优秀的领导班子

办公室、综合业务处、关税处、卫生检疫处、人事教育处、机关党委（政工办）、武汉天河机场海关、汉阳海关、襄阳海关、宜昌海关、后勤管理中心。

2021 年年度考核优秀科室

一、执法一线类科室

武汉天河机场海关综合业务科、武汉天河机场海关旅检三科、武汉新港海关阳逻港园区监管科、汉阳海关经开综保区监管科、武昌海关综合业务科、武昌海关加工贸易集中作业科、汉口海关车站监管科、襄阳海关自贸区和保税监管科、宜昌海关综合业务科、仙桃海关查检科。

二、其他类科室

办公室政务信息科、综合业务处改革发展科、关税处税收征管二科、卫生检疫处卫生监督科、财务处经费科、人事教育处教育培训科、机关党委（政工办）宣传科。

2021 年度工作表现突出集体

一、集体三等功

（一）信息宣传工作专班。

黄　伟	杜　鹃	高文镝
石　然	范思齐	周　炳
袁　剑	黄　勇	刘　学
涂国强	陈　兵	聂振东
方瑜莹	张腾武	卢松玉
施婧婧	贺紫君	胡婷婷
曹　琳	王曈彤	李　郢
赵顺东	李瑶华	辛　蕾
邵娟娟	徐善平	华　芳
衣首静		

（二）“七五”普法工作专班。

付文鹏	张　昀	彭　甦
闵冬云	杜　鹃	李　琼
邓勇华	凌志毅	邓久志
许克绍	蒋夏夏	何　畅
宋晓明	周银莹	杨春宏
闵　娜	程　相	王爱华
伍利刚	李　维	徐　强
刘光耀	李　朝	张　薇

李阳阳

（三）优化口岸营商环境工作专班。

吕　进　　李伶俐　　李寒光
聂振东　　潘怡飞　　吴　蕾
胡　火　　邵爱华　　付　洁
栾　昌　　于　超　　包海滨
张　伟　　龚智强　　杨　婷
王　玲　　李　逊　　朱晓静
杨润飞　　张晓伟　　张恒熠
潘群慧　　邹燕霞　　刘苑燕
冯　静　　申卫军　　范思齐
涂国强　　周翌雯

（四）压缩整体通关时间工作专班。

卢燕萍　　邱　恒　　曾　繁
蔡晨毅　　鹿凯旋　　吴　攸
杨　洁　　刘家昕　　叶　青
董　丽　　孙　晨　　聂　海
宋　妍　　罗兴奥　　张令子
钟　璞　　肖世青　　罗士能
周志程　　曾广勇　　张　帆
徐　强　　王维娜　　杜顺晶
文生巧　　胡　婧　　王　琴
熊国清

（五）2021 年综合治税工作专班。

陈力玲　　曹　华　　潘怡飞
李景标　　杨　婷　　李思谕
项　竹　　林　哲　　禹华娟
杨丽雯　　卢燕萍　　刘思红
米凌燕　　冯　洁　　张　莉
王艺霏　　周　敏　　陈　超
刘玲巧　　李晶鑫　　张　帅
巴　黎　　曾广勇　　彭长江
黄　地　　李伶俐　　彭俊辉
范思齐　　宋　典　　邓久志

（六）筑牢口岸疫情防线表现突出集体。

王　锐　　石长华　　刘诗剑
杜顺晶　　江丽平　　王汉华
贾　萍　　黄晓彧　　许晶晶
王宇卓　　何　佳　　凌小力
徐锋顺　　毕华山

（七）湖北口岸进口冷链食品新冠疫情防控工作专班。

胡修军　　朱晓静　　闫　鹏
胡　婧　　韩菊杰　　刘清秀
肖　青　　杨　睿　　邓　晟
丁　俐　　刘亚云　　王　阳
王　琛　　姚建勋　　聂　海
王敬伟　　万　宇　　何　博
石　阳　　金　伟　　于　超
何　佳　　熊永红　　龙雨晴
杨元爽　　黄丹青

（八）进出口危险品及其包装检验监管岗位练兵和技能比武工作专班。

陈建华　　李　文
马晶晶（4709170）　　李寒光
杨　晟　　宋　丹　　梅　翔
郭挺伟　　贺晓杰　　杨　乐
张　卫　　杨　虎　　徐　远
杨　睿　　祖婉青　　杨知节
付从应　　沈钦佩　　王　旺
陈奕文　　李　想　　束远达

周 伟

（九）口岸安全监管工作专班。

曾 静　胡 诚　金 伟
包海滨　栾 昌　李 昂
于 超　戚 俊　鹿凯旋
姜 园　涂雅斯　李家寿
崔文犁　方瑜莹　艾 飞
汪 芳　王 莹　卢 慰
杨文涛　胡 岩　徐 亮
杨 瑞　任 毅　刘清秀
肖登峰　桂 军　张晓伟
杨 晟

（十）武汉海关AEO高级认证企业信用培育工作专班。

靳 勇　张 铁　张恒熠
胡烈山　吴 攸　郭 俐
张艳琴　张 明（4704810）
吴 昊　李美云　徐 慧
周香玉　黄 倩　朱 浩
刘 玥　王 凯　周 慧
许 丹　毕 昊　徐 强
李晶鑫　丁 燕　李阳阳
陈 怡　周 健

（十一）公有住房清理腾退、统筹使用工作专班。

胡 玲　汤 磊　龚士平
杨 瑞　鄢海斌　邓勇华
何 畅　陈 平　王铁军
赫兴辉　卢裕华　吴 亢
杨 乐　蔡 静

（十二）监管信息化建设工作专班。

刘晓峰　黄飞鸿　刘理静
万 洋　张晓伟　宋 典
刘 钊　范 文　石 磊
魏 晨　张 西　董 博
杨 洁　蔡晓露　吴嘉备
曾 静　胡 诚　包海滨
栾 昌　李晓勤　姜 园
戚 俊　肖 青　杨 晟
程 勇

（十三）领导班子和干部队伍建设推进实施工作专班。

崔玮华　杨 虎　廖曼君
卢裕华　何 博　方瑜莹
彭 攀　侯胡伟　何思瑶
吴 亢　石 阳　申璐涵
赵雨亭　陈志成　赵 霞
周益民　徐 远　戴芊卉
陈志军　周翌雯　贾 萍
何 佳　朱晓静　闫 鹏
金 伟

（十四）党史学习教育工作专班。

韩 帆　刘 学　熊皖扬
张 卫　陈昆鹏　张腾武
王 芳　吕 欢　杨腾达
张光发　杨 乐　黄宏章
姜 沫　刘 钢　邓志宏
鄢海斌　李 巍（4703260）
蒋夏夏　刘 红　杨 虎
陈怡轩　柳 洁　刘美晶
肖俊杰　王瞳彤

张　明（4704810）

（十五）武汉新港直航船舶监管工作专班。

王　莹　　杨文涛　　周世强

王学洲　　邵高峰　　李汉军

喻　新　　向晓辉

（十六）汉阳海关新冠疫情成建制封控工作集体。

吕　健　　张　磊（4708530）

尹　卓　　李　晶（4700890）

王涧钊　　钱昌文

张　亮（4703740）　　田　琪

刘云雷　　周　璟　　王曈彤

汪群挚　　周长毅　　刘美晶

吕秋丽　　张　维　　费宗俊

罗华军　　孙　晨　　米凌燕

彭　茜　　李　妍　　方芷君

徐　蔚　　李美云　　陈虹潘

占　英　　徐　慧　　阙微微

李　娜　　李　刚　　周世农

任家齐　　刘　忠　　钟　倩

周　昕　　沈伊亮　　刘　熙

李　武　　徐　涛　　杨盛东

黄　征　　胡　鹤　　周　强

李　冬　　汤　治　　张勤德

汪媛媛

二、集体记功

（一）压缩整体通关时间工作专班。

凌约涛

（二）湖北口岸进口冷链食品新冠疫情防控工作专班。

徐　葵　　董　卓　　陈国平

李　黎（4712960）

（三）进出口危险品及其包装检验监管岗位练兵和技能比武工作专班。

潘瑞花　　魏　鑫

（四）口岸安全监管工作专班。

曾晨。

（五）公有住房清理腾退、统筹使用工作专班。

邵建文　　刘保明　　杨　翔

汪　明　　朱克威

（六）党史学习教育工作专班。

刘　艺（4700800）　　王苗苗

（七）汉阳海关新冠疫情成建制封控工作集体。

曾　乐　　余　毅（4713280）

三、集体嘉奖

（一）进出境动植物疫情防控工作专班。

熊永红　　文生巧　　涂玲玲

聂振东　　孔凡和　　刘　石

黄丹青　　杨　睿　　朱　轶

任家齐　　李　爽　　王进勉

苏家亮　　王　松　　申小卫

潘永红　　张　勤　　朱　旭

杜雨露　　郭挺伟　　李　维

衣首静　　焦为峰　　杨文涛

刘毓松

（二）卢旺达拟输华辣椒准入风险评估工作专班。

胡修军　刘清秀　胡　婧
吕洁文　苏家亮　申小卫
王振华

（三）外贸进出口分析工作专班。

祝自力　杜　鹃
汪　洋（4704900）　陈　玥
吴　蕾　夏　凡　黄　刚
潘群慧　朱宏驰　施婧婧
卢松玉　龚　蕾　柯卫申
邢　珂　黄　星　娄静雯
吕洁文　郭天男

（四）政治监督纪检工作专班。

孙向东　汪　沛　林　静
宋　祺　陈建军　孙　俊
刘保明　阁　威　辛　影
吴润君　杨利军　胡　祥
李　青　冯　然　杨君毅

（五）精准服务老干部工作集体。

程晓宁　蔡　静　刘　红
熊竹健　白晓英　吴改清
柳　洁　王　斌
张　璇（4705740）

（六）关区深化政治巡视巡察工作专班。

张　磊（4708530）　李志龙
范晓立　刘京果　董　博
李　婷　余　飞　周功军
刘易晗　张　明（4704810）
周志程　杨知节　罗　娅
肖俊杰　孙向东　戴婷婷
丁　燕　程建平　刘璟萍
束远达　秦希文　陈怡轩
邓志宏　梁　昊　尹先成
詹　谆　辛　影　邓　青
彭　甦　李骄阳

（七）汉口海关高风险“非冷”防疫工作专班。

王进勉　李　斌　柳　钰
马石华　邓　晟　胡　俊
张圣妮　贺紫君　李双双

（八）促进襄阳对外开放平台建设工作专班。

王　凯　杨　威（4710130）
喻　巍　苏家亮　易俊涛
张　鑫　彭宏志　周　敏
王　倩　赵顺东　周　舟
吴　攸　李家寿　姜　园
黄晓彧

（九）出境蛋品“源头共管，全程追溯”监管工作专班。

方　涛　王　尉　胡修军
刘国华　朱晓静　闫　鹏
刘　俊　宗　建　孔凡和
刘易晗

（十）荆门海关战疫情保运转工作集体。

章　志　罗士能　朱　旭
朱颖魁　王艺霏　王　旺
周　伟　毕　昊

（十一）仙桃海关出口危化品监管工作专班。

齐　放　李　文　许一平
李寒光　马晶晶（4709170）
束远达　王爱华　徐　浩
焦为峰　陈奕文　陈　翼
余路瑶

2021年度工作表现突出个人

一、个人三等功

高文镝　吕　进　卢燕萍
陈力玲　杨　睿
马晶晶（4709170）　金　伟
张　铁　赫兴辉　何　博
吕　欢　顾　勇　梅思寒
张晓君　周　翔　刘　石
龙　毅　崔功辉　杨斌员
李逊

二、个人记功

曾　乐　曾　晨

三、个人嘉奖

张晓伟　田　琪　孔凡和
丁家想　胡　火　李　睿
王　亮　薛　栋　何晶晶
衣首静　胡婷婷　刘小娟

2021年年度考核受奖励人员名单

一、2019年至2021年连续3年年度考核优秀人员记个人三等功

罗国炎　陈志军　许克绍
李　睿　王　锐　龚国祥
崔玮华　申璐涵　何思瑶
张　卫　张　璇（4705740）
胡　火　李　逊　林　敏
黄丹青　吴会涛　王　东
叶　欣　张亮（4703740）
沈伊亮　阙微微　邓　晗
李　咏　吴巧琼　韩明博
娄静雯　余　琛　龚　江
孔凡和

二、2021年年度考核优秀人员给予个人嘉奖

黄　伟　汪　洋（4704900）
郑　超　崔文犁　柯卫申
范思齐　郑　红　吕　进
邱　恒　陈力玲　王　玲
蔡晨毅　潘怡飞　王汉华
许晶晶　凌小力　田　帅
文生巧　刘清秀　李　文
马晶晶　胡　诚　金　伟
包海滨　范　亮　张艳琴
张　璇（4703870）　唐　妍
杨　婷　杨　洁　董　博
陶　芳　杨　虎　何　博
徐　远　韩　帆　张腾武
陈昆鹏　伍利刚　李均华
张国红　付文鹏　吴润君
胡　祥　熊功祥　程晓宁
蔡　静　熊竹健　范晓立
罗先俊　顾　勇　李七零
刘小娟　汪　磊　胡婷婷
朱　敏　李瑶华　王圣英

黄文峰　王　莹　申卫军
吕洁文　梅　翔　陈　仪
李　郢　叶　青　窦　智
吕　健　李　冬　代生云
程建平　汪群挚　王曈彤
刘　熙　李　娜　龚　蕾
周　昕　徐　慧　刘美晶
韩　菲　李　爽　项　竹
严琦琦　漆若岚　夏　欢
颜　明　李继军　胡　斌
张　莉　周　强　王进勉
宋　妍　李战雷　李双双
林中建　赵　建　赵一舟
杨知节　冯君涛　周　敏
喻　巍　张　亮（4710200）
王　恒　辛　蕾　熊　静
周媛媛　郑　琪　李晓贝
邓全福　韩金龙　刘玲巧
宋　丹　曹　琳　张　帅
许　诺　吴　涛　陈春明
刘　品　汪　芳　贺晓杰
朱　浩　江　志　崔　强
方　涛　李晶鑫　张文浩
余慧芸　周　伟　毕　昊
吕　骤　华　芳　向　宇
刘大志　黄正文　曾广勇
程　相　苏丹丹　刘光耀
李阳阳　张　亮（4705770）
张　薇　焦为峰　徐　强
尚　柯　王维娜　涂雅斯
李　想　傅霖静　段媛媛
秦　昊　代西雄　余　卉
何晶晶　刘　石　李　林
杨建利　毕华山　袁　剑
熊仲轲　邵娟娟　李汉军
周世强　杨　睿　邓　晟
丁　俐　胡　俊　张　伟
许文静　彭章军　王　军

2021年度工作表现突出的事业单位工作人员

赵　晨　曾　晨　朱正照
祝　林　杨　翔　黎　晨
曾　乐　赵晓亚　李　晶
梁　昊　周　艳　张文强
黄　娟　董　卓　汪　飞

2019—2021年度武汉海关青年文明号

武汉天河机场海关旅检四科、汉口海关车站监管科、宜昌海关综合业务科、恩施海关查检科

武汉海关五四红旗团支部

荆门海关团支部、鄂州海关团支部、随州海关团支部

武汉海关优秀青年

办公室柯卫申、范思齐，法规处蒋夏夏，综合处邱恒，卫生处黄晓彧，动植处聂振东，企管处刘铮，人教处何思瑶、戴芊卉，机关党委（政工办）王芳、杨腾达，监察室胡祥，武汉天河机场海关黄丹

青、傅霖静，新港海关张明，邮局海关叶青，汉阳海关刘美晶，武昌海关吴巧琼，汉口海关付玉，襄阳海关刘毓松、辛蕾，宜昌海关宋丹，黄石海关刘奕甫，十堰海关丁燕，荆州海关李晶鑫，荆门海关邵娟娟，鄂州海关向宇，随州海关许丹，恩施海关李建成、衣首静，仙桃海关束远达，风控分局涂雅斯，后管中心李诚、李达，技术中心蔡勇超、王晗，保健中心董卓、吕端，数据分中心熊炜。

首次荣获“光荣在党50年”纪念章名单

张崇山	李世德	杨杰忠
陈贻忠	沈　英	李蔚屏
魏冬梅	尹淑明	陶福德
刘德馨	何绍权	徐子清
李海峰	王贤爱	周才钆
马荣信	周天华	荣　华
陈克礼	刘中秋	余章荣
刘万方	邱格生	陈方才
王爱玲	张道恒	苏成义

王玉玲	蔡学军	詹重俭
霍春生	程火安	纪洪国
郑道亭	罗捍东	任宗朝
刘方锡	刘　荣	汤传文
杨长胜	杨汉洲	吕传金
吴笑虹	谢模刚	喻细英
朱富山	聂华中	龚志东
王友才	邵益先	孙　萍

第九篇

大事记

2021年武汉海关大事记

1月

▲4日　武汉海关举行2021年宪法宣誓仪式。

关长杨杰出席湖北省优化营商环境大会并讲话。

政治部主任刘武斌参加爱党爱国爱关教育主题党日活动。

▲5日　副关长廖华东参加湖北省委迎接2020年中央平安建设工作考评部署会议。

政治部主任刘武斌在武昌海关参加该关"湖北省职工职业道德建设标兵单位"奖牌授牌仪式。

副关长沈建明会见随州市副市长李国寿，就农产品出口问题开展交流。

副关长袁涛主持召开武汉海关"非冷"工作视频会议。

▲6日　副关长袁涛到武汉天河机场海关调研旅检疫情防控卫生检疫信息化建设情况。

▲7日　关长杨杰参加2021年湖北省推动长江经济带发展和生态保护领导小组会议。

副关长沈建明在鄂州与鄂州市委副书记、代市长陈平座谈。

副关长沈建明参加湖北省"深入优化营商环境专题"新闻发布会。

缉私局局长范钦扬在关内会见湖北省税务局党委委员、总会计师覃木荣。

缉私局局长范钦扬、政委魏文阁参加缉私局庆祝人民警察节参观活动。

▲8日　副关长沈建明在黄石调研，实地考察综保区建设规划和施工现场。

副关长袁涛参加省政府常务会议。

▲11日　副关长袁涛参加省疫情防控指挥部专题会议。

副关长袁涛参加省指外事组专题会议。

▲12日　关长杨杰在汉参加全国地方政协经济委员会工作视频会议。

副关长沈建明主持召开新港口岸进口货物新冠病毒疫情防控专题推进会。

缉私局局长范钦扬在关内会见武汉市市场监管局党组成员、总工程师陈曦。

副关长沈建明参加2020年"我喜爱

的湖北品牌”电视大赛决赛。

▲13 日　副关长沈建明参加 2021 年湖北省商务（招商）工作电视电话会议。

缉私局局长范钦扬、政委魏文阁到湖北省直机关工委拜会常务副书记郭俊苹。

▲14 日　副关长杨良勇参加武汉市推进跨境电商高质量发展动员会。

副关长袁涛在汉参加全国疫情防控工作电视电话会议。

▲15 日　关长杨杰参加省疫情防控指挥部专题会议。

副关长杨良勇参加 2021 年湖北省“扫黄打非”工作电视电话会议，并作为全国先进集体典型在会上发言。

▲17 日　副关长袁涛参加全省疫情防控工作电视电话会议。

▲18 日　副关长袁涛参加省政府常务会议。

▲19 日　副关长杨良勇陪同副省长赵海山到汉口北国际商品交易中心调研。

副关长沈建明在江夏区政府与江夏区政府有关领导座谈。

缉私局局长范钦扬到湖北省市场监督管理局拜访副局长顾栋材。

政治部主任刘武斌在关内会见金银湖街道金湖社区书记张燕一行，金湖社区给武汉海关赠送“尽心尽责抗疫情　爱心支助暖人心”锦旗。

总署审计组进驻武汉海关对杨杰关长开展经济责任审计。

▲21 日　副关长廖华东主持召开武汉海关疫情防控工作电视电话会议。

缉私局局长范钦扬到省商务厅拜访该厅党组成员，口岸办专职副主任杨青松。

▲21—22 日　副关长沈建明带队到随州市召开“服务支持食用菌出口”现场推进会，研究解决食用菌出口遇到的新问题。

▲22 日　缉私局局长范钦扬到湖北省财政厅拜访该厅副厅长陈明。

▲22—26 日　关长杨杰参加湖北省政协十二届四次会议。

▲26 日　副关长杨良勇到汉口北调研。

▲27 日　副关长廖华东参加省委市州党委书记平安稳定工作专题会暨 2021 年全省平安建设目标管理责任书签订会议。

▲28 日　武汉海关在分会场收听收看 2021 年全国海关工作会议、全国海关全面从严治党工作会议。

▲29 日　纪检组组长余德琼收听收看 2021 年全国海关纪检监察工作会议。

缉私局局长范钦扬参加 2021 年度湖北省委政法工作会议。

政治部主任刘武斌在关内与武汉市爱特特殊儿童教育培训中心校长胡弘会谈。

2 月

▲1 日　武汉海关召开十九届中央纪委五次全会精神党委理论学习中心组（扩大）专题学习，湖北省纪委监委第三监督检查室主任刘久远作《把严的主基调长期

坚持下去 推动新时代监督检查工作高质量发展》专题辅导。

副关长沈建明参加省新冠肺炎疫情防控指挥部专题会议。

副关长袁涛参加省政府党组（扩大）会议、省政府常务会议。

▲2 日　关长杨杰、副关长廖华东、副关长沈建明、政治部主任刘武斌在关内会见襄阳市委常委、副市长李莉一行。

副关长沈建明现场观摩指导总关食堂厨师技能比武大赛。

▲3 日　关长杨杰在关内会见黄石市副市长何运平、楼军文一行。

▲4 日　2021 年武汉海关工作会议以视频会议形式召开。

2021 年武汉海关全面从严治党工作会议以视频会议形式召开，同时召开 2020 年下半年党风廉政建设和反腐败工作例会。

▲5 日　武汉市委副书记、市长程用文，副市长陈红辉一行到天河机场调研，听取武汉天河机场海关出入境卫生检疫工作情况汇报。

▲7 日　湖北省政府副秘书长、省打私领导小组副组长、打私办主任刘仲初，关长、省打私领导小组副组长杨杰，缉私局局长、省打私办副主任范钦扬，政委魏文阁，武汉市打私办主任、市市场监督管理局总工程师陈曦等在武汉海关组织参加 2021 年全国海关缉私工作会议暨全国打私办主任会议。

缉私局局长范钦扬在汉参加公安部全国公安机关视频会议。

▲8 日　副关长杨良勇在总关参加总署安全生产专项整治三年行动工作领导小组会议暨全国海关安全生产电视电话会议。

缉私局局长范钦扬、政委魏文阁在关内参加全国海关缉私部门电视电话会议。

缉私局局长范钦扬，政委魏文阁在汉参加全国公安机关党风廉政建设电视电话会议。

▲9 日　副省长赵海山到武汉海关走访慰问。

缉私局局长范钦扬、政委魏文阁参加缉私局“警囊妙缉”创新活动现场评审会。

▲10 日　副署长孙玉宁致电关长杨杰，对武汉海关全体干部、职工致以节日的慰问。

▲11 日　缉私局局长范钦扬到局机关值班室慰问值班民警。

▲19 日　副关长廖华东参加湖北省委“学习习近平总书记关于科技创新的重要论述”专题讲座。

副关长沈建明参加落实省领导重点关注营商环境有关情况座谈会。

▲20 日　关长杨杰在汉参加党史学习教育动员大会视频会议。

▲22 日　副关长杨良勇参加十九届中央第六轮巡视湖北省整改工作动员会。

▲23 日　副关长沈建明、湖北省口岸办副主任杨青松在武汉海关参加 2021 年全

国口岸办主任电视电话会议。

▲24 日　武汉海关召开 2021 年缉私工作会议。

政治部主任刘武斌在总关参加 2021 年全国海关政治部主任电视电话会议。

缉私局政委魏文阁参加省反恐工作领导小组会议暨省反恐工作电视电话会议。

▲25 日　关长杨杰，政治部主任刘武斌在总关收听收看“全国脱贫攻坚总结表彰大会”。

副关长廖华东在线参加关税司业务培训。

副关长杨良勇在关参加全国海关政策研究及统计工作会议。

副关长沈建明参加省政府优化营商环境工作专题会议，就武汉海关压缩整体通关时效进行交流发言。

副关长沈建明参加省知识产权战略实施工程联席会议部分成员座谈会。

副关长沈建明参加湖北专利奖奖励委员会会议。

▲26 日　武汉海关在家关党委委员在分会场收听收看驻署纪检监察组“现场监管与外勤执法权力寻租”专项整治工作动员部署视频会议。

副关长廖华东在武汉海关分会场收听收看 2021 年全国海关办公室工作会议。

3 月

▲1 日　缉私局局长范钦扬、政委魏文阁参加缉私局“1·29”案件专项联合打击行动部署会议。

▲2 日　关长杨杰、副关长杨良勇在关分会场收听收看 2021 年全国海关动植物检疫工作会议 。

缉私局局长范钦扬、政委魏文阁在关缉私指挥中心分会场参加总署缉私局两会期间队伍稳定及安全管理等工作电视电话会议。

副关长袁涛在汉参加全国新冠病毒疫苗接种工作电视电话部署会议。

缉私局局长范钦扬、政委魏文阁在省公安厅分会场参加公安部教育整顿大会。

▲3 日　关长杨杰、副关长沈建明在关内会见武汉市委常委、副市长江伟一行。

副关长沈建明在关内会见仙桃市人大常委会主任严启方一行并座谈。

副关长袁涛在关分会场收听收看 2021 年全国海关商品检验工作会议 。

▲4 日　关长杨杰陪同副省长赵海山赴总署拜访副署长张际文。

副关长沈建明在关分会场收听收看 2021 年全国海关综合业务工作会议并作交流发言。

副关长沈建明在襄阳会见襄阳市委常委、副市长李莉一行。

副关长沈建明参加襄阳海关组织的襄阳市出口农产品（茶叶）企业座谈会。

▲5 日　党委纪检组组长余德琼主持召开“现场监管与外勤执法权力寻租”专项整治工作座谈推进会。

▲6 日　副关长沈建明赴正大食品（襄阳）有限公司调研。

▲8 日　副关长沈建明在关内会见武汉金融控股集团总经济师丁震一行 。

▲9 日　副关长廖华东在关分会场收听收看 2021 年全国海关科技工作会议。

▲10 日　副关长杨良勇陪同副省长赵海山、武汉市市长程用文调研武汉经开综保区。

副关长沈建明在关内会见省口岸办副主任杨青松一行。

政治部主任刘武斌在关内参加 2021 年度海关系统考试录用公务员面试、体检和考察工作视频会议。

▲10—11 日　副关长廖华东一行到恩施海关调研。

▲11 日　副关长廖华东一行赴宜昌综合保税区调研。

副关长杨良勇在总关参加全国海关重点商品专项调研电视电话会议。

副关长沈建明到荆州海关开展关企座谈。

政治部主任刘武斌参加 2021 年省直机关党建工作会暨 2020 年度省直单位机关党委书记述职评议会议，并接受采访。采访视频在湖北公共新闻频道《长江新闻》以《开展系列庆祝活动 抓好机关党建工作》为题播出。

▲12 日　副关长廖华东到宜昌海关、贝迪克凌云公司调研。

副关长杨良勇参加省委传达学习全国两会精神会议。

▲15 日　组织收听收看全国海关党史学习教育动员会。

副关长杨良勇参加省政府常务会议。

党委纪检组组长余德琼主持召开“现场监管与外勤执法权力寻租”专项整治工作部署推进会。

▲16 日　署长倪岳峰、副署长邹志武听取武汉海关重点产品专项调研视频汇报。

缉私局局长范钦扬、政委魏文阁在关内参加海关缉私部门党史学习教育和教育整顿动员部署电视电话会议。

▲17 日　副关长袁涛参加副署长张际文主持召开的卫生检疫工作视频研讨会，并作交流发言。

副关长袁涛在关内与省国家安全厅就加强协作进行座谈。

▲18 日　副关长杨良勇在黄石市外贸企业调研。

副关长沈建明出席 2021 年综合业务工作会议。

副关长沈建明在总关分会场收听收看 2021 年全国海关进出口食品安全工作会议。

▲19 日　关长杨杰、副关长廖华东、副关长杨良勇听取跨境电商监管检查情况汇报 。

关长杨杰主持召开武汉海关“现场监管与外勤执法权力寻租”专项整治工作动员部署会议。

副关长廖华东参加党史学习教育中央宣讲团宣讲报告会暨省委理论学习中心组集体学习（扩大）会议。

副关长沈建明参加省委常委会会议。

缉私局局长范钦扬在湖北省税务局参加四部门专项行动工作联席会。

副关长袁涛到湖北省司法厅与该厅副厅长刘嗣元座谈。

▲20 日　副关长杨良勇参加全省非洲猪瘟等重大动物疫病防控工作视频会议。

党委纪检组组长余德琼到2021年度考录公务员面试现场开展巡考。

▲22 日　关长杨杰出席宜昌综合保税区封关运营仪式，会见宜昌市市长张家胜、常务副市长陈惠霞等领导，调研区内企业，为宜昌综合保税区揭牌。

政治部主任刘武斌参加直属机关工会“全国职工书屋”授牌仪式。

缉私局政委魏文阁主持召开缉私局党史学习教育和教育整顿动员部署会。

▲23 日　副关长杨良勇参加港口资源整合专题会议。

党委纪检组组长余德琼到鄂州市外贸企业调研“现场监管与外勤执法权力寻租”专项整治工作。

政治部主任刘武斌参加湖北省电视电话会议。

▲24 日　副关长沈建明在关内会见财政部湖北监管局副局长李冬云一行。

▲25 日　副关长杨良勇参加庆祝建党100周年网络安全保障工作电视电话会议。

政治部主任刘武斌陪同省委考核组在关内开展2020年度省委重要工作考核。

缉私局政委魏文阁参加缉私局党史学习教育暨庆祝建党100周年活动 。

副关长沈建明在关内会见交通银行机构部副总经理童波、湖北省分行副行长朱道刚一行 。

▲24—26 日　副关长袁涛在广州参加2021年全国海关法治工作会议，并在会上作交流发言。

▲26 日　副关长杨良勇参加武汉市研究“五个中心”实施方案专题会议。

副关长杨良勇听取湖北国际物流核心枢纽项目转运中心快件智能分拣模式工作汇报。

▲29 日　副关长杨良勇出席武汉海关跨境电商业务“强监管、防风险、抓落实、促规范”专题工作会议。

▲30 日　党委举中心组（扩大）学习暨党委专题会议。

▲31 日　副关长廖华东参加省政府“高效办成一件事”经验交流视频会。

政治部主任刘武斌参加事业单位推进实施绩效工资工作座谈会。

4 月

▲1 日　组织收听收看全国海关党史学习教育宣讲报告会。

总署缉私局副局长陈涛、武汉海关缉私局局长范钦扬在汉参加公安机关服务保障长江经济带高质量发展工作推进会，与长江流域11个省（市）公安厅（局）、长航公安局等分别签署长江上（中、下）游区域警务合作协议。

▲2日　总署缉私局副局长陈涛到缉私局检查指导工作。

副关长廖华东参加全省招商引资工作电视电话会议。

副关长袁涛参加全省区域发展布局暨县域经济工作推进会。

▲6日　副关长杨良勇参加省政府常务会议。

副关长沈建明在鄂州与鄂州市委副书记、市长陈平，副市长姜飞轮进行会谈。

▲7日　副关长沈建明调研鄂州市临空经济区。

▲8日　副关长杨良勇在荆门海关会见荆门市副市长丁岱。

副关长沈建明在厦门参加全国海关财务工作会议。

副关长袁涛到宜昌兴发化工集团和三峡机场调研。

▲9日　副关长廖华东参加省委常委会会议。

副关长廖华东在总关分会场参加海关科技人员跟班作业动员会。

副关长杨良勇参加王晓东省长主持召开的“加快建设集疏运体系，服务构建新发展格局”鄂州机场调研座谈会。

▲7—9日　纪检组组长余德琼赴深圳参加执纪审查第六协作区交流研讨会。

▲11日　副关长袁涛参加全省疫情防控工作电视电话会议。

▲13日　副关长廖华东参加全省脱贫攻坚总结表彰大会，武汉邮局海关副关长谢慧被评为全省脱贫攻坚先进个人并参会。

副关长杨良勇到武汉天马微电子有限公司开展调研。

副关长沈建明在关内会见随州市副市长李国寿。

▲14日　专项整治工作领导小组组织召开“现场监管与外勤执法权力寻租”专项整治工作推进会。

副关长袁涛出席武汉海关与恩施州疫情防控指挥部联合举办的新冠肺炎疫情防控暨生物安全防护演练。

关领导杨杰、高瑞峰、刘武斌与总署党委第八巡视组组长王新、副组长曲航见面。

▲15日　副署长、政治部主任胡伟出席武汉海关党委班子见面会。

副署长、政治部主任胡伟出席武汉海关关长任职仪式，胡伟副署长宣读总署任免职文件，向高瑞峰同志颁发任命书。

总署党委第八巡视组组长王新主持召开第八巡视组与武汉海关党委见面会。

关长高瑞峰主持召开总署党委第八巡视组巡视武汉海关党委工作动员会。

党委举行中心组学习会议。

▲16日　关长高瑞峰赴省政府拜访副省长张文兵、柯俊，并作工作汇报。

关长高瑞峰专题听取党委纪检组关于

“现场监管与外勤执法权力寻租”专项整治工作情况汇报 。

绯私局局长范钦扬在省公安厅参加全国公安机关党史学习教育专题辅导报告会。

缉私局局长范钦扬参加全省打击治理电信网络新型违法犯罪工作电视电话会议。

▲18 日 关长高瑞峰在汉参加市州党委书记座谈会。

▲19 日 关长高瑞峰参加省政府常务会议。

副关长廖华东参加省对台工作会议。

▲20 日 副关长沈建明在恩施会见恩施州副州长田金培等。

政治部主任刘武斌出席 2021 年队列指挥员集训并作开训动员讲话。

▲21 日 关长高瑞峰在汉参加全国政协“实行高水平对外开放”调研座谈会，并作交流发言。

副关长廖华东参加省服务贸易工作联席会议。

副关长廖华东在湖北省政府新闻办出席 2021 年一季度湖北省外贸进出口情况专场新闻发布会。

副关长沈建明在关内会见仙桃市人大常委会主任严启方一行。

▲22 日 政治部主任刘武斌陪同总署“全国海关红色资源认定工作”考察组杨艳斌一行到江汉关博物馆调研。

副关长沈建明参加省政府食品药品安全委员会全会。

▲23 日 副关长廖华东主持召开“武关归类”微信公众号开发部署会议。

政治部主任刘武斌一行赴定点帮扶秭归县调研乡村振兴工作。

▲25 日 关长高瑞峰参加省文化产业发展领导小组会议。

副关长杨良勇在关内会见顺丰国际首席运营官熊波一行。

▲26 日 总署党委第八巡视组组长王新主持召开第八巡视组听取武汉海关党委综合情况汇报会，高瑞峰关长代表关党委向总署党委第八巡视组作工作汇报。

关长高瑞峰在汉参加国务院第四次廉政工作会议暨省政府第四次廉政工作会议。

副关长沈建明参加武汉市商务厅规划评审会。

副关长袁涛在关内主持召开湖北省进出口商品质量安全风险预警和快速反应监管体系工作联络员会议。

▲27 日 关长高瑞峰、副关长袁涛参加全国海关卫生检疫工作视频会议，并作交流发言。

副关长杨良勇在汉参加全国政协“推进多式联运高质量发展”重点提案调研座谈会。

缉私局局长范钦扬到黄石海关调研打私工作。

▲28 日 关长高瑞峰在武汉天河机场海关主持召开统筹口岸疫情防控和促进外

贸稳增长工作指挥部第九次会议。

副关长沈建明在关内会见荆门市副市长丁岱一行。

缉私局局长范钦扬到黄冈参加打击走私综合治理工作会议，到企业调研。

▲29日　关长高瑞峰，副关长沈建明、袁涛在关内会见随州市委书记钱远坤、市长克克一行，并见证武汉海关与随州市政府签署合作协议。

关长高瑞峰，副关长沈建明、袁涛在关内会见湖北机场集团党委书记、董事长陈辉一行。

副关长廖华东主持召开工作协调会。

缉私局局长范钦扬在关参加全国海关缉私部门2021年第2次工作例会。

政治部主任刘武斌参加2021年全国海关巡察工作推进会。

▲30日　缉私局局长范钦扬在汉参加全国禁毒工作电视电话会议。

5月

▲6日　关长高瑞峰、副关长杨良勇在关内会见东西湖区委书记杨泽发一行。

副关长沈建明与海口海关副关长赵俊伦交流座谈。

▲7日　纪检组组长余德琼赴湖北省纪委监委报告“现场监管与外勤执法权力寻租”专项整治工作开展情况。

▲6—8日　副关长沈建明陪同赵海山副省长赴海南参加首届中国国际消费品博览会湖北交易团组活动。

▲8日　关长高瑞峰参加湖北省委常委会会议。

副关长袁涛在总关参加总署卫生司迎接世界卫生组织对我国消除疟疾认证评估工作视频推进会。

▲9日　关长高瑞峰、副关长沈建明参加随州海关全面开展业务启动仪式，关长高瑞峰、随州市委书记钱远坤共同为随州海关办公楼揭幕，和随州市市长克克分别致辞，并向随州海关关长授印。

▲10日　副关长袁涛在总关参加总署卫生司迎接世界卫生组织对我国消除疟疾认证评估工作视频推进会。

▲11日　关长高瑞峰、副关长沈建明陪同副省长赵海山会见国家口岸管理办公室副主任、一级巡视员党英杰一行。

副关长杨良勇到武汉中实国际物流有限公司开展“现场监管与外勤执法权力寻租”专项整治工作实地调研。

缉私局局长范钦扬到荆州市参加打击走私综合治理工作会议。

副关长袁涛在省政府参加赵海山副省长主持召开的疫情防输入专题会议。

▲12日　关长高瑞峰，副关长杨良勇、沈建明在关内会见国家口岸管理办公室副主任党英杰一行。

关长高瑞峰、副关长杨良勇在关内会见顺丰集团副总裁冯晓平一行。

关长高瑞峰、副关长沈建明陪同武汉市市长程用文会见国家口岸管理办公室副主任党英杰一行。

副关长廖华东出席武汉海关认证企业座谈会并致辞。

副关长杨良勇赴湖北中烟武汉卷烟厂开展“现场监管与外勤执法权力寻租”专项整治企业实地调研。

副关长杨良勇到武汉邮区中心局开展“现场监管与外勤执法权力寻租”专项整治工作企业实地调研。

缉私局局长范钦扬到荆门市参加打击走私综合治理工作会议。

▲13 日 关长高瑞峰、副关长袁涛到武汉天河机场海关调研。

关长高瑞峰、副关长袁涛到武汉邮局海关调研。

关长高瑞峰主持召开“现场监管与外勤执法权力寻租”专项整治工作企业调研座谈会。

副关长廖华东赴联想摩托罗拉（武汉）移动技术通信有限公司开展“现场监管与外勤执法权力寻租”专项整治工作企业调研。

副关长沈建明参加中部内陆地区口岸高质量发展座谈会。

缉私局局长范钦扬到宜昌市参加打击走私综合治理工作会议。

副关长袁涛到中石化江汉盐化工湖北有限公司开展“现场监管与外勤执法权力寻租”专项整治工作企业实地调研。

▲14 日 关长高瑞峰，副关长杨良勇在关内会荆州市委副书记、市长周志红一行。

副关长廖华东赴东风本田汽车有限公司开展“现场监管与外勤执法权力寻租”专项整治工作企业调研。

▲15 日 关长高瑞峰参加湖北省疫情防控指挥部专题会议。

▲16 日 关长高瑞峰主持召开武汉海关疫情防控形势研判会议。

▲17 日 党委举行中心组学习会议。

副关长袁涛在省卫健委参加全国和全省新冠肺炎疫情防控和新冠病毒疫苗接种工作视频会议。

▲18 日 副署长张际文在武汉海关调研。

副省长张文兵到武汉海关调研。

副关长沈建明在湖北省政府参加首届中国国际消费品博览会湖北省交易团工作总结座谈会 。

缉私局局长范钦扬在关内参加总署缉私局召开的缉私部门教育整顿专题工作部署视频会议。

▲18—19 日 副署长张际文到孝感市开展国家粮食安全省长责任制实地抽查考核。

▲19 日 关长高瑞峰实地走访黄石市相关企业开展专项整治工作调研。

副关长廖华东收听收看 2021 年全国海关企业管理和稽查工作会议。

纪检组组长余德琼到宜昌海关开展“现场监管与外勤执法权力寻租”专项整治工作督导检查和谈话调研。

副关长沈建明到新港海关开展“现场

监管与外勤执法权力寻租”专项整治工作企业调研。

缉私局局长范钦扬在关内与湖北省烟草专卖局副局长赵建成交流座谈。

政治部主任刘武斌赴武昌海关辖区企业开展“现场监管与外勤执法权力寻租”专项整治工作调研。

副关长袁涛在省政府参加省指挥部外事组疫情防控工作会议。

副关长袁涛在武汉市政府参加程用文市长主持召开的疫情防控工作视频会议。

▲20 日　副署长张际文在黄石市调研外贸经营和进出口情况。

副关长沈建明在关内会见湖北省口岸办副主任杨青松一行。

副关长袁涛陪同商检司司长林建田一行赴仙桃调研。

副关长袁涛到武汉天河机场海关调研，并与总署卫生检疫司国家消除疟疾认证现场现场评估预演和工作指导专家组见面并座谈。

副关长廖华东出席武汉海关与北京海关企业管理工作调研座谈。

▲21 日　缉私局局长范钦扬在武汉海关参加公安机关专题培训。

副关长袁涛陪同商检司司长林建田调研武汉东风本田汽车有限公司。

▲26 日　副关长杨良勇在关内与省交通厅副厅长李传光签订口岸安全生产联防联控合作备忘录。

副关长袁涛赴武汉明德生物科技股份有限公司开展“现场监管与外勤执法权力寻租”专项整治企业调研工作。

关长高瑞峰、副关长沈建明会见来访的交通银行湖北省分行党委书记、行长单增建一行。

▲27 日　关长高瑞峰参加武汉海关与湖北省烟草专卖局签署合作备忘录仪式，缉私局局长范钦扬主持仪式并代表武汉海关与湖北省烟草专卖局（公司）副总经理赵建成签署联合打击走私烟草专卖品违法犯罪活动合作备忘录。

▲28 日　缉私局局长范钦扬在省公安厅分会场参加全国公安机关视频会议。

▲31 日　党委举行中心组学习会议。

副关长廖华东主持召开 2021 年度海关科技成果评定推荐会。

缉私局局长范钦扬参加全国缉私部门关于建党 100 周年安保维稳和教育整顿中央督导迎检工作电视电话会议。

副关长袁涛在省卫健委参加视频会议。

6 月

▲1 日　关长高瑞峰参加省政府常务会议。

党委理论学习中心组（扩大）召开纪法专题学习会，湖北省纪委监委第三监督检查室副主任张国清以《正确履行职责　预防渎职犯罪》为题作专题辅导。

▲2 日　关长高瑞峰、副关长廖华东在汉参加全国深化“放管服”改革着力培

育和激发市场主体活力电视电话会议。

关长高瑞峰到汉阳海关调研。

副关长沈建明在黄冈调研。

副关长沈建明在黄石会见黄石市副市长何运平、楼军文。

▲3日 关长高瑞峰、政治部主任刘武斌在关内会见总署党委巡视办主任刘卫一行。

关长高瑞峰、副关长袁涛在关内会见仙桃市委书记罗联峰、市长余珂一行。

副关长沈建明在黄石出席湖北省报关协会会员座谈会。

缉私局局长范钦扬到襄阳市参加打击走私综合治理工作会议。

政治部主任刘武斌在关内会见省直机关“两优一先”暨“红旗党支部”考核复核第十一考核组。

▲4日 关长高瑞峰到武昌海关调研。

总署缉私局副局长、政治部主任李云龙到缉私局检查指导工作 。

副关长袁涛到武汉东航空港食品有限公司调研。

▲5日 副关长沈建明主持召开经开综保区用地规划相关问题整改工作会议。

▲7日 武汉海关开展“重温红色经典 牢记初心使命——特色党建文化教育活动”，关长高瑞峰出席活动并讲党课，集中观看抗疫题材经典剧目《天使日记》。

▲8日 关长高瑞峰参加湖北省委书记应勇基层党建工作调研并代表武汉海关作交流发言。

缉私局局长范钦扬在关内会见总署缉私局督导组成员。

缉私局局长范钦扬在湖北省公安厅参加公安部视频会议。

政治部主任刘武斌主持召开乡村振兴定点帮扶工作会议。

▲9日 关长高瑞峰参加全省港口资源整合工作动员会。

副关长廖华东参加2021年全国海关口岸监管工作视频会议。

副关长沈建明在荆门调研。

▲8—10日 副关长杨良勇陪同赵海山副省长赴浙江、上海调研，出席第二届中东欧博览会。

▲11日 关长高瑞峰参加全国政协“推进多式联运高质量发展”远程协商会。

副关长袁涛参加进出口危险品检验监管调研工作电视电话会议。

▲15日 组织收听收看总署党史学习教育专题党课。

组织观看学习《生命重于泰山——学习习近平总书记关于安全生产重要论述》电视专题片。

关长高瑞峰参加赵海山副省长主持召开的专题会议。

副关长袁涛在省卫健委参加全国疫情防控工作电视电话会议及全省新冠肺炎疫情防控和新冠病毒疫苗接种工作视频会议。

▲16日 关长高瑞峰、副关长廖华东出席武汉海关与中国报关协会座谈会。

副关长廖华东参加庆祝中国共产党成立100周年网络安全保障工作电视电话会议。

▲17日　副关长廖华东陪同中国报关协会副会长徐秋跃一行到中国东风汽车工业进出口有限公司调研。

副关长沈建明出席2021年湖北省食品安全宣传周活动启动仪式。

副关长袁涛在省市场监管局参加全国深化“证照分离”改革动员培训电视电话会议。

▲18日　关长高瑞峰、副关长杨良勇出席武汉海关2021年口岸监管工作会议。

副关长廖华东参加海关企业信用管理制度改革说明视频会。

副关长沈建明到江夏调研口岸扩大开放事宜。

▲21日　党委书记、关长高瑞峰参加湖北省委十一届九次全体会议。

▲22日　党委理论学习中心组举行学习会议。

▲23日　关长高瑞峰、政治部主任刘武斌到武汉空港商务酒店看望慰问武汉天河机场海关入境卫生检疫封闭管理人员。

关长高瑞峰在汉参加全省巩固拓展脱贫攻坚成果同乡村振兴有效衔接暨农业产业化工作推进电视电话会议。

副关长杨良勇到武汉东风本田汽车有限公司开展湖北省新能源汽车产业发展调研。

缉私局局长范钦扬在省公安厅主会场参加全省禁毒工作电视电话会议。

▲24日　副关长沈建明在关内会见襄阳市委常委、副市长李莉一行。

副关长沈建明参加赵海山副省长主持召开的研究推动综合保税区加快发展相关措施专题会议。

缉私局局长范钦扬到仙桃海关调研，并与仙桃市人大常委会主任严启方和仙桃市委常委、常务副市长胡光怀分别座谈。

缉私局局长范钦扬到仙桃市参加打击走私综合治理工作会议。

政治部主任刘武斌参加中国共产党成立100周年湖北省直机关“两优一先”表彰会，胡火、何宇翔同志获评省直机关优秀共产党员，薛栋、杨楠同志获评省直机关优秀党务工作者，新港海关查验科党支部、缉私局侦查处党支部获评先进基层党组织，风控分局党支部、汉口海关车站监管科党支部、机场分局党支部获评第四届省直机关“红旗党支部”。新港海关查验科党支部书记作为10个先进基层党组织代表上台领奖。

▲25日　关长高瑞峰参加省政府常务会议。

关长高瑞峰在关内会见长江存储党委书记彭红兵一行。

副关长杨良勇与湖北机场集团有限公司副总经理甘相田签订口岸安全生产联防联控合作备忘录。

▲26日　关长高瑞峰参加“壮丽航程荆楚颂歌——湖北省庆祝中国共产党成立

100周年文艺晚会”。

副关长沈建明参加武汉市政府经开综保区验收工作专题研究会议。

副关长沈建明赴武汉大学与省政府咨询委员、省政协常委邹薇教授交流座谈。

▲27日 关长高瑞峰主持召开统筹口岸疫情防控和促进外贸稳增长工作指挥部专题会议。

▲28日 关长高瑞峰主持召开全面从严治党工作专题党委会。

▲29日 武汉海关举办“永远跟党走”庆祝中国共产党成立100周年主题活动，关长高瑞峰致辞，颁发“光荣在党50年”纪念章，表彰2020年度优秀共产党员、优秀党务工作者、先进基层党组织暨“四强”支部，以及2020年度考核先进集体、优秀个人、优秀科室和突出贡献奖集体等先进典型，14名预备党员进行入党宣誓。

武汉海关组织收听收看“七一”勋章颁授仪式。

副关长沈建明到省商务厅参加支持综保区发展研讨会。

▲30日 关长高瑞峰参加湖北省“两优一先”表彰大会。

关长高瑞峰参加湖北省港口集团揭牌仪式。

副关长廖华东向科技处党支部、部分征文作者赠送由总署编印的海关系统党史学习教育参考资料《追寻红色记忆 传承红色基因——海关档案故事100篇》，武汉海关5篇征文作品入选。

缉私局局长范钦扬参加缉私局庆祝中国共产党成立100周年系列活动。

7月

▲1日 组织收听收看习近平总书记在庆祝中国共产党成立100周年大会上重要讲话现场直播。

举办党委理论学习中心组（扩大）学习暨党史学习教育读书班。

举行“七一”升国旗仪式庆祝中国共产党成立100周年。

党委理论学习中心组（扩大）学习暨党史学习教育读书班赴中国共产党纪律建设历史陈列馆开展党史学习教育。

▲2日 党委理论学习中心组（扩大）学习暨党史学习教育读书班开展党史专题宣讲。

副关长沈建明参加业务培训。

▲3日 关长高瑞峰在党委理论学习中心组（扩大）学习暨党史学习教育读书班上讲党课。

副关长袁涛在监控指挥中心连线指导武汉天河机场海关开展入境卫生检疫。

▲5日 关长高瑞峰参加省政府“高效办成一件事”工作推进会。

副关长杨良勇在关内会见UPS全球战略副总裁蒋骞一行。

副关长沈建明出席“食品安全伴我行”主题党日暨“实验室公众开放日”活动。

▲6日 关长高瑞峰在关内会见武汉地铁集团有限公司总经理姚春桥一行，武汉地铁集团向武汉海关赠送锦旗。

副关长廖华东参加科技司召开的新冠病毒检测实验室主任电视电话会议。

副关长杨良勇在汉参加全国人大常委会固体废物污染环境防治法执法检查汇报会。

副关长杨良勇陪同副省长李乐成赴鄂州花湖机场调研。

副关长沈建明以视频连线方式参加总署2021年“全国食品安全宣传周”主题日活动。

副关长沈建明出席“食品安全口岸行”主场活动。

缉私局局长范钦扬在缉私指挥中心参加全国海关缉私部门2021年第三次工作例会并作交流发言。

▲7日 关长高瑞峰参加省委全面深化改革委员会第十次会议。

关长高瑞峰、政治部主任刘武斌听取2021年第一轮巡察情况专题汇报。

副关长廖华东到武汉天河机场海关调研。

纪检组组长余德琼、政治部主任刘武斌出席“尚俭崇信 守护阳光下的盘中餐”食品安全社区行活动。

副关长沈建明参加省政府专题协调会议。

副关长沈建明组织召开事业单位监督管理委员会会议。

▲8日 关长高瑞峰主持召开统筹口岸疫情防控和促进外贸稳增长工作指挥部专题会议。

关长高瑞峰参加省中欧班列发展专题会议。

副关长廖华东在武昌海关参加为进出口企业送“服务包”活动主场启动仪式暨海关政策宣讲会。

副关长廖华东在武昌海关会见武汉东湖新技术开发区管委会二级巡视员孙茜雯。

副关长沈建明主持召开“中部内陆地区海关通关监管改革调研课题”工作推进会。

政治部主任刘武斌主持召开署级课题推进会。

▲9日 关长高瑞峰参加省委常委会会议。

关长高瑞峰主持首次“关长接待日”活动。

▲12日 关长高瑞峰参加省政府常务会议。

▲13日 关长高瑞峰、副关长袁涛在关内会见中国东方航空武汉有限责任公司董事长柴舸一行。

▲14日 关长高瑞峰、副关长廖华东、政治部主任刘武斌在关内会见黄冈市委书记张家胜、市长李军杰一行。

副关长沈建明在湖北省商务厅参加优化口岸营商环境工作专班第二次会议。

▲15日 副关长杨良勇参加省政府专

题常务会议。

副关长杨良勇在湖北省新闻办出席2021年上半年湖北省外贸进出口情况专场新闻发布会。

副关长沈建明参加应勇书记荆州市调研活动。

副关长沈建明参加省政协“大力培育外贸企业，助力提升我省经济外向度”月度专题协商会。

政治部主任刘武斌在武汉海关分会场参加全国海关党史学习教育推进会，以《武汉海关突出学史崇德 在党史学习教育中践行伟大抗疫精神》为题作交流发言。

副关长袁涛陪同统计司副司长刘学透一行在仙桃开展疫情防控物资生产企业实地调研。

▲15—16日 驻署纪检监察组组长陶治国在武汉海关调研，期间会见湖北省委常委、省纪委书记侯淅珉。

▲16日 关长高瑞峰参加省委常委会会议。

▲19日 关长高瑞峰主持召开专项整治工作实地检查见面沟通会，代表关党委向驻署纪检监察组第一实地检查组汇报专项整治工作开展情况。

关长高瑞峰参加市州党委书记座谈会和湖北省“一报告两评议”通报会。

政治部主任刘武斌主持召开乡村振兴驻村帮扶工作推进会 。

▲20日 关长高瑞峰赴武汉天马微电子有限公司实地调研。

缉私局局长范钦扬到长航公安局拜访该局局长朱俊，召开工作座谈会。

▲21日 副关长沈建明参加由副省长赵海山主持的促进综合保税区高水平开放高质量发展专题会议。

副关长袁涛在大冶有色调研进口铜精矿监管工作。

▲22日 副关长沈建明参加2021年上半年全省商务经济运行调度电视电话会议。

政治部主任刘武斌在分会场参加全国海关2021年初任培训部署会。

▲22—23日 副署长孙玉宁在武汉海关调研。

▲23日 “现场监管与外勤执法权力寻租”专项整治第一实地检查组组长王平、纪检组组长余德琼参加全国海关系统纪检机构“精准规范问责、强化政治责任”视频会议。

缉私局局长范钦扬在长沙参加“第二缉私战区第四次联席会议暨缉私部门推进长江大保护工作会议”，签署长江流域海关缉私局长江大保护合作备忘录，并审议《第二缉私战区关于在重点领域深化战区执法协作的意见》。

▲26日 关长高瑞峰参加省政府常务会议。

▲27日 湖北省委副书记、省长王忠林，省委常委、副省长李乐成，副省长赵海山，武汉市委副书记、市长程用文，副市长陈红辉一行到武汉天河机场调研常态

化疫情防控工作，关长高瑞峰汇报。

关长高瑞峰陪同王忠林省长、程用文市长赴武汉经济技术开发区调研汽车芯片产业发展情况。

关长高瑞峰参加湖北省疫情防控指挥部会议。

副关长沈建明赴植物隔离检疫圃项目现场参加专家论证会。

▲29 日　关长高瑞峰主持召开总署党委第八巡视组向武汉海关党委巡视反馈会议。

关长高瑞峰、政治部主任刘武斌与总署政治部副主任、人教司司长吕伟红进行座谈。

▲30 日　关长高瑞峰、副关长杨良勇在关内会见中国旅游集团中免股份有限公司副总经理王延光一行。

政治部主任刘武斌在关内会见秭归县副县长李文一行，李文副县长向武汉海关赠送了锦旗和感谢信。

副关长袁涛在总关参加全国海关自贸区和特殊区域发展工作会议。

8 月

▲2 日　关长高瑞峰主持召开统筹口岸疫情防控和促进外贸稳增长工作指挥部第十三次会议。

关长高瑞峰参加湖北省疫情防控指挥部电视电话会议。

▲3 日　副关长沈建明参加省新冠病毒防控工作调度会，副省长赵海山、张文兵参加会议并作讲话。

副关长袁涛陪同赵海山副省长到天河机场开展疫情防控工作调研，并参加省疫情防控指挥部外事组专题会议。

▲4 日　关长高瑞峰主持召开统筹口岸疫情防控和促进外贸稳增长工作指挥部第十四次会议。

副关长袁涛组织召开武汉天河机场海关疫情防控工作线上视频调度会。

▲5 日　副关长沈建明参加“建立并持续优化具有武汉海关鲜明特色的监管模式”工作推进会。

副关长沈建明检查总关干部职工食堂疫情防控工作。

▲6 日　党委举行中心组学习会议。

关长高瑞峰、政治部主任刘武斌到下沉的金湖社区东方海棠花园小区指导疫情防控工作。

副关长沈建明参加事业单位监督管理委员会会议。

▲9 日　副关长沈建明前往武昌海关、民意、台北路宿舍区检查。

▲11 日　关长高瑞峰、政治部主任刘武斌听取快件风险防控业务专题汇报。

副关长杨良勇陪同赵海山副省长到阳逻港开展疫情防控工作调研检查。

▲12 日　关长高瑞峰参加省政府常务会议。

副关长沈建明组织召开专题会议协调研究缉私局整体搬迁、办公用房调整、医务室等功能用房改造相关事宜。

政治部主任刘武斌在分会场参加全国海关2021年第一轮选人用人巡视检查情况通报视频会议。

▲13日　关长高瑞峰参加省委常委会会议。

▲16日　副关长袁涛在湖北省新闻办出席省疫情防控指挥部新闻发布会，介绍工作情况。

▲17日　副关长杨良勇陪同赵海山副省长到武汉国际邮件互换局检查调研疫情防控工作。

▲18日　副关长廖华东主持召开武汉海关“强化基础、规范作业、提升效能”专项活动领导小组办公室会议。

▲19日　关长高瑞峰、副关长沈建明参加总署关于海关事业单位所属企业脱钩工作视频会议。

▲21日　关长高瑞峰、副关长沈建明组织召开武汉海关事业单位所属企业脱钩工作专题督导会。

▲20日　副关长杨良勇赴省政府参加《湖北生态省建设规划纲要（2014—2030年）》中期评估和修编专题研究会。

副关长杨良勇赴武汉市政府参加市领导研究国际消费中心建设推进工作、阳逻港整合工作会议。

副关长沈建明在省政府参加研究武汉新港空港综合保税区核减规划面积专题会议。

副关长沈建明到管理中心布置海关事业单位所属企业脱钩工作。

副关长袁涛在省委宣传部出席湖北省“深入实施食品安全放心工程建设 守护‘舌尖上的安全’”新闻发布会。

▲23日　组织收听收看总署学习贯彻习近平总书记“七一”重要讲话精神宣讲报告会。

▲24日　副关长沈建明赴省政府参加专题会议。

政治部主任刘武斌到汉阳海关看望慰问该关全体在关干部职工。

副关长袁涛参加赵海山副省长主持召开的防范境外疫情输入专题会议，汇报疫情防控工作情况。

▲25日　纪检组组长余德琼参加全国海关纪检机构毫不松懈抓好新冠肺炎疫情防控监督工作视频会议。

▲27日　副关长廖华东参加总署属地查检业务领域安全生产和疫情防控督导检查暨工作视频会议。

▲28日　副关长袁涛参加省疫情防控指挥部办公室专题会议。

▲30日　党委举行中心组学习会议。

▲31日　副关长杨良勇参加中央第三生态环境保护督察组督察湖北省工作动员会、汇报会。

9月

▲1日　组织收听收看总署学习贯彻习近平总书记“七一”重要讲话精神读书班暨宣讲交流会。

关长高瑞峰、政治部主任刘武斌在关

内参加全国海关党建工作专题培训动员部署视频会。

▲2 日　武汉海关与仙桃市人民政府签订关地合作备忘录。

副关长廖华东参加中国海关传媒中心召开的 2021 年海关传媒通联工作视频会议。

副关长沈建明主持召开事业单位监督管理委员会会议。

▲3 日　关长高瑞峰，副关长廖华东、杨良勇、沈建明在关内会见襄阳市市长王太晖一行。

政治部主任刘武斌在关内参加全国海关风险管理工作视频会议。

▲6 日　副关长杨良勇在关内会见东西湖区副区长肖国华一行。

副关长袁涛参加省疫情防控指挥部办公室专题会议。

副关长袁涛参加省政府关于加快推动中欧班列（武汉）高质量发展专题会议。

▲7 日　关长高瑞峰、副关长杨良勇参加《“十四五”海关发展规划武汉海关实施方案》编制工作推进会。

关长高瑞峰参加全省优化营商环境推进会。

副关长袁涛到保健中心现场督导搬迁工作。

▲8 日　关长高瑞峰、政治部主任刘武斌在宜昌会见宜昌市委书记王立。

关长高瑞峰、政治部主任刘武斌在恩施会见恩施州州长夏锡璠。

▲9 日　关长高瑞峰、政治部主任刘武斌在恩施会见恩施州委书记胡超文。

关长高瑞峰、政治部主任刘武斌赴利川市元堡乡朝阳村调研乡村振兴工作，参加乡村振兴帮扶资金交接仪式，听取驻村工作队和利川市相关情况汇报，调研怡辉生态民宿和勤隆中药材合作社大黄加工厂扶贫项目，看望慰问五保户并捐赠生活物资。

▲10 日　副关长沈建明参加武汉天河机场保税物流中心（B 型）及配套项目开工活动。

副关长袁涛在线参加武汉天河机场海关封闭管理人员新冠肺炎期间内部防控应急处置桌面推演。

▲13 日　党委举行中心组学习会议。

全国政法队伍教育整顿中央第十督导组对缉私局开展教育整顿实地督导。

▲14 日　副署长王令浚，政法司司长潘城，关长高瑞峰到恩施州调研，会见恩施州政府主要领导；到恩施海关看望慰问海关关员，了解该关党史学习教育、边关生活设施、促进外贸稳增长工作等情况；到利川市朝阳村调研武汉海关支持乡村振兴工作，现场了解民宿、大黄产业等项目，走访慰问老党员。

副关长廖华东陪同省档案馆副馆长刘晓春一行在武汉海关开展档案工作目标管理省特级复查考评工作。

副关长沈建明参加省政府常务会议。

▲15 日　副署长王令浚在武汉海关出

席直属海关权责清单编制试点工作会议。关长高瑞峰致欢迎辞，副关长袁涛参会作交流发言。

副关长沈建明在省政府参加省知识产权战略实施工作联席会议，审定《湖北省知识产权“十四五”规划》，部署2021年知识产权保护工作检查迎检工作。

副关长沈建明在关内会见湖北省机关事务管理局副局长戴峰一行。

▲16日 副署长王令浚，政法司司长潘城，关长高瑞峰到十堰调研，会见十堰市政府主要领导。

副关长袁涛陪同政法司副司长葛燕峰到仙桃海关调研指导全国海关法治基地建设工作。

政法司副司长葛燕峰在武汉海关主持召开部分直属海关权责清单编制试点工作会议。

▲17日 关长高瑞峰在襄阳会见省政协副主席、襄阳市委书记马旭明，襄阳市委、市政府有关领导。

副关长杨良勇参加湖北省粮食安全工作领导小组全体会议。

副关长沈建明会见湖北省口岸办副主任杨青松一行。

副关长沈建明与湖北省应急管理厅专家座谈。

▲21日 关长高瑞峰督导口岸卫生检疫，检查值班应急工作，慰问在岗值班值守人员。

▲22日 关长高瑞峰主持召开武汉海关党委巡视整改专题民主生活会。

政治部主任刘武斌出席武汉海关巡视整改汇报会。

▲23日 党委举行理论学习中心组（扩大）学习暨学习贯彻习近平总书记“七一”重要讲话精神宣讲报告会，邀请省委宣讲团成员，华中科技大学国家治理研究院院长欧阳康教授作题为《新时代中国共产党人的政治宣言和行动指南——学习习近平总书记“七一”重要讲话精神》的专题宣讲。

副关长廖华东参加全国海关信用管理工作专题视频会议。

副关长沈建明会见荆州市副市长李敢一行。

▲24日 副关长沈建明参加省质量强省工作委员会全体会议。

副关长袁涛参加省疫情防控指挥部外事组专题会议，专题报告入境检疫处理工作情况。

▲26日 关长高瑞峰在荆州调研，实地调研湖北菲利华石英玻璃股份有限公司，参观武汉海关综合治理工作联系点沙市区立新街道东岳社区。

关长杨良勇在关内会见鄂州市商务局主要负责人，就鄂州花湖机场综保区口岸作业区建设方案进行座谈。

▲27日 关长高瑞峰、副关长沈建明在关内会见武汉市委常委、副市长江伟一行，双方就促进武汉市综保区高水平开放高质量发展开展专题研究部署。

副关长廖华东赴省政府参加联合包裹管理公司（UPS）鄂州航空枢纽项目专题会议。

副关长杨良勇出席武汉海关化学涉恐突发事件应急处置联合实战演练活动，本次演练由黄石海关、黄石市消防救援支队、鄂东南区域矿山救护队、120急救等单位近40人参演，模拟事件发现、现场排查、启动预案、应急处置、预案终止等环节。

▲28日 副关长杨良勇在关内会见顺丰集团副总裁孙逊、黄振宇一行，就鄂州花湖机场转运中心建设进展、国际货站设计及武汉口岸业务发展座谈。

缉私局局长范钦扬在武汉海关缉私指挥中心参加全国海关缉私部门电视电话会议 。

▲29日 关长高瑞峰参加省委常委会会议。

副关长杨良勇在关内会见UPS全球战略副总裁蒋骞一行。

▲30日 关长高瑞峰参加省政府专题会议。

缉私局局长范钦扬在省政府参加第七次湖北省反洗钱工作联席会议并介绍工作情况。

副关长袁涛到湖北省司法厅座谈。

10月

▲8日 关长高瑞峰参加省政府常务会议。

副关长沈建明参加武汉市港口泊位扩大开放验收工作专题会议 。

总署党史学习教育第四巡回指导组组长孙进友一行到武汉海关开展党史学习教育专题调研，并举行武汉、上海、长沙海关政工办主任座谈会。

▲9日 关长高瑞峰参加省委常委会会议。

关长高瑞峰参加湖北省暨武汉市纪念辛亥革命110周年座谈会。

副关长沈建明参加支持武汉市综合保税区高水平开放高质量发展措施研讨会。

副关长袁涛带队到武汉海关综合实验楼现场督导保健中心搬迁工作。

▲11日 党委举行中心组学习会议。

副关长杨良勇在汉参加省政府专题研究鄂州花湖机场建成校飞和运营机制工作会议。

▲12日 副关长廖华东主持召开2021年度总署“揭榜挂帅”科研项目申报工作推进会。

▲14日 副关长杨良勇在省新闻办出席2021年前三季度湖北省外贸进出口情况专场新闻发布会。

缉私局局长范钦扬参加“海关特殊监管区反走私态势调研”座谈会。

▲15日 关长高瑞峰、政治部主任刘武斌在荆门会见荆门市委书记王祺扬、市长李涛一行。

副关长杨良勇参加省政府常务会议。

副关长沈建明在关内会见十堰郧西县

委书记查宏、副县长张婷婷一行。

▲16日 武汉海关获得湖北省第十八届成人游泳公开赛省直机关组团体冠军和优秀组织奖，关长高瑞峰、政治部主任刘武斌带队到场。

▲18日 关长高瑞峰在汉参加省委市州党委书记座谈会。

党委举行中心组学习会议，武汉大学法学院教授秦天宝以《〈生物安全法〉解读》为题作专题辅导。

▲19日 关长高瑞峰参加省政府常务会议。

副关长袁涛参加全国新冠肺炎疫情防控工作视频会。

▲21日 关长高瑞峰主持召开“三大工程”“十件实事”工作推进会。

副关长杨良勇在厦门参加总署加强海关统计工作专题会议。

关长高瑞峰收听收看全国新冠肺炎疫情防控工作电视电话会议。

▲23日 关长高瑞峰参加省长王忠林调研鄂州花湖机场项目建设相关活动，实地查看机场跑道、转运中心和航站楼建设情况，参加机场建设工作推进会。

▲26日 关长高瑞峰在关内会见湖北省商务厅党组书记、厅长王济民、口岸办专职副主任杨青松一行。

▲27日 关长高瑞峰参加省委民族工作会议。

副关长袁涛在关内会见宜昌市副市长周正英一行。

副关长袁涛参加省疫情防控指挥部专题会议。

▲29日 武汉海关组织收听收看全国海关疫情防控工作视频会议。

11月

▲1日 关长高瑞峰陪同湖北省委常委、武汉市委书记郭元强一行到新港海关调研。

关长高瑞峰参加省政府常务会议。

▲2日 副关长沈建明到鄂州对接与指导鄂州空港综合保税区申报和口岸开放工作。

▲3日 政治部主任刘武斌参加上海特派办对武汉海关党委巡视整改工作“云监督”视频会议。

▲5日 党委举行理论学习中心组（扩大）学习暨学习贯彻习近平总书记“七一”重要讲话精神宣讲交流会。

副关长杨良勇参加武汉海关与中国邮政集团有限公司湖北省分公司签署合作备忘录仪式，会见中国邮政集团有限公司湖北省分公司总经理熊勇武，并代表武汉海关与中国邮政集团有限公司湖北省分公司副总经理赵宇光签署《关于加强进出境邮递物品安全生产和监管合作的备忘录》。

纪检组组长余德琼参加驻署纪检监察组关于加强对“一把手”和领导班子监督视频会议，汇报关党委及党委纪检组贯彻落实中共中央《关于加强“一把手”与领导班子监督工作意见》精神，总署党委和驻署纪检监察组工作部署等相关情况。

▲**8日**　副关长杨良勇听取水运辅助管理系统优化升级工作专题汇报。

副关长沈建明组织召开保证金单证电子化功能推演及风险研判会。

▲**9日**　副关长廖华东参加全国海关稽查改革推进视频会议。

副关长沈建明出席襄阳综合保税区预验收活动，由武汉海关牵头，省发改委、省财政厅、省自然资源厅、省商务厅、省税务局、省市场监管局、省外管分局八部门组成的联合预验收组对襄阳综合保税区进行了预验收，联合预验收组一致认为襄阳综合保税区基础设施、隔离监管及相关配套设施均符合《综合保税区基础和监管设施设置规范》，同意通过预验收。

联合预验收组组长、副关长沈建明代表预验收组与襄阳市副市长李莉签署《襄阳综合保税区基础和监管设施预验收纪要》。

副关长袁涛参加省疫情防控指挥部工作调度会。

▲**10日**　副关长杨良勇参加省商务经济运行调度电视电话会议。

▲**11日**　副关长沈建明参加省委省政府知识产权保护工作汇报会。

▲**12日**　党委举行中心组学习会议。

组织收听收看党的十九届六中全会新闻发布会。

副关长廖华东参加综合治税电视电话会议。

▲**15日**　纪检组组长余德琼在总关监控指挥中心对疫情防控封闭人员开展“四不两直”夜间视频监督检查。

副关长沈建明组织召开武汉海关存量房再配售工作座谈会。

副关长杨良勇在汉参加省政府专题会议。

▲**16日**　关长高瑞峰、政治部主任刘武斌接受湖北卫视学习贯彻党的十九届六中全会精神主题采访。

纪检组组长余德琼落实“一把手”和领导班子监督相关工作要求，与政治部主任刘武斌开展廉政工作谈话。

副关长沈建明在关内会见黄冈市委常委、副市长董波一行，双方就进一步推动黄冈扩大开放，唐家渡水运口岸开放建设等事项座谈交流。

副关长袁涛参加2021年省级政府质量工作考核协调会。

▲**17日**　副关长沈建明参加市委深改委第十次会议，审议《中国（湖北）自由贸易试验区武汉片区深化改革创新发展三年行动方案》。

副关长沈建明到宜昌三峡物流园调研市场采购贸易业务情况。

▲**18日**　副关长廖华东参加总署科技人员跟班作业活动经验交流会，并作交流发言。

沈建明副关长到宜昌综合保税区调研，与市政府领导、相关部门、高新区管委会座谈。

政治部主任刘武斌出席武汉海关党务干部培训班，并作开班动员。

副关长袁涛参加省委全面依法治省工作会议。

▲19日 关长高瑞峰在湖北省分会场参加第三次“一带一路”建设座谈会。

副关长沈建明组织召开武汉海关存量房再配售工作领导小组会议。

▲20日 武汉海关乒、羽、网协会组队参加“崇尚人人体育 共创美好生活‘百千万’系列赛事活动”2021年湖北省直机关乒羽网球赛事。

▲22日 关长高瑞峰、政治部主任刘武斌参加武汉海关和湖北省烟草专卖局共同举办的“青春与信仰同行”党史学习教育主题联合读书会。

副关长沈建明以“综保区申建发展与海关监管政策解读”为题在综保区政策解读培训班上授课。

副关长袁涛参加岗位练兵“万人争先”线上练兵赛前动员会。

▲23日 关长高瑞峰主持召开武汉海关党委巡察工作领导小组2021年第6次会议。

副关长廖华东听取推进业务网国产设备替换工作汇报。

副关长沈建明参加“双随机、一公开”应用平台视频汇报会。

副关长袁涛参加省质量强省工作委员会会议。

▲24日 关长高瑞峰参加学习贯彻党的十九届六中全会精神中央宣讲团湖北报告会暨省委理论学习中心组集体（扩大）学习。

关长高瑞峰参加省政府专题会议。

关长高瑞峰听取党委纪检组综合报告。

▲24日 副关长沈建明实地检查涉案财物仓库安全防范工作。

▲25日 收听收看总署党委理论学习中心组（扩大）学习暨党的十九届六中全会精神专题学习班开班动员会议。

▲25日 纪检组组长余德琼组织召开专项整治督促整改和监督检查推进会。

▲26日 关长高瑞峰，副关长杨良勇、沈建明在关内会见鄂州市委书记孙兵、市长陈平一行。

▲28日 关长高瑞峰受邀出席2021湖北·随州国际香菇产业博览会开幕式。

▲29日 政治部主任刘武斌到湖北省直机关工委拜会常务副书记郭俊苹。

政治部主任刘武斌主持召开述责述廉述党建工作协调会议。

▲30日 关长高瑞峰主持召开2021年第二轮巡察集中反馈会议。

武汉海关特邀湖北省应急管理厅党委委员徐克以“安全生产法及危险化学品风险防控”为题举办安全生产知识专题授课。

副关长沈建明应仙桃市政府邀请赴仙桃指导综保区申建工作。

12 月

▲1 日　收听收看总署党委理论学习中心组（扩大）学习暨党的十九届六中全会精神专题学习班专题宣讲。

关长高瑞峰参加湖北省委十一届十次全体会议。

副关长杨良勇参加行邮信息化建设汇报会。

政治部主任、机关党委书记刘武斌主持召开机关党委会议。

副关长袁涛出席保健中心“世界艾滋病日”主题宣传活动。

▲2 日　关长高瑞峰参加总署办公厅组织的在线访谈活动，围绕“促进中部崛起·推动湖北高水平开放”主题，就深入学习贯彻习近平总书记考察湖北、参加湖北代表团审议时的重要讲话精神，紧扣湖北对外开放的迫切需求和“十四五”规划，发挥海关职能作用，积极助力湖北融入共建“一带一路”、长江经济带发展、促进中部地区崛起等国家战略进行深入解读。

▲1—2 日　缉私局局长范钦扬主持召开缉私局“2022 我们怎么干”工作座谈会。

政治部主任刘武斌就提升货运渠道分析布控水平到风控分局开展专题分析研究。

▲3 日　武汉海关举行 2021 年“宪法宣传周”宪法宣誓活动。

政治部主任刘武斌带队到武汉海关驻村帮扶点利川市元堡乡朝阳村开展乡村振兴工作调研。

▲4 日　政治部主任刘武斌参加机关工会为恩施海关职工书屋授牌仪式并授牌。

▲6 日　副关长袁涛参加总署口岸新冠疫情防控突发事件应急处置汇报演练。

▲7 日　关长高瑞峰参加全国新冠肺炎疫情防控工作电视电话会议。

副关长杨良勇出席武汉海关 2021 年度出境活动物检疫监管会议。

纪检组组长余德琼参加全国海关纪检机构学习贯彻党的十九届六中全会精神专题学习辅导电视电话会议。

▲8 日　党委举行理论学习中心组（扩大）学习暨党的十九届六中全会精神专题学习班，总署全国海关党史学习教育第四巡回指导组以视频会议方式到会指导。

副关长廖华东参加省委国安办会议。

纪检组组长余德琼听取监察室关于电子廉政档案建立工作汇报。

▲9 日　关长高瑞峰、政治部主任刘武斌参加总署落实国家审计整改工作专题视频会议。

副关长廖华东出席武汉海关 2021 年保密教育实训并作主题授课。

副关长杨良勇参加省政府专题会议。

副关长沈建明参加湖北省疫情防控指挥部专题座谈会。

▲10 日 举办党委理论学习中心组（扩大）学习暨党的十九届六中全会精神专题学习班交流研讨。

关长高瑞峰、湖北省政务管理办公室副主任龚斌、武汉市市民服务热线办公室负责人出席“湖北省12345政务服务便民热线海关分中心”揭牌仪式，并共同启动电子揭牌视频。

副关长杨良勇参加全国海关智能审图工作电视电话会议。

▲13 日 关长高瑞峰参加省委、省政府会议。

▲14 日 副关长袁涛参加赵海山副省长研究全省接返境外项目滞留人员专题会议。

▲15 日 关长高瑞峰，副关长廖华东、沈建明到植物隔离检疫圃召开现场办公会。

副关长沈建明会见鄂州市商务局一行。

政治部主任刘武斌在关内会见武汉铁路公安处政委卢健一行。

副关长袁涛组织召开重点包机入境卫生检疫工作视频调度会。

▲16 日 副关长沈建明参加“中国湖北—日本关西江海联运带路互通合作项目”签约仪式暨中国湖北—日本经贸合作对接会。

副关长袁涛参加全国新冠肺炎疫情防控工作视频会。

▲17 日 关长高瑞峰、副关长沈建明在关内会见武汉东湖新技术开发区党工委副书记、管委会主任刘洁一行。

关长高瑞峰参加省政府常务会议。

▲20 日 关长高瑞峰在关内会见金银湖街道办工委书记吕忠良、主任刘涛一行，就进一步落实下沉社区、联合开展志愿服务、强化党建共建合作等事项交换意见。

▲21 日 党委举行理论学习中心组（扩大）学习暨学习贯彻党的十九届六中全会精神专题宣讲会，邀请省委宣讲团成员，省委直属机关工委常务副书记郭俊苹作题为《伟大政治宣言 科学行动指南——学习党的十九届六中全会精神认识体会》的专题宣讲。

关长高瑞峰、政治部主任刘武斌、副关长袁涛现场观摩武汉海关2021年技能比武暨党史学习教育知识竞赛，并为获奖代表队颁奖。

▲22 日 关长高瑞峰、副关长廖华东在“武关博苑”——领导干部讲坛系列活动（第一期）授课。

关长高瑞峰，副关长杨良勇、袁涛在武汉海关分会场收听收看全国海关疫情防控工作专题视频会议。

▲23 日 关长高瑞峰参加省委经济工作会议。

▲22—23 日 副关长廖华东在南宁参加全国海关“三智”国际合作工作会议。

▲24 日 关长高瑞峰、副关长杨良勇参加“武汉海关高级认证企业暨第 100 家

高级认证企业证书颁发仪式”。

纪检组组长余德琼赴省纪委监委就2021年工作情况及进一步加强“组地关”协作配合工作进行沟通。

副关长沈建明在荆州调研综保区申建工作。

缉私局局长范钦扬、政委魏文阁在关内参加公安部党的十九届六中全会精神宣讲会。

▲27日　关长高瑞峰参加省政府常务会议。

副关长杨良勇在武汉海关分会场参加全国海关专项整治行动总结电视电话会议。

缉私局局长范钦扬、政委魏文阁在关内参加公安部在全国缉私部门开展的学习贯彻党的十九届六中全会精神巡回宣讲会。

▲28日　全体关党委委员在武汉海关分会场参加总署召开的直属海关单位党委书记述责述廉述党建会议。

关长高瑞峰、缉私局局长范钦扬在缉私局指挥中心指挥开展武汉海关“12·22”走私冻品案查缉行动。

纪检组与缉私局召开“一案双查”工作联席会议。

▲29日　政治部主任刘武斌在汉参加湖北省出席党的二十大代表候选人，推荐提名暨省第十二次党代会代表选举工作部署会议。

▲30日　副关长沈建明在汉参加全国商务工作座谈会。

▲31日　收听收看全国海关党史学习教育总结会议。

副关长杨良勇参加省委常委会会议。

副关长袁涛参加省政府常务会议。

缩略语

缩略语

“五关”：政治建关、改革强关、依法把关、科技兴关、从严治关。

“8+1”专项工作组：机构人员编制工作组、党建政工工作组、法律法规工作组、科技信息化工作组、办公综合工作组、业务建设工作组、财务资产工作组、后勤保障工作组，专项监督工作组。

“五个统一”：申报单证、作业系统、风险研判、指令下达、现场执法。

“一保多用”：一份担保文本在不同业务领域、不同业务现场、不同担保事项间通用。

一优两稳：优化口岸营商环境，稳外贸、稳外资。

“四责协同”：党委主体责任、纪委监督责任、党委书记第一责任人责任和班子成员“一岗双责”。

“四个融入”：融入日常工作，融入深化改革，融入全面从严治党，融入班子队伍建设。

“两简案件”：简单案件和简易程序案件，也称“简快案件”。

“两步申报”：“概要申报、完整申报的进口货物申报模式”。

双特：特许权使用费、特殊关系。

“8E”工作法：日考勤（every day）、周会报（every week）、月点评（every month）、季分析（every quarter）、事事有制度（every thing）、件件有督办（every work）、时时有学习（every moment）、人人有档案（every one）。

“四办”工作法：组织生活“规范办”、思想工作“马上办”、学习教育“掌上办”、窗口服务“满意办”。

“建听学补筑”工作法：严格标准“建”、畅通渠道“听”、丰富形式“学”、结合实践“补”、夯实基础“筑”。

“两项法规”：《领导干部报告个人有关事项规定》《领导干部个人有关事项报告核查结果处理办法》。

“四必须”“五件套”“六个不”：必须成立工作专班、必须制定工作方案、必须建立管理制度、必须严格监督管理；登记造册、封闭管理、两点一线、一天一检、全员全程接种疫苗；标准不降低、区域不交叉、通道不共用、空调气流不交换、人员不接触、管理不缺位。

“3+2”安全防护监督制度：“岗前检查、工作巡查、全程监督”和“双人作业、互相监督”。

“四自一简”政策：自主备案、合理自定核销周期、自主核报、自主补缴税款，海关简化业务核准手续。

“中国海关史料丛书” 编委会